論集

日宋交流期の東大寺

―奝然上人一千年大遠忌にちなんで―

ザ・グレイトブッダ・シンポジウム論集第十五号

東大寺

表紙カバー　杉本健吉　画伯

序

平成二十八年第十五回の「ザ・グレイトブッダ・シンポジウム」（ＧＢＳ）は、「日宋交流期の東大寺—奝然上人一千年大遠忌にちなんで—」と題し十一月二十六日・二十七日の両日に東大寺総合文化センターで開催致しました。

奝然上人は「東大寺僧」として歴史上に登場し、東大寺別当を永祚元年（九八九）から三年間つとめられて二月堂修二会の過去帳にも上人の名が記されておりますが、その名を知る人は決して多いとは言えません。しかし上人は建国まもない中国「宋」に渡り、中国仏教の聖地・五台山を巡り、皇帝にも謁見、その言動は宋の正史「宋史」にまでもあらわれるなど、上人の働きは大きく、その後の日宋貿易といった両国の活発な交流へとつながってゆきます。

本論集はシンポジウム開催で改めて光が当てられた上人の功績を顕彰するものです。多くの方々が手にとって奝然上人を知っていただき、さまざまな視点からの研究がより進められていくことを切に願います。

最後になりましたが、今後とも本シンポジウムに対し皆様のより一層のご支援をお願い致します。

平成二十九年十一月二十五日

東大寺別当　狹川普文

目次

英文要旨作成／原まや

日中相互認識のなかの奝然

村井章介

はじめに―清凉寺式釈迦像と仏盗人奝然

九八六年に東大寺の奝然《ちょうねん》（九三八～一〇一六）が宋から将来し、やがて京都西郊嵯峨の清凉寺の本尊となった釈迦像（現存、国宝、図1）は、天竺の優塡王《うでんのう》が釈迦生前の姿を写した像の容子を伝える「生身《しょうじん》」(1)の釈迦像として、熱烈な信仰の対象となった。一〇九八年造立の宇治三室戸《みむろと》寺像を早い例として、その模像が各地で造られ、鎌倉時代に入ると大流行をみた。忠実な模像が六八体（うち二〇体は国重文）、変形像が二三体いまなお残されており、「清凉寺式釈迦像」と総称される(2)（図2）。将来から模作開始までやや時差があるのは、一〇五二年を末法元年とする日本版末法思想の流布と関連があろう。

模作の流行と雁行して、清凉寺釈迦像自体に関するある奇説が登場し、知識人以外の社会層に流布しはじめる。これを最初に伝えるのが、平家打倒の陰謀のカドで鬼界島に流された平康頼が、一一七八年に赦免されて帰京の後に著した『宝物《ほうぶつ》集』の巻一である。東大寺の奝然上人は宋の汴京《べんけい》で優塡王製作の釈迦像を拝み、皇帝に「此《この》仏を移し奉りて日本国の王に拝ませ奉らん」と願って許された。模像製作中のある夜、

栴檀《せんだん》の仏、夢中に奝然に告てのたまはく、「我《われ》東土の衆生を利益すべき願あり。我を渡すべし」と仰《おおせ》られければ、奝然心付《こころづき》て、あたらしく造り参らせたる仏を、煙にてふすべまいらせて、栴檀の仏に取かへ奉りて、渡しまいらせたるとぞ申ためる。

煙で燻べて古色をつけるのは贋作者の手口だが、奝然はそうやって模像を宋に残し、本物を日本に持ち帰ったのだという。一五一五年成立の『清凉寺縁起』巻五になると、話に尾ひれがついて、奝然が模像完成後「さすがとり換申さん事、太以《はなはだ》難儀至極」と逡巡しつつ一夜祈念を凝らし、「夜あけてこれをみるに、本仏新仏をの〳〵その座を去給ひ、たがひにうつりかはり給ふ」という「奇代甚深の事」が起きていた。

釈迦像みずからが奝然に犯行をうながし、その発覚をさけるべく

図１　**清涼寺釈迦如来像**（京都・清涼寺蔵）
出典：奥健夫『日本の美術513 清涼寺釈迦如来像』（至文堂 2009年）

図２　**清涼寺式釈迦如来像**（奈良・西大寺蔵）
出典：奥健夫『日本の美術513 清涼寺釈迦如来像』（至文堂 2009年）

協力したというのだ。さすがに江戸後期の史学者屋代弘賢《ひろかた》もあきれて、「もしその事実《ことまこと》ならバ、奝然ハ宋国の一盗のミ、沙門戒有《かいあり》、おそらくはしからじ、そのうへあに仏として人に盗道を教《おしえ》給ハんや」と書いている（「栴檀像解疑」）。しかし伝説は、奝然を仏盗人に仕立てあげてでも、清涼寺像が模作であることを否定しようとした。さらに清涼寺式像のなかには、清涼寺像と同体だとか同木同作だとか伝えられるものがある。こうして伝説は、二段階の模作をともに否定して、眼前の模像を生身の釈迦に転生させる。天竺までのはるかな時空は消失し、末法の辺土に生をうけた人びとは、釈迦との対面という至福を体験できたのである。

　私が奝然という人物を知ったのは、中世以後のこうした展開を通じてだった。このように奝然は、日本においても中国においてもさまざまに語りつがれ、その相貌を変えていった。本稿では、かれの生きた時代における実像をふまえつつ、その姿を追跡してみたい。

一　生身の釈迦瑞像

㈠　五臓、出血、帰天―現し身の仏

本章では、奝然の生きた時代に清凉寺釈迦像がどのように意識されていたかを見ていく。かの像は一九五三年に初めて学術的に調査され、胎内から文書・絹製五臓（図3）・経巻・版画・鏡・古銭などの納入物が発見された[3]。仏像ともども国宝に指定されている。五臓というのは内臓の模型で、この像が造立時からすでに命あるものと観念されていたことがわかる。この推測を裏づけるものとして、

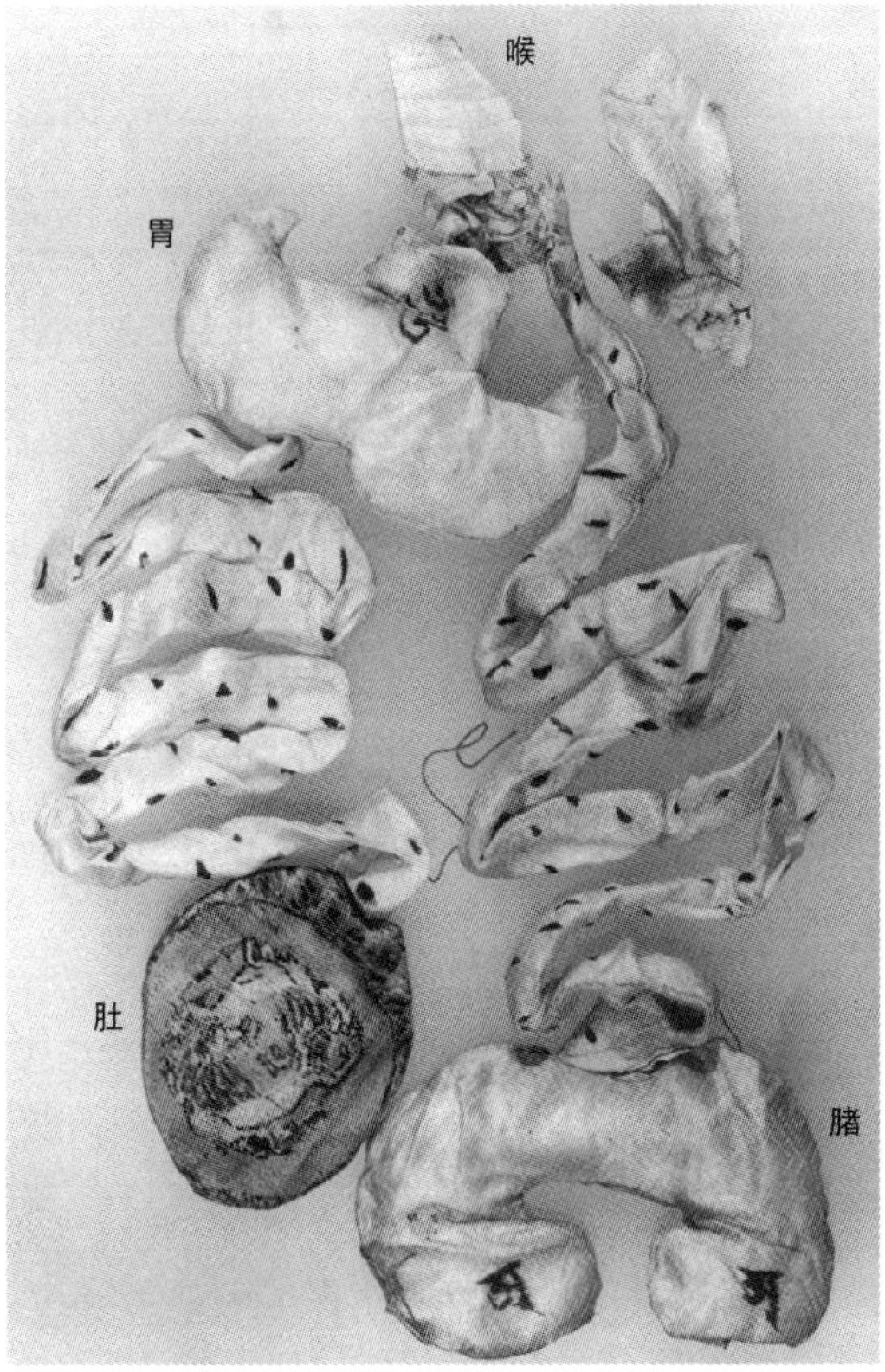

図3　絹製五臓（京都・清凉寺蔵）
出典：奥健夫『日本の美術513 清凉寺釈迦如来像』（至文堂 2009年）

胎内納入物「入瑞像五蔵具記捨物注文」（図4）につぎのようにある（以下漢文史料は原則として書き下して引用。／は改行を示す）。

雍熙二年八月初七日造像の次《ついで》、仏牙を像面に入る。巳《み》の後時に至り、仏の背上に出血一点、何の瑞なるかを知らず。衆人咸《みな》見る。故に此《か》く之を記す。時に雍熙二年八月十八日、／法済大

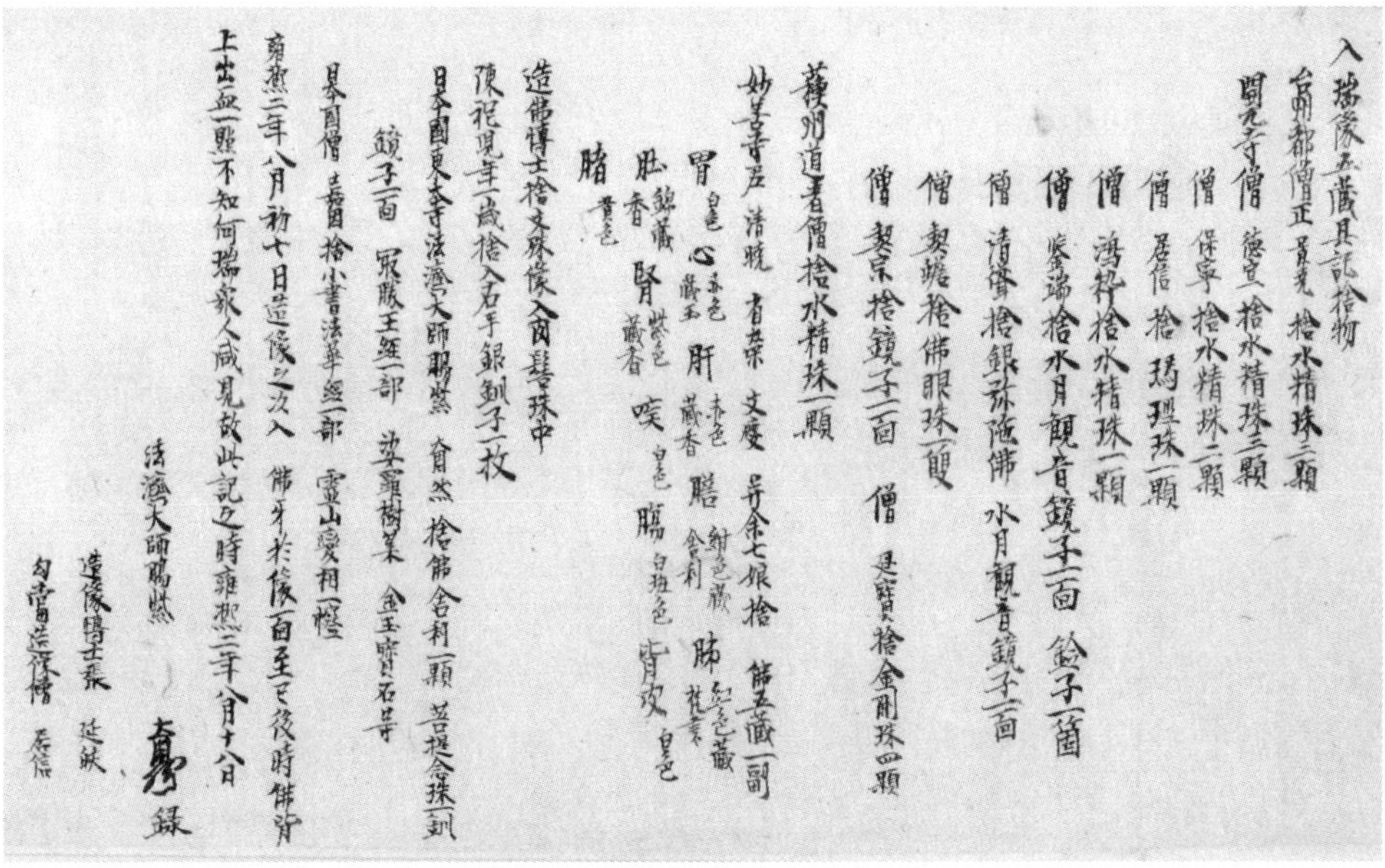

入瑞像五蔵具記捨物
台州都僧正　賞□　捨水精珠三顆
開元寺僧　徳宣　捨水精珠三顆
僧　保寧　捨水精珠二顆
僧　居信　捨瑪瑙珠一顆
僧　鴻□　捨水精珠一顆
僧　紹瑞　捨水月観音鏡子一面　鈴子一箇
僧　清暁　捨銀弥陀佛　水月観音鏡子一面
僧　□□　捨佛眼珠一隻
僧　義□　捨鏡子一面　僧　是賓　捨金剛珠四顆
儀州道者僧捨水精珠一顆
妙善寺尼　清暁　省栄　文慶　号余七娘捨　絹五蔵一副
胃 白色　心 赤色 蔵玉　肝 赤色 蔵香　脾 紅色 蔵舎利　肺 紅色 蔵花香
肚 錦蔵香　腎 紫色 蔵香　喉 白色　膽 白班色　背皮 白色
腸 黄色
造佛博士捨文殊像入腹髻珠中
張延見年一歳捨入右手銀鉤子一枚
日本国東大寺法済大師賜紫　奝然　捨佛舎利一顆　菩提念珠一串
鏡子一面　宝篋王経一部　染羅樹葉　金玉宝石等
日本国僧　嘉因捨小書法華経一部　霊山変相一幅
雍熙二年八月初七日造像之次入　佛牙於像面至巳後時佛背
上出血一點不知何瑞衆人咸見故此記之時雍熙二年八月十八日
法済大師賜紫　奝然　録
造像博士張延皎　延襲
句当造像僧　居信

図4　入瑞像五蔵具記捨物注文（京都・清凉寺蔵）
出典：東京大学出版会『大日本史料』第二編之十

師賜紫　「奝然《（自筆）》」録す。／造像博士張　延皎／勾当造像僧居信

造像の工程中顔面に仏牙を入れた雍熙二年（九八五）八月七日、背上に一点の出血が衆人によって認められたが、何のしるしなのかはわからなかった、という。内臓も備わった像は、切れば血が出る生身《なまみ》の体だった。『清凉寺縁起』にも「抑此栴檀の瑞像は、常途《じょうと》の木像にはことなり、生身《しょうじん》の釈迦にあひたてまつる思ひをなすべし」とある。

はるか後年になるが、先述の『宝物集』巻一にはこうある。

「何となく世の中も静ならずみゆる。げにや、嵯峨の釈迦こそ、天竺へ帰り給はんずるとて、一京の人、道も去《さり》あへずまいり侍るめれ」と申せば、吾朝日本国の不思議には、此仏おはしますを志《こころざし》たんめるに、まことならば心うく悲しくぞ侍るべき。

京中に釈迦像が天竺に帰ってしまわれるといううわさが流れ、その前に拝顔をとげようと清凉寺に群衆が押しよせ、参道がすれちがえないほどだった。像が生きているからこそ、天竺へ（空を飛んで？）[4]帰ってしまうかもしれないと、人びとは本気で畏れたのだ。

(二)　模作の情景

胎内から発見された数点の文字史料によって、本像の正確な造立・将来の経緯が判明した。「奝然入宋求法巡礼行並瑞像造立記」（図5、以下「造立記」と略記）は、像が完成して五臓を胎内に納めたさい、奝然自身が「聊か来意を書し、以て其の由を序《の》べたものだ。

奝然自ら多生《たしょう》（いくたびも生まれかわって多くの生をうけるこ

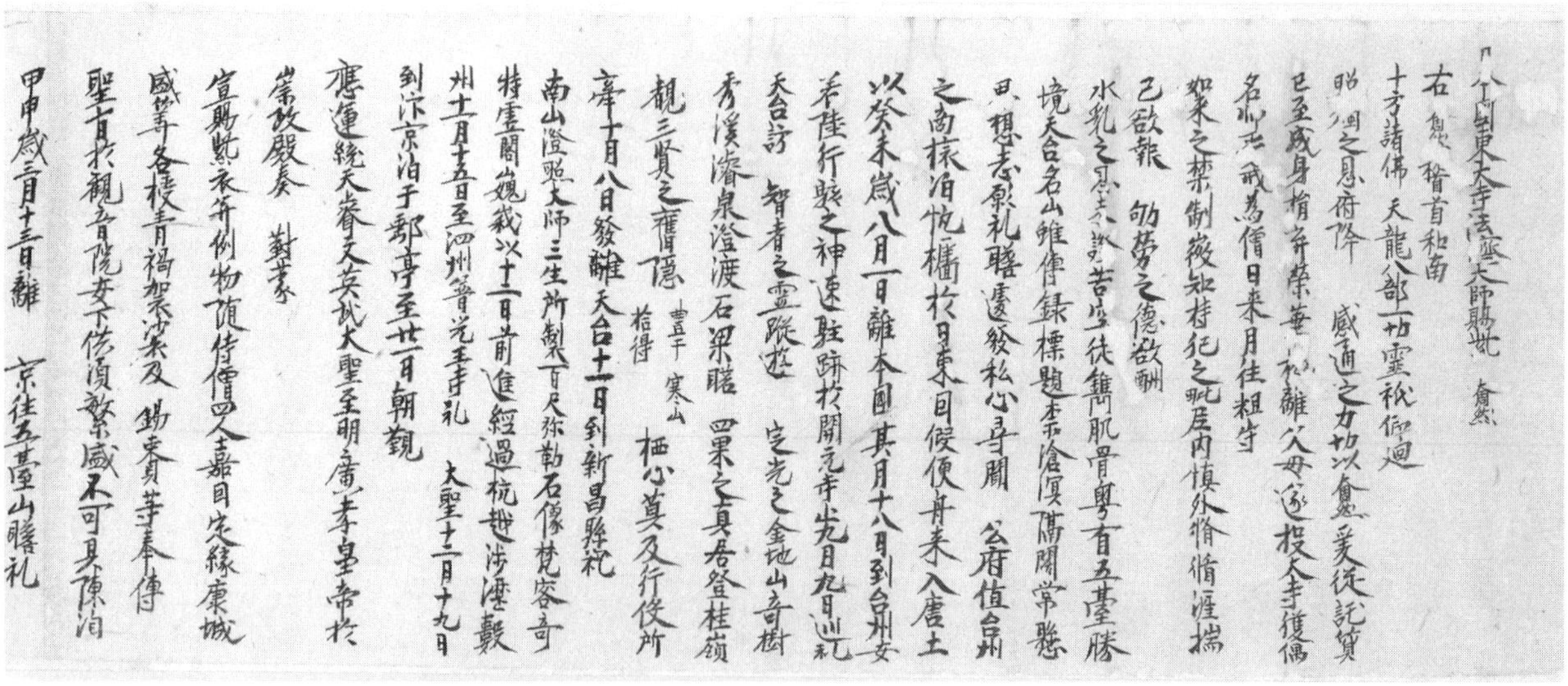

図5　奝然入宋求法巡礼行並瑞像造立記（京都・清凉寺蔵）
出典：東京大学出版会『大日本史料』第二編之十

と）を慶び、叨《みだ》りに像運（像法の時期）に逢ふ。因りて聞く、往昔優塡国王、忉利天《とうりてん》に於て釈迦瑞像を雕刻せり。顕現して既に西土（天竺）に当たり、写邈〔貌〕して或いは中華に到る。日域の遐陬《かすう》にして梵容を想へども覩《み》難きを以て、奝然遂に衣鉢を捨し、香木を収買し、工匠を召募し、様《ためし》に依り彫鏤せしむ。七月二十一日功を起こし、八月十八日畢手す。奝然意《おも》ふ所は、父母の養育、師主の訓持、国王の廕庥《いんび》（保護）、諸仏の救度、斯《こ》の巨善を憑み、先づ四恩に報いることなり。恭《うやうやし》く願ふは、唐土帝皇の丕業《ひぎょう》（大きなわざ）、無疆の化を等しうし、本国国主の崇基、不朽の期を延べ、当朝大人・此郡（台州）太守、各余慶を承け、倶に長年を叶へんことを。

この前段に、雍熙二年（九八五）六月二十七日に浙江の台州に到り、知州や開元寺僧と接触したとある。模作は原像を前にしてではなく、帰途潮待ちした台州において、奝然が持ってきたためし（指図）に依拠して、彫造された。[5] すり替えの機会などなかったのだ。

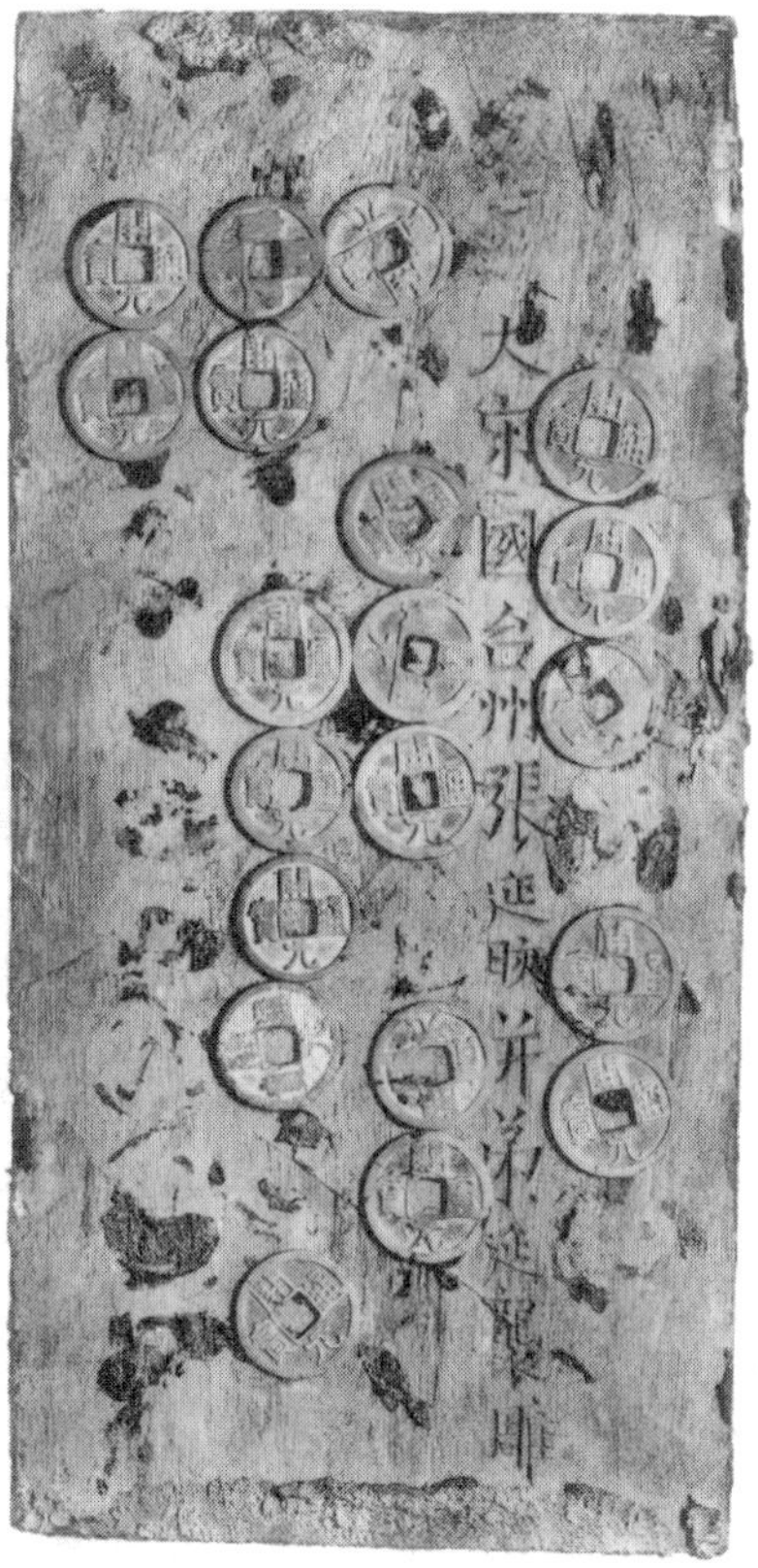

図６　釈迦如来像背板裏銘（京都・清凉寺蔵）　出典：東京大学出版会『大日本史料』第二編之十

製作にあたった人名としては、像の背板裏の刻銘に「台州張延皎并弟延襲雕」とあって（図６）、中心が張兄弟だったことは明らかだが、「台州捨銭結縁交名記」には「匠人張延皎并弟延襲、胡仁招、開元寺僧居信／同募縁僧保寧、入此五蔵」、前掲の「入瑞像五蔵具記捨物注文」には「造像博士張　延皎／勾当造像僧　居信」とあるから、胡仁招も匠人のひとりであり、開元寺からは居信が「勾当造像僧」、保寧が「募縁僧」として関わっていた。

ところが、奝然の弟子盛算が雍熙二年二月汴京で筆写した『優塡王所造栴檀釈迦瑞像歴記』（九三二年成立）の末尾に、一行の帰国後付加された無題の記録（以下「歴記跋」とよぶ）[6] には、九八四年正月に内裏滋福殿で瑞像を礼拝し、五臺山巡礼をすませ、六月汴京にもどった奝然が、「此の像を移造するの心有り、造り奉らんと欲するの間、其の像移して以て内裏西化〔華〕門外に新造の啓聖禅院に安置す。[7] ……彫仏博士張栄を招雇し、彼の院に参り、礼見移造し奉る」とある。この設定ならばすり替えも不可能ではない。張栄なる仏師は、『清凉寺縁起』の語るすり替え譚に「新作の像」の作者として名が見える。奝然が仏盗人に仕立てあげられる種子は、早くから蒔かれていたのである。

三　大衆の結縁

かの瑞像の造立にあたっては、台州の士民・僧尼による喜捨が広範に行なわれた。[8] 胎内納入物「捨銭結縁交名記」には「公李文建・男李化青・孫李仁安・李仁泰・李齊・児小齊・妻林八娘、共に七文を捨し、当々来世に、仏国に生在せんことを願ふ」とあって（図７）、李文建を家長とする一家七人が各七文という零細な喜捨を行なっている。別の交名記には、喜捨額は記されないが、まちまちの

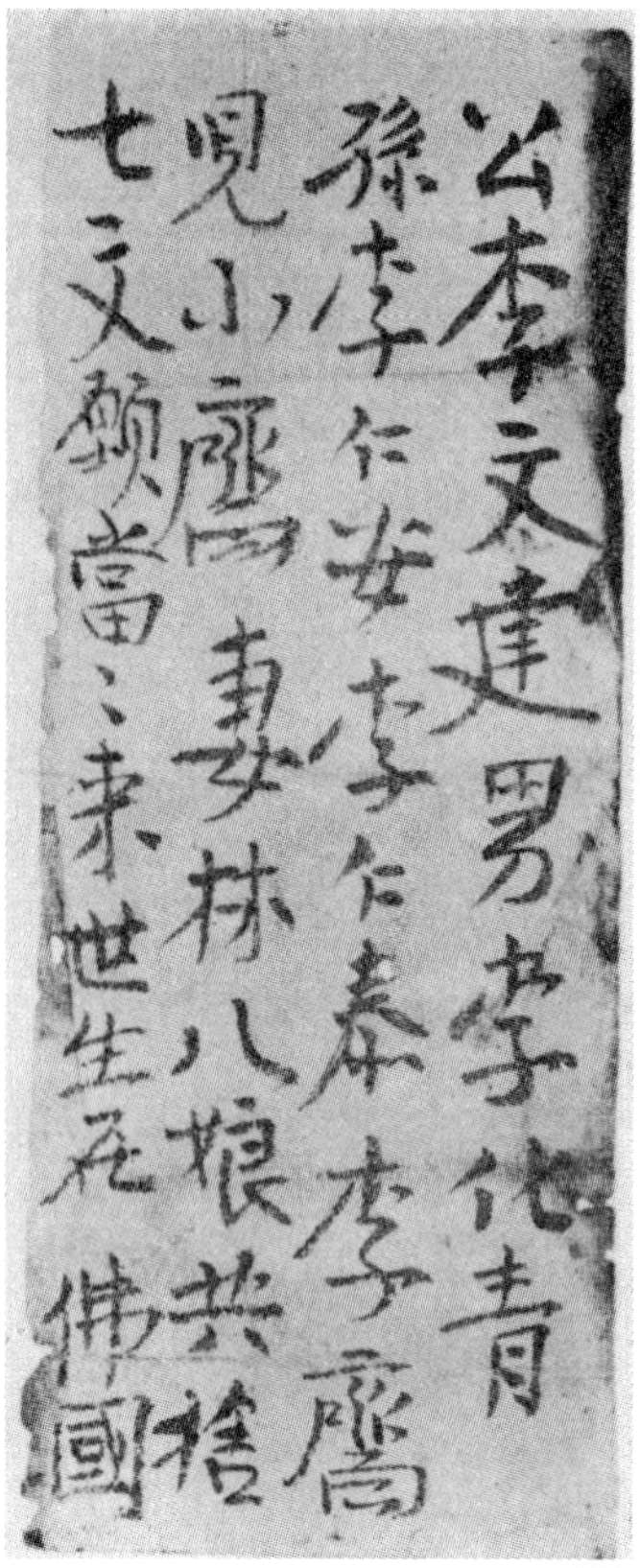

図７　台州捨銭結縁交名記（京都・清凉寺蔵）　出典：東京大学出版会『大日本史料』第二編之十

姓をもつ三八人の名が見える（二人重複）。

また前出「入瑞像五蔵具記捨物注文」によれば、台州都僧正景尭および開元寺僧得宣・保寧・居信・鴻粋・鑒端・清聳・契蟾・契宗・延宝が水精珠・瑪瑙珠・水月観音鏡子・鈴子・銀弥陀仏・仏眼珠・鏡子・金剛珠などを喜捨しており、その他蘇州道者僧、妙善寺の尼たち、像仏博士、陳袍児年一歳、奝然、奝然の弟子嘉因も、捨入者に名を連ねている。

さらに五臓の背皮に認められた墨書には、「維雍熙二年歳次乙酉□□□□〔八月初五カ〕日□製五蔵一副、捨入日東日本国釈迦本□□像内、永充供養、製捨台州妙□□〔善寺〕比丘尼清暁為身染風患、遂□□〔省栄カ〕幷母親余氏七娘・小師尼文慶、普為四恩三有□」とある（図８）。かの五臓の捨入者は台州妙善寺の尼妙暁とその母および弟子尼だった。彼女らはまもなく「日東日本国」へ行ってしまう釈迦像にあえて結縁したわけで、仏教信仰の国境を超えた性格がうかがわれる。

九八七年二月、京都に到着した瑞像は、同時にもたらされた摺本《すりほん》一切経や仏舎利を納める七宝《しっぽう》合成塔ともども、天下貴賤が争って結

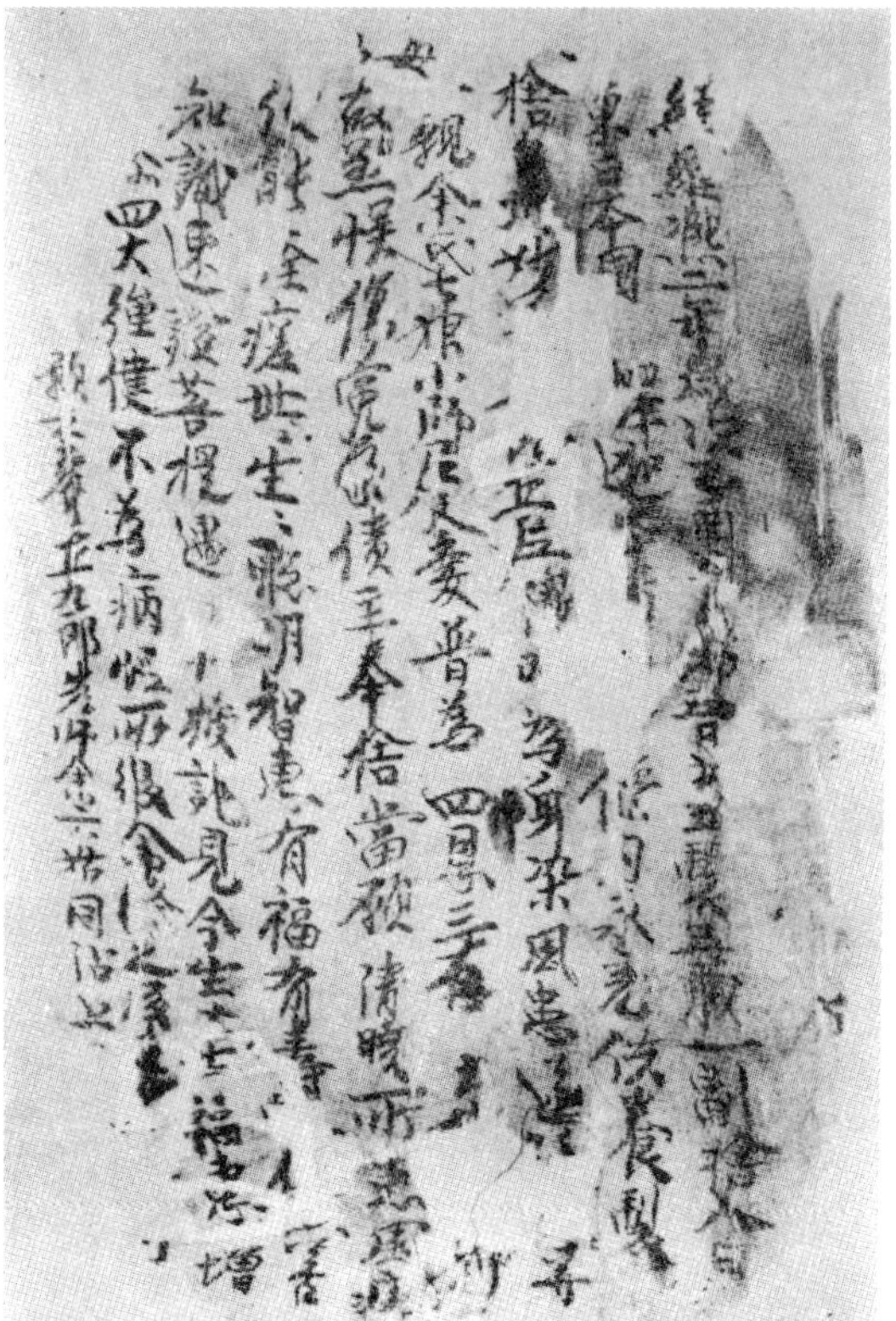

図８　五臓背皮墨書（京都・清凉寺蔵）
出典：東京大学出版会『大日本史料』第二編之十

縁する対象となった。それらは山城・河内・摂津等の夫が宣旨によって動員され、山崎津から京都北野の蓮台寺へ運びこまれた[9]。一切経を納める「五百合箱」は、道路の人が争ってひとり二合ずつ担いだ。見物に出かけた左中将藤原実資《さねすけ》は、「誠に結縁の為なり」と日記に記している。行列の最後は「白壇《（ママ）》五尺釈迦像」を安置した御輿が締めた。雅楽寮が行列の先頭では高麗楽、しんがりでは大唐楽を演奏した。奝然は行列の最後尾に、甲袈裟を着し僧七、八人とともに歩行で従っていた（『小右記』永延元年二月十一日条・『日本紀略』同日条）。

二　渡宋の動機

(一)「遣唐法門使」日延

奝然入宋の歴史的性格について、出国・帰国にさいして宣旨を蒙っていること、宋太宗への朝覲が朝貢に準ずる礼で行なわれたこと、などを根拠に、日本政府によって公的使命を負わされていた、とする解釈があり(10)、古代史では大方の賛同を得ているらしい。しかしかれは、五臺山・天台山の聖地巡礼を宿願として、「遽《にわ》かに私心を発し、尋《つい》で公府に聞す」と述べており（「造立記」）、しかも渡航当初は天竺まで赴く心算だった(11)。渡宋の動機はあくまで個人的なもので、公的認可は目的実現の手段にすぎない。ところが宋側から思いがけない厚遇に浴し、新王朝の勢威を日本に示すべく一切経や釈迦像を携えて帰国することになった。公的使命は結果として付いてきたものだ。また渡航手段を見ても、東シナ海を往来する宋海商の船への便乗で、遣唐使のような日本側の主体的派遣ではない。

奝然のような巡礼僧の渡航に便乗した日中接触の様態は、十一世紀以降へ連続していくが、先例として参照すべきは日延のばあいである。日延は、「大唐（じっさいには呉越国）天台徳韶和尚」が日本の天台座主延昌に宛てて、中国で滅びた「法門」すなわち経典を繕写して送ってほしい、と要請したのに応じて、九五三年「遣唐法門使」として呉越国に渡航した。その手段は「越人蔣承勲の帰り船」への便乗だった。このとき主計頭三道博士賀茂保憲は、村上天皇に「大唐で改暦があったと聞いていますが、それを将来する人がおらず、新暦が入手できていません。今回の渡航はまたとない便宜ですので、日延に仰せて新修の暦経を尋ね伝えさせてはどうでしょうか」と奏聞し、これに応じて日延に勅宣が下された（「大宰府神社文書」年月日欠大宰府政所牒案）。日延には、右大臣藤原師輔から呉越王銭弘俶に宛てた左のような書状が託されたが、文章を作製したのは文人貴族菅原文時（道真の孫）であった（『本朝文粋』巻七・書状。天暦七年七月日付）。

蔣承勲来りて花札を投伝す。蒼波万里、素意一封、重ぬるに嘉恵を以てし、歓惕《かんてき》懐《こころ》に集まる。抑も人臣の道は、交、境を出でず。錦綺珍貨、国憲を奈何《いかん》せん。然れども、志緒、或いは叢竹の色を織り、徳馨《とくけい》、或いは沈檀《しんたん》の薫を引く。之を受くれば則ち玉条を忘るると雖も、之を辞すれば恐らくは蘭契を嫌ふと謂はん。強ひて以て容納せるは、蓋し只だ君子仁に親しむの義に感ずるのみ也。今微情を抽んじ、聊《いささ》か答信を寄す。……承勲の還るに勒《ろく》す。書、言を尽さず。謹んで状す。

天台徳韶の書信も呉越王の花札も、海商蔣承勲がもたらしたのであり、日延の渡海も師輔の返信も、蔣の帰り船を便りに行なわれた。新暦の獲得も呉越王への返札も、「人臣之道、交不出境」という「国憲」「玉条」のあるなかで、公的接触というかたちを忌避しつつ、実をとることを目途に試みられている。天皇を表に出さず摂関家が表向き私交のかたちで外交当事者となっていくことは、奝然およびその後の時代にひきつがれる。さらに、奝然名の、あるいは奝然のための文章を多数作った慶滋保胤は、菅原文時の弟子にあたる。以上、(1)中国商船の利用、(2)国家間外交の忌避、(3)実質上の摂関家の関与、(4)文人による代作という、いずれの観点からも、日延は奝然の先蹤とよぶにふさわしい。

とはいっても渡航の動機までそうだとはいえない。日延には摂関家や日本天台から託された「公的」使命があったが、朝覲をとげる以前の奝然にはそんなものはなく、当初の目的は個人として五臺山・天竺巡礼をとげることだった。日本の顕貴から託された使命は聖地への代参以上ではない。かれが先蹤として意識したのは、後述のように九世紀に渡唐して帰らなかった霊仙と真如であり、直近の日延ではなかった。

(二) 求法・朝貢から巡礼へ——宋商の往来

九八二年七月、渡海を決意した奝然は、齢六十になる母の逆修のために法華経・仁王経の講説を催し、盟友慶滋保胤に頼んで願文を書いてもらった(『本朝文粋』巻十三・雑修善「奝然上人入唐時為母修善願文」[12])。そのなかで奝然は、「天禄(九七〇〜九七三)以降、渡海に心有るも、本朝久しく乃貢の使を停めて遣はさず、入唐間《しば》しば商賈の客を待ちて渡るを得たり。今其の便に遇ひ、此の志を遂げんと欲す」と、遣唐使停止以降の日中往来の状況を語っている。遣唐使時代との対比は、保胤の「仲冬餞奝上人赴唐同賦贈以言詩序」[13]でも、「聖教未だ伝はらざれば、或いは誠を求法の年に専らにし、王事盬《もろ》きこと靡《な》ければ、或いは命を入覲の節に委ぬ」という「往昔」と対比して、「我が師の如きは、浮雲蹤《あと》無く、一たび去り一たび来る、虚舟繫がず、東自《よ》りし西自りす」と述べられている(『本朝文粋』巻九・詩序二・祖餞)。

九八三年八月、奝然は台州の海商陳仁爽・徐仁満らの船で渡海した。これについてかれは、「台州の商旅の、帆檣を日東に泊するに値《あ》ひ、因りて便舟を仮りて唐土に入来す」と述べる。帰りも九八六年六月、台州から同州寧海県の商人鄭仁徳の船で帰途についた(「造立記」・「歴記跋」・『宋史』日本伝)。九八八年二月、朝廷は奝然の弟子嘉因が鄭仁徳の帰り船に乗って入宋し、五臺山の「文殊菩薩を供養し、兼《ま》た新訳経論等を請ひ度《わた》さしむ」ることを許した(『続左丞抄』第一、永延二年二月八日大宰府宛太政官符)。鄭仁徳を引き継いだ宋商が周良史で、奝然の弟子盛算に書状を送り(『小右記』長元二年八月二日条)、また文殊像[14]を附託している。この文殊像は棲霞寺に納められ、一〇三一年には藤原実資一家が参観に訪れている(同長元四年三月十日条)。

おなじころ活動した宋商朱仁聡も興味ぶかい[15]。九八八年、源信は朱の船で来日した宋僧斉隠に、『往生要集』などを宋で流布させるべく託した(『大日本史料』第二編之二十三)。九九五年、杭州奉先寺の源清は、斉隠に比叡山諸徳と天台座主にあてた二通の書状を託して、朱の船で日本へ遣わした(『本朝文粋』巻十二・『四明余光』等)。船は若狭に来着し、朝廷で措置が議論されている(『権記』長徳元年九月二十四日条等)。その後朱は一〇〇二年まで日本に滞留し、九九七年には若狭で国守を陵礫する事件を起こし(『小右記』長徳三年十月二十八日条)、一〇〇〇年には越前から大宰府に至って、また貿易をめぐる紛争を起こした(『権記』長保二年八月二十四日条)。その間、大江匡衡らによって源清にあてた天台座主覚慶の返牒が作られ、宋から要望のあった繕写の聖教とともに宋へ送られた。それらは、覚慶の牒に「便ち廻信に附す」とあるように、朱の帰り船に託された(『本朝文粋』巻十二)。一〇〇〇年、源信は自著『因明義断纂要注釈』等を斉隠に託して宋の高僧に贈ったが(『源信僧都伝』)、これも朱の船に載せられたにちがいない。宋商朱仁聡・天台僧斉隠というコンビが源信および比叡山と結んだ関係が興味をひく。

このように、当時の日中往来はもっぱら宋商の船に依存しており、そうしたなかから、「五度日本に渡る人なり、善く日本語を知る」といわれた陳一郎のような専門家もあらわれた。この人の同族・眷属は杭州を拠点に活動しており、そのなかには入宋僧成尋の天台山巡礼で通事を勤めた陳詠や、「日本言語を告知」する「高麗船人」などもいた(『参天台五臺山記』延久四年〔一〇七二〕四月十九日・二十三日条[16])。

「奝然上人入唐時為母修善願文」はさらに入宋の目的を、「願はくは先づ五臺山に参り、文殊の即身に逢はんと欲す。願はくは次いで中天竺に詣り、釈迦の遺跡を礼《おが》まんと欲す」と説明し、また「仏子は其の行に必ずしも綸言を待つを得ず、縦《たと》ひ帰るも何ぞ敢へて職位を貪《むさぼ》らん。是れ斗藪《とそう》の為也、是れ菩提の為也」とも述べている。平林盛得は、帰郷を顧みず天竺への巡礼行を図り罪障消滅を願う発想は、奝然よりはむしろ代作者保胤のものか、と推測するが[17]、天竺へは赴かず帰国したという結果に囚われた解釈である。上川通夫のいう通り、渡航前の奝然は五臺山巡礼ののちさらに天竺へ赴くつもりだったと、素直にうけとるべきだろう。

(三) 允許宣旨と延暦寺・東大寺牒

前述のように、奝然は帰国の二年後に弟子嘉因を再度渡航させたが、それを願った奏状のなかで、自己の入宋を総括して「宿願を遂げんが為、去る天元五年允許の宣旨を蒙り、渡海入唐し、適たま五山(五臺山)に参り、文殊の聖跡を巡礼す。更に大宋朝に覲《ぎん》し、摺本一切経論一蔵を請来す矣」と述べている。この説明は、天竺巡礼という当初のもくろみが、宋帝への朝覲、一切経の請来へと転回して以後のかれの立場を表現しており、ここにいたって天元五年(九八二)に賜った「允許宣旨」の意義も、渡航を確実にするための保障から、公的任務の附託へと読み替えられることになった。

この宣旨の本文は伝わらず、残されているのは、同年八月に延暦寺より「大唐天台山国清寺」、東大寺より「大唐青龍寺」に発せられ、奝然の聖地巡礼に助成・指南を願った二通の牒である(『東寺文書』甲号外、天元五年八月十六日日本国延暦寺牒写および『朝野群載』巻二十・異国、同月十五日日本国東大寺牒写[18])。

前者にはつぎのような奝然の陳状が引用されている。

十余年間渡海に心有り、蓋し名山を歴観し聖跡を巡礼せんこと也。嗟乎《ああ》、日斯《か》く邁《す》ぎ月斯く征《ゆ》き、壮歯(年若いこと)居らず懇志遂げ難し。適たま商客に逢ひ、将に帰艎に付せんとす。奝然、郷土懐はざるに非ざるも、尚ほ心を台嶺(天台山)の月に寄せ、波浪畏れざるに非ざるも、偏へに身を清涼(五臺山)の雲に任す。往者《さきごろ》真如は潢派〔廣洲カ〕を出でて中天〔竺脱〕に赴き、霊仙は国家を抛《なげう》ちて五臺山に住す。縦ひ庸流と雖も、古塵を逐はんと欲す。伏して望むらくは、允容を垂れて小契を給はり、以て行路の遠信と為さんことを。

後者の主要部分はつぎのとおり。

往年祖師空海大僧正有り、入唐して恵果大和尚に受法す。聖教東流より以降《このかた》、殆ど二百載に垂《なんな》んとす矣。我が朝の入覲久しく絶え、書信通じ難し。蒼海自《おのずか》ら隔て、一天の参商(遠く離れていること）為りと雖も、白法（善なる法）是れ同じく、寧《なん》ぞ八代の弟子に非ざらん。件の奝然、遥かに大方に赴き、慕ひて聖跡を礼《おが》まんとす。潢汙《こうお》（たまり水）の間、鼇海《ごうかい》を顧みて既に爝《あか》（＝炬）るく、朝大の光、烏景（陽光）を望みて息《や》まず。必遂を期すること、理奪ふべからず。乞也《こうらくは》状を察し、将《まさ》に万里泣跋〔岐カ〕の心を慰めんとし、五臺指南の使を得さしめんことを。

真如すなわち高岳《たかおか》親王は平城天皇の皇太子だったが、薬子《くすこ》の変で皇位の望みを絶たれて空海の弟子となり、八六二年に渡唐して天竺をめざし、ついに帰らなかった。霊仙は八〇四年最澄・空海らとともに入唐し、留学僧として活動ののち五臺山に隠棲して、これもついに帰らなかった。奝然がどのような事例を自己の先蹤としたかがわかる。延暦・東大の二大寺から巡礼の完遂を担保すべくお墨付きをとりつけた（傍線部に注目されたい）政治力は瞠目すべきで、そこに朝廷が関与したことも推測されるが、聖地巡礼以外に他意がなかったことも確認されよう。

三　日本文化の代表選手

(一)　慶滋保胤の送別詩と代作文

第二章で紹介した奝然関係の複数の文章が、『池亭記』（九八二年）・『日本往生極楽記』（九八五年）の作者として知られる文人慶滋保胤の手で作られていた。さきに見た延暦寺・東大寺の牒も、『大通寺所蔵残闕醍醐雑事記』に収める別テキストに付された注記に、「慶保胤作」とある。保胤は前出の入宋餞別詩の序でこう述べている。(19)

昔仲尼《ちゅうじ》（孔子）の周を去るや、仁者相贈るに言を以てす。今上人の唐に赴くや、親知《しんち》各おの其の胆を露はす。予は是れ花月の一友、此の蒭牧《すうぼく》（賤しいこと）の二言を贈る。堂に母儀有り、以て中天の月に逗留する莫《なか》れ。室に師跡有り、以て五臺の雲に偃息《えんそく》する莫れ。聊か斯の文を記せば、別涙紙を霑《うるお》すと、爾《しか》云ふ。

題に「探りて軽字を得たり」とある詩自身は『作文大体』ほかに見いだされる。

遥尋異域出皇城　遥かに異域を尋ねて皇城を出づ
相贈有言莫自軽　相贈るに言有り　自ら軽んずる莫れ
撫我半頭秋雪冷　我が半頭の秋雪冷《すさ》まじきを撫で
愁君万里暮雲行　君が万里の暮雲の行を愁ふ
難期此土重相見　期し難し　此土《しど》に重ねて相見《まみ》ゆるを
已契西方共往生　已に契る　西方に共に往生せんと
久在涓塵非勢利　久しく涓塵（微細なもの）に在りて勢利（権勢と利益）に非ず
菩提応趁旧交情　菩提には応《まさ》に趁《もと》むべし　旧き交情

保胤の代作した前出の「為母修善願文」は、「凡そ入唐求法の人、自宗は弘法大師、天台は伝教大師、皆是れ権化の人、希代の器也。此の外の倫《ともがら》も、才名衆を超え、修学世に命《な》あり。仏子（奝然）の如きは、古人に及ばざるの喩へ、猶ほ天の階すべからざる（天に梯を掛けることができない）がごとし矣。定めて知りぬ、我が朝に人無きを表す也」という世人の譏りに対して、「我れは是れ日本国無才無行の一羊僧也。求法の為に来らず、修行の為に即ち来たる也」と答えれば、「本朝に於て何の恥か有らん乎」と述べている。

人なみはずれた器量や才覚もなく、国家的な使命を託されてもいない一巡礼僧にとって、なおあえて渡海を志す目的は、ひたすら聖地を巡って修行を重ねることだと主張するしかなかった。それをことばにして謗者に対抗するために、奝然は保胤の「文の力」を借りた。「日本国無才無行の一羊僧」という自貶は、あきらかに渡海への思いの強さを逆説的に表現しようとしたものだ[20]。

ところが、奝然に続く入宋僧寂照（一〇〇三年入宋）の生家大江氏によって、これが逆手にとられ、奝然を貶めるあざとい話として説話化されていった。大江匡房の『江談抄』巻四では、入唐した奝然が、橘直幹の詩句「蒼波路遠雲千里、白霧山深鳥一声」の雲を霞、鳥を虫に置き換えたものを、自作と称して唐人に見せたところ、唐人は「佳句と謂ふべきも、恐らくは雲・鳥と作るべし」と評したという。この話は『古今著聞集』巻四にほぼそのまま転載されている。おなじく匡房の『続本朝往生伝』大江定基では、「異国の人」が「日本国は人を知らず、奝然をして渡海せしむ、人無きを表すに似たり、寂照をして宋に入らしむ、人を惜しまざるに似たり」と言ったという。

寂照は出家して寂心となった慶滋保胤の弟子である。『続本朝往生伝』は保胤の『日本往生極楽記』の後継を意図した本である。石井正敏は、「願文は、親交のあった慶滋保胤が奝然の意を汲み、謙遜を込めながらも、その自信のほどを叙述したところである。もし逸話の出典がここにあるとすれば、和歌の本歌取りにも似た名文とも評し得るが、考えようによっては、謙遜の言葉尻をとらえた、ずいぶんと悪質な行為ではなかろうか」と評している[21]。

(二) 和漢知恵くらべ

日延や奝然が中国渡航にあたって、携行する文書を名のある文人貴族に書いてもらったのは、日中両国人があいまみえる場においてヒケをとらないためだったことは、容易に推測できる。右にふれた『続本朝往生伝』の奝然・寂照比較論も、夏安居の終わりの斎食の席で、宋の高僧が鉢を飛ばせて食を受け取るのを見た寂照が、順番が回ってきて「心中大いに恥ぢ、深く本朝の神明仏法を念じ」たところ、「寂照の鉢、仏堂を飛び繞《めぐ》ること三匝《そう》、斎食を受けて来る」、という説話中のエピソードだった[22]。成尋は、一〇七三年に汴京で祈雨祈禱に験があったとき、日本には私以上の者が数十人、私程度の者が数十人いる、と語っている[23]。

こうしたお国自慢の集大成というべき作品が、十二世紀末～十三世紀初の成立とされる『吉備大臣入唐絵巻』である。そのあらすじはこうだ[24]。

遣唐使として入唐した吉備大臣は、その多芸博識に恐れをなした唐人によって、高楼に幽閉されてしまう。するとある夜ふけ、鬼が伺い来たので、大臣は隠身の術で姿を隠し、「私は日本国王使であり、王事に尽くして暇がない、鬼よおまえは何を伺うのか」と問うと、鬼は「私も日本国遣唐使です。この楼に登らされて食物を絶たれ、餓死して鬼となりました。私の子孫の阿倍氏は官位についているでしょうか」と答えた。大臣が仲麻呂の子孫七、八人の官位と近況を話して聞かせると、鬼は喜んで、「ご恩返しとして、あなたにこの国のことをぜんぶお話しましょう」と言って、夜明けに帰っていった。その後唐の帝王は、難題をふっかけて大臣を殺してしまおうと、『文選』の暗誦、囲碁の勝負、「野馬台詩」（文字順が複雑に暗号化されている）の解読をつぎつぎに課すが、そのつど大臣は鬼の助けを借りて切り抜ける。ついに唐人は食を与えず餓死させようとするが、大臣は日月を封じて唐土を驚動させ、「無実の私を迫害するから、日本の神仏に祈念したところ、こうして感応があった、私を本朝に還すなら、日月は現れるだろう」と言い放ち、ついに唐人を屈服させる。『文選』・囲碁・「野馬台詩」の三つは、吉備大臣が日本にもたらした。

考えてみれば、奝然の釈迦瑞像すり替え譚もおなじころの成立で、和漢の知恵くらべに日本人が勝利した話としても読める。

(三) パトロンとしての摂関家

奝然は、天禄三年（九七二）に一二歳年少の義蔵と連名で作成し、その一三年後に釈迦像の胎内に納入した「結縁手印状」において、現世と、第二・第三からなる当世（＝来世）を貫いて結縁を誓った。死生観のあり方が興味ぶかい。

一期生の間、曾《かつ》て其の志を変ぜず、設《たと》ひ悪知識に遇ふも、寧《なん》ぞ其の心に背乖《はいかい》せしめん、常に善知識を存じ、曾て其の契《ちぎり》を違失せざらん。死生心を同じうし、寒温相問ひ、若し互ひに此の結縁興法の心を失はば、終《つい》に共に無上菩提（最高の悟りの境地）に証せざらん。是の故に、愛宕山《あたごやま》を点定し、同心合力、一処の伽藍を建立し、釈迦の遺法を興隆せん。然る後、第二世には、必ず共に兜率《とそつ》内院（弥勒の住処）に生まれ、仏を見法を聞き、第三世には、共に弥勒に随従して、閻浮《えんぶ》に下生《げしょう》し、法を聞き益を得、深く菩薩大悲の心を増し、願に随ひて十方浄土に往来し、

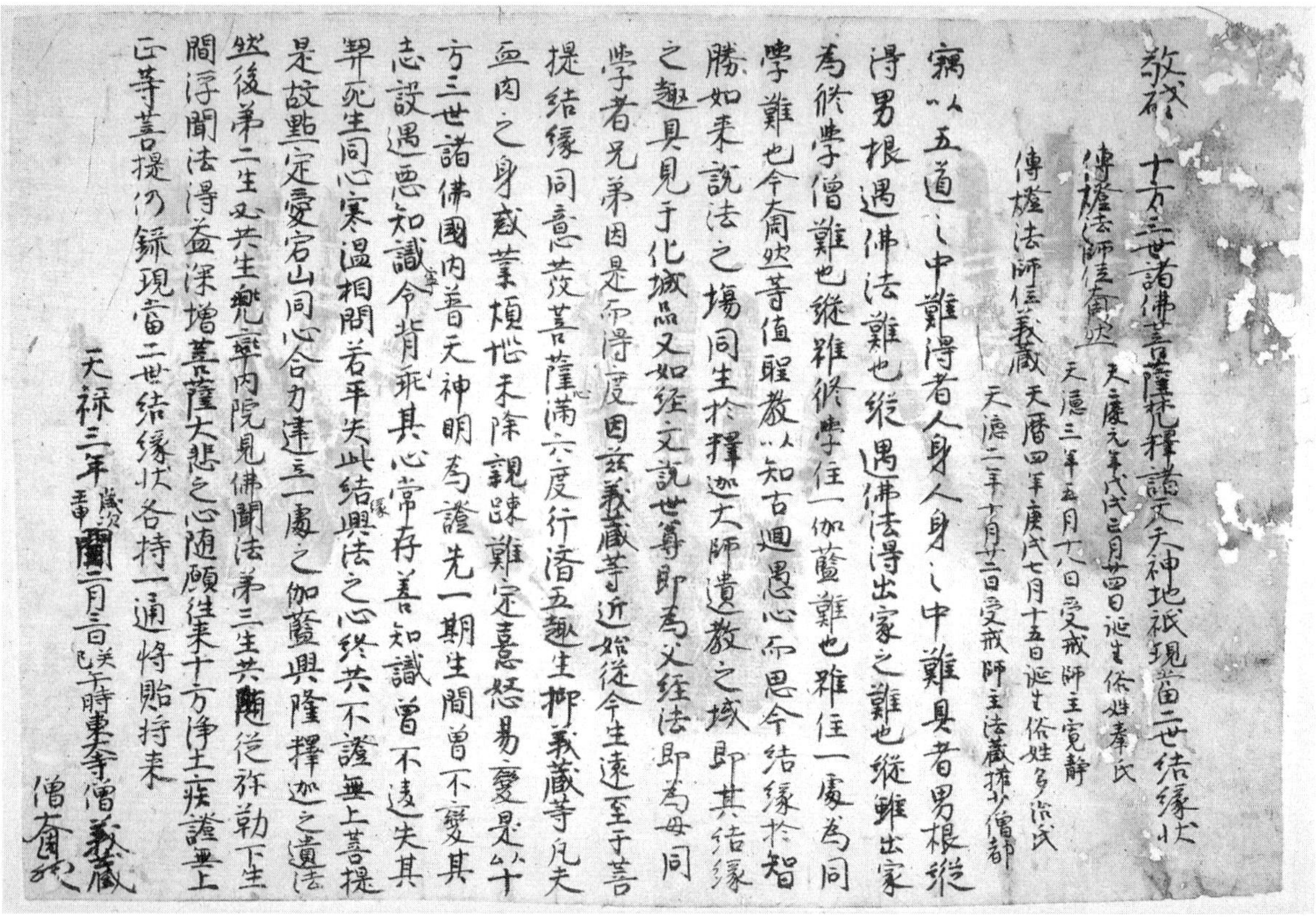

図９　義蔵奝然結縁手印状（京都・清凉寺蔵）
出典：奥健夫『日本の美術513 清凉寺釈迦如来像』（至文堂 2009年）

疾《と》く無上正等菩提に証せん。仍て現当二世結縁状を録し、各一通を持ち、将《まさ》に将来に貽《のこ》さんとす。

この文書に奝然は「天慶元年（九三八）戊戌正月廿四日誕生、俗姓秦氏」と記しているが、宋では「姓藤原氏、父真連為《た》り、真連は其の国の五品品官也」と自称していた（『宋史』日本伝）。釈迦像の胎内に納めた「奝然繫念人交名帳」には、宋の太宗皇帝、日本の円融天皇・東宮師貞親王・皇后遵子・康子（資子の誤り）内親王に続けて、「頼忠大臣・兼家大臣・為光臣・朝光臣・実資・道隆・道兼」という、藤原忠平流の人だけが列挙されている（他姓は見えず）。

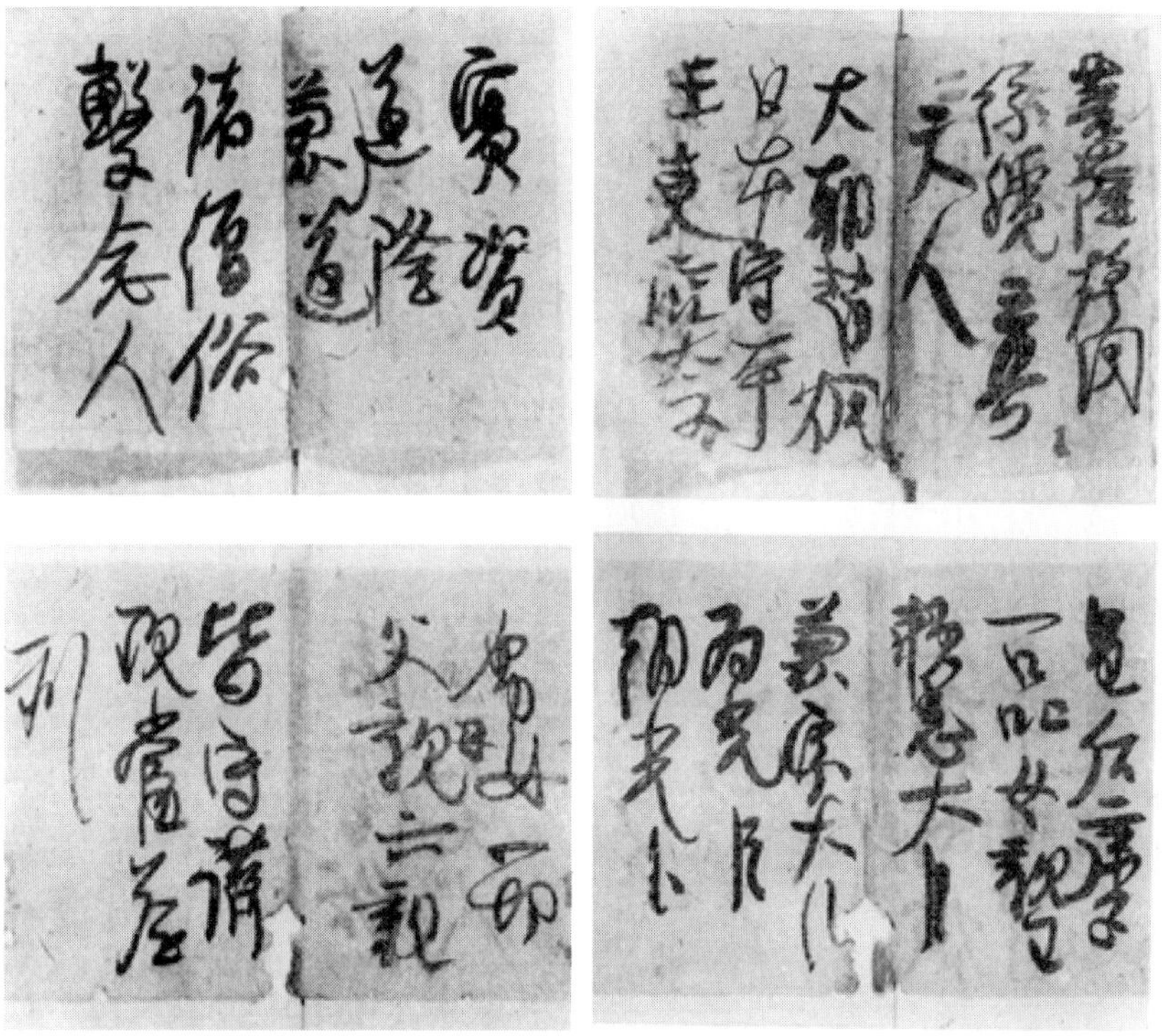

図10　奝然繫念人交名帳（京都・清凉寺蔵）
出典：東京大学出版会『大日本史料』第二編之十

奝然帰国後の九八七年、摂政藤原兼家邸で僧綱召《そうごうめし》があり、奝然に「若《も》しや入唐帰朝に依つて歟《か》」、法橋位が給与された（『小右記』永延元年三月十一日条）。九九一年、奝然の弟子嘉因が宋から将来した文殊像が、摂政藤原道隆に献納され、東三条殿に安置された。その後平等院経蔵に移されたが、藤氏長者以外は披見を許されなかったという。[25] そしてなにより、『御堂関白記』寛仁二年（一〇一八）正月十五日条に、「栖霞寺一切経を渡し奉る。是れ故法橋奝然、唐従《よ》り持ち渡る経也。而して遺弟（嘉因）献ずる也。二条西廊に安置す」とあるように、奝然将来品のうちもっとも価値の高い摺本一切経が道長邸に移され、三年後に藤氏の氏寺法成寺の経蔵に納められた――等々の事実が、摂関家こそ奝然師弟の入宋のパトロンだったことを物語っている。

四　巡礼と朝覲

㈠　聖地と奇瑞

この章では、入宋中の奝然の事蹟と奝然将来品の運命について見ていきたい。聖地巡礼のようすをくわしくかつ正確に伝える史料は「造立記」である。まず天台山について。

（九八三年）九月九日天台に巡礼し、智者の霊蹤を訪ね、定光の金地に遊ぶ。山奇《くす》しく樹秀で、渓濬《ふか》く泉澄む。石梁を渡りて四果の真居を瞻《み》、桂嶺に登りて三賢の旧隠を覩《み》る〈豊干《ぶかん》・寒《かん》山《ざん》・拾得《じっとく》〉。栖心の及ぶこと莫《な》く（住みたいと思ってもかなわず）、行役の牽《ひ》く所、十月八日天台を発離す。

智者とは天台宗の祖智顗《ちぎ》、定光とは過去世に出現して釈尊に未来には成仏すると予言した仏（別名燃燈仏）。石梁とは天台山上にあって渓流に掛かる天然の石橋で、めったに渡れないこの橋を渡って奥に進むと、五百余人の羅漢（四果）の栖に到るという。桂嶺とは国清寺の背後にある八桂嶺、三賢とは唐代の国清寺の豊干禅師とその弟子寒山・拾得。天台山の記事は意外にあっさりしている。つぎに五臺山について。

（九八四年）四月七日を以て岱州五臺山大花厳寺菩提真容院に到りて駐泊し、尋で礼謁す。得不虔誠（？）。其の日申の時、菩薩の右耳の上に白光を化出し、時移るも散ぜず、僧俗三百来人悉皆瞻覩《せんと》す。其の月十四日に至り、金剛窟に到り、礼拝して退く。東台に登るに、倏忽《しゅくこつ》（たちまち）の間、雷声の震響するを聞きて逡巡す。雪飄《ふ》り雹降る、其の雹は大いさ雞子の如し。十五日凌晨に至り、東台に於て一老人を見る。約《およ》そ年八十、鬚鬢倶に白く、身に紫裳を被り、三山帽を裹《つつ》み、靴を著し、手に数珠を携へ、侍従二人を領《つ》れ、龍池を遶《めぐ》りて行く。其の侍従は各おの年二十来許《ばか》り、一人は青衣を著し、頭巾を裹み、手に香爐を執り、一人は白衣を著し、頭巾を裹み、手に柱杖を執り、踟蹰《ちちゅう》（たたずむ）して去り、在る所を知らず。当日中台に遊ぶに、五色の雲の現ずる有り。同日西台に遊ぶに、瑞鳥・霊禽の現はるる有り。二十三日南台に遊ぶに、夜三更に至り、時に聖燈二炬の現はるる有り。勤拳（つとめる）して忝《かたじけな》きを知り、帰命任せず。此日の神魂を豁《ひら》き、当年の心願を副ふ。盤桓（逗留）すること両月、諸縁（あらゆる俗務）を澄（？）息し、其れ何れの郷国にか須《すべか》らく還るべき。瓶嚢《へいのう》（旅の荷物）是れ挙《かか》げ、五月二十九日を以て五臺を発離す。

大華厳寺は五臺山の中心寺院で、そこにあった菩薩とはもちろん五臺山信仰の中核をなす文殊である。五臺山は東西南北中の五台の総称で、五臺山の最高峰のある北台の名辞がみえないが、金剛窟は北台にあるので、五台のすべてを巡礼したことがわかる。文殊菩薩像の右耳上の白光、雷鳴と降雹、侍従二人を従えた老人（文殊菩薩の化現か）、五色の雲、瑞鳥・霊禽、聖燈二炬など、たくさんの奇瑞が出現したとするが、なかには通常の風景かと思われるものもあり、奇事との遭遇を期待する心理が投影されているのかもしれない。

㈡　三度の朝覲

「造立記」によると、奝然は三度も太宗皇帝と会っている。最初は、天台山を出て汴京に到着した二日後の太平興国八年（九八三）十二月二十一日、崇政殿で朝覲し、「宣を蒙り紫衣幷びに例物を賜」った。二度目は五臺山から帰還した雍熙元年（九八四）六月二十四日で、「聖情の宣問安慰すること初の如し」だった。そのまま在京して次年三月二日に到り、「金殿に告辞し、龍顔に面対し」た。

『宋史』日本伝は、全文三一〇〇字ほどの約八割を奝然および弟子嘉因の入宋記事に費やしている。始めに「雍熙元年、日本国の僧奝然、其の徒五六人と海に浮かびて至り、銅器十余事幷びに本国職員令・王年代紀各一巻を献ず」とあって、日本の国制を示す律令の一篇「職員令」と、神代から第六十四代円融天皇に至るまでの歴史を語る「王年代紀」を献上したことを特筆する。ついで「奝然、隷書を善くすれども華言に通ぜず、其の風土を問ふに但《た》だ書して以て対《こた》ふ」とあって、その回答がつぎのように記されている。

国中に五経の書及び仏経・白居易集七十巻有り。並びに中国より得たり。土は五穀に宜しけれども麦少なし。交易は銅銭を用ひ、文を乾文〔元〕大宝と曰ふ。畜は水牛・驢・羊有り、犀象多し。糸蚕を産し、織絹多く、薄緻にして愛すべし。楽は国中・高麗の二部有り。四時寒暑は大いに中国に類す。国の東境は海島に接す。夷人の居る所、身面皆毛有り。東の奥州は黄金を産し、西の別島（対馬）は白銀を出し、以て貢賦と為す。国王は王を以て姓と為し、伝襲して今王に至ること六十四世、文武の僚吏は皆官を世《よよ》にす。

このあと「王年代紀」が全文引用され、奝然師弟入宋記事のほぼ半分を占める。奝然の話と「王年代紀」に接した太宗は、歎息して「此れ島夷のみ、乃ち世祚遐久（平たくいえば「万世一系」）にして、其の臣もまた継襲して絶えず、此れ蓋し古の道なり。……無窮の業を建て、可久の範を垂れ、亦以て子孫の計と為し、大臣の後をして禄位を世襲せしむ。此れ朕の心なり焉」と言った。宋の支配層が、唐末以来の乱世と比較して、日本の国家のあり方をひとつの理想像とうけとめたことが知られる。この記事のあと「奝然、復た五臺に詣でんことを求む」とあるから、以上はすべて第一回目の朝覲のようすである。[26]

ふたたび「造立記」によれば、奝然一行は離京にさいして太宗から「宣を蒙り、師号及び大蔵経四百八十一函五千四十八巻・新翻訳経四十一巻・御製廻文偈頌[27]・絹帛・例物等を賜」った。師号とは「法済大師」の勅諡号である。[28]こうして一行は帰途についたが、下賜品は「京中は人舡を差して部送し、仍ほ口券・駅料及び累道州県より抽差せる人夫を賜って伝送」された。『宋史』日本伝は簡潔に、「又印本大蔵経を求む。詔して亦之を給ふ」とのみ記している。

㈢　釈迦像、宝塔、一切経

前節にもあるように、奝然は宋から多くの貴重な文物を持ち帰った。その中心は、『皇代略』巻二・一条天皇永延元年（九八七）二月条に「東大寺入唐僧奝然帰朝、釈迦像一体・宝塔一基・摺本一切経等を渡す」とあるように、釈迦像・宝塔・一切経の三つである。それらが淀川の山崎津に到着し、多くの人の手で北野の蓮台寺まで運ばれるようすは、第一章（三）ですでに見た。その史料『小右記』では「宝塔」は「七宝合成塔」と表記されており、上川通夫によれば、呉越王銭弘俶が阿育王寺に奉納した八万四千塔のひとつにほかならないという。[29]それ自身は現存しないが、類品の銅製塔が福岡県誓願寺や東京・奈良の国立博物館に所蔵される。[30]

優塡王が造ったと伝える栴檀釈迦像は、六世紀初頭に梁の武帝が中国にもたらし、同末に戦乱をさけて揚州開元寺瑞像閣に安置された。唐末に瑞像閣が焼失したあと転々としたが、宋の建国とともに宮城中の滋福殿に迎えられ、九八五年四月に落成した西華門外の啓聖禅院に移された。奝然による実見を疑う説もあるが、[31]『伝法灌頂雑要抄』三、寛仁三年（一〇一九）太政官牒に引く長保元年（九九九）奝然奏状に「於東都（汴京）禁中万歳字破失、王所造釈迦牟尼仏栴檀像」とある。[32]「明年（九八四）正月中、聖旨を蒙り京の大小寺院を巡礼の後、奏聞を経て」内裏の滋福殿で瑞像を礼拝した、という「歴記跋」の記載は、事実を伝えるものとみてよいだろう。本像の「様」をもとに台州で造られた模像を奝然が将来した経緯は、すでに述べた。

「摺本一切経」は、建国まもない宋が国家事業として蜀で雕造した版木を、九八三年汴京に移送して印刷したもので、版本大蔵経の嚆矢である。刷りあがってまもないその一セット、五〇四八巻を太宗は気前よく奝然に与えた。これは奝然個人というより日本国への贈与とみなすべきだろう(33)。とりあえず蓮台寺に納められたのち、釈迦像とともに棲霞寺(一〇一六年の奝然没後五臺山の別号にちなんで清凉寺と改名)に保管されていたが、前述のように一〇一八年に藤原道長邸、一〇二一年に法成寺に移され、一〇五八年の火災で焼失したとされる(34)。

三つ以外で特筆される品としては、『元亨釈書』巻十六・力遊九に「釈奝然、雍熙三年(九八六)台州鄭仁徳の舡《ふね》に上《の》りて帰る。永延元年(九八七)也。然して大蔵五千四十八巻及び十六羅漢像を得たり。其の優塡模像は見今嵯峨清凉院に在り」とある、十六羅漢像があげられる。日本の羅漢信仰は、この絵を本尊として藤原道長が一〇一九年に羅漢供を始めて以来さかんになった。一二一八年の火災で焼失。清凉寺に伝来して国宝に指定されている羅漢像十六幅は、これとは別にあらためて北宋から請来されたものらしい(35)。

五　国際関係のなかで

(一)　嘉因の入宋と奝然の表文

九八八年、奝然は宋帝に表文を奉って厚遇に謝意を捧ぐべく、弟子の嘉因らを鄭仁徳の帰り船に乗せて入宋させた。その動機を太政官に呈した奏状のなかでこう述べている(『続左丞抄』巻一、永延二年二月八日大宰府宛太政官符)。

> 寔《まこと》に巡礼伝法の功を致すと雖も、未だ財施供養の願を遂げず。帰朝の後、願心を五臺清凉の雲山に馳せ、供養を一万文殊の真容に繋ぐと雖も、未だ件の願心を遂げず。之に因り、嘉因法師を差して重ねて発遣せんと欲す。今件の嘉因、久しく東大寺に住み、三論无相の宗教を苦学し、同《とも》に西唐国に往き、五部秘密の灌頂を共受す。啻《ただ》に顕密の法を学ぶのみに非ず、兼《ま》た以て漢地の語を解す。然らば則ち訳語と為すに足る者也。

「帰朝の後、願心を五臺清凉の雲山に馳せ」とはいえ、もはや再度の巡礼行が願いなのではなく、文殊菩薩への「財施供養」をし残したのだという。ならば本人が渡航するまでもなく、通訳ができるほど「漢地の語」に馴れた弟子嘉因のほうが適任だ。いっぽうで「財施供養」ともなれば、個人の力ではどうにもならない。奝然の表文に副えられた「別啓」には、螺鈿・蒔絵で飾った仏具・武具を中心とする貢納品の品名・数量・容器が、つぎのように事細かに記されている(『宋史』日本伝)。

> 仏経、納二青木函一。琥珀・青紅白水晶・紅黒木槵子念珠各一連、幷納二螺鈿花形平函一。毛籠一、納二螺杯二口一。葛籠一、納二法螺二口・染皮二十枚一。金銀蒔絵筥一合、納二髪鬘二頭一。又一合、納二参議正四位上藤佐理手書二巻及進奉物数一巻・表状一巻一。又金銀蒔絵硯一筥一合、納二金硯一・鹿毛筆・松烟墨・金銅水瓶・鉄刀一。又金銀蒔絵扇筥一合、納二檜扇二十枚・蝙蝠扇二枚一。螺鈿梳函一対、其一納二赤木梳二百七十一、其一納二竜骨十橛一。螺鈿書案一。螺鈿書几《つくえ》一。金銀蒔絵平筥一合、納二白細布五匹一。

鹿皮籠一、納㆓貎裘《じきゅう》一領・螺鈿鞍轡一副・銅鉄鐙・紅絲鞦泥障㆒。倭画屏風一双。石流黄七百斤。

出資者（たぶん摂関家）が工匠を召集し、日本の技をつくして調えた品々だろう。「三蹟」のひとり藤原佐理の手書が入っているのも、国威発揚の匂いがする。他方、対日関係を年代を追って略述すべき「日本伝」において、別啓の丸写しに多くの字数を費やすのは希異に感じられる。「王年代紀」のまるごと引用とあいまって、奝然らの入宋による日本認識の刷新がいかに大きいものだったか、同時にいかに偏ったものだったかを、考えさせられる。

「日本国東大寺大朝法済大師賜紫沙門奝然啓す」と誇らしげに始まる奝然の表文は、四六文に故事をちりばめた労作だが、さほど内容あるものではない。めだつのは、つぎのような極端な自己卑下と帝徳賛美のことばだ。

妄りに下根の卑を以て、適たま中華の盛に詣《まい》る。……陛下、恵は四溟に溢れ、恩は五嶽より高し。世は黄軒（黄帝軒轅）の古へを超え、人は金輪（仏法の象徴）の新しきに直《あ》ふ。奝然、空しく鳳凰の窟を辞し、更に螻蟻の封に還る。彼に在り斯に在りて、只皇徳の盛んなるを仰ぎ、山を越え海を越ゆるも、敢えて帝念の深きを忘れん。縦ひ百年の身を粉とするも、何《いか》んぞ一日の恵に報いん。

しかしそれはあくまで奝然対帝という個人間に限定されており、「永延二年歳次戊子二月八日」という日本年号の使用も示すように、日本が中国に政治的に従属するかたちは注意ぶかく避けられている。

(二) 宋朝の外交姿勢

いっぽう宋側は、奝然への破格の厚遇、『宋史』日本伝における特筆大書ぶりが示すように、日本とのあらたな関係の構築に期待をかけた。奝然以後の入宋巡礼僧は、皇帝に面会して日本の国情を説明することが例となり、寂照・成尋・快宗・戒覚にその例を見る。一〇八三年、戒覚は皇帝への上奏文で「遠方の異俗が入覲と巡礼を行なうのは例である」と述べ、近い例として成尋をあげている（『渡宋記』）。以下『宋史』日本伝の入宋僧関係記事を追ってみよう。

一〇〇四年の寂照については「華言に暁《あか》るからざるも、文字を識《し》り、繕写甚だ妙なり。凡そ問答は並《な》べて筆札を以てす。詔して円通大師と号し、紫方袍を賜ふ」とあり、一〇七二年の成尋についても「銀香爐、木槵子、白瑠璃、五香、水精、紫檀、琥珀にて飾る所の念珠、及び青色織物綾を献ず。神宗、其の遠人にして戒業有るを以て、之を開宝寺に処《お》らせ、尽《ことごと》く同来の僧に紫方袍を賜ふ」とあって、奝然と同様の処遇を記す。

しかし日本側の対中国姿勢に根本的な変化はなかった。一〇二六年に大宰府の使者が方物を貢じたが、本国の表を持たず、詔して退けた、という事例に続けて、「其の後亦未だ朝貢を通ぜず、南賈の、時に其の物貨を伝へて中国に至る者有るのみ」と記す。「南賈」とは江南の貿易商人を指す。一〇七二年の成尋記事の最後に「其の後連《しき》りに方物を貢じて来る者は皆僧也」とある。僧侶が商船に乗って方物を貢ぐというかたちが常態となっていたが、宋はそれに満足していたわけではなかった。

一〇七二年十月十四日、神宗は勅使を介した成尋への質問のなかで、「日本は自来為甚《なんぞ》中国に通じ入唐進奉せざりしや」と問い、成尋は「蒼波万里、人皆固辞す、之に因りて久しく絶ゆる也」と答えた。翌日の正式に「日本風俗を問ふ」場でも、「本国は明州を相去ること至りて近し、何に因りて中国に通ぜざるや」という質問に対して、「本国は明州海沿を相去るの間、幾里数なるやを知らず。或いは七千余里と曰ひ、或いは五千里と曰ふ。波高く泊无く、中国に通じ難し」と答えた（『参天台五臺山記』熙寧五年条）。「蒼波万里」が遁辞にすぎないことを見ぬかれていたようだ。

それでもなお宋はあきらめなかった。一〇七八年には大宰府から「使人孫忠」を伴って明州に到来した「通事僧仲回」に対してさえ、「慕化懐徳大師」の号を賜っている。明州は「孫忠は乃ち海商なるを以て、貢礼、諸国と異なる。請ふ、自ら移牒して報じて其の物直に答へ、仲回に付して東帰せしめん」と対応を提案し、認可を得た。宋・日本の国家間でなく、明州と太宰府とが「貢礼」、事実上は宋商を担い手とする貿易関係を結ぼうとしていたことがうかがえる。

㈢　夜郎自大の表白

日本が宋への政治的従属を容認する行動を注意ぶかく避けたのは、古くから従属下に置いていたと自認する朝鮮半島諸国への優位を死守するためだった。九五七年、菅原文時は「封事三箇条」の第三条でこう論じる（『本朝文粋』巻二・意見封事）。

一つ。鴻臚館を廃失せず、遠人を懐《なつ》け文士を励ますを請ふ事。
右、鴻臚館は外賓の為に置く所也。星律《せいりつ》（年月）多く積み、雲《うん》構《こう》（巨大建築、鴻臚館のこと）頻りに頽《すた》る。項年《しきりのとし》以来、堂宇尽きんと欲するも、所司は修造能はず、公家は空しく以て廃忘す。……恐るらくは、彼の帰化の国、慕徳の郷、風聞を万里に得、狐疑を両端に成し、一に以為《おもえ》らく、君恩薄くして懐柔の情無しと。一に以為らく、国用乏しくて含弘（莫大な徳）の力無しと。加之《しかのみならず》国家の故事、蕃客朝する時、通賢の倫《ひと》を択びて、行人（接待官）の職に任ず。礼遇の中、賓・主、筆を闘はす。又諸生の文を能くする者を抜きて、餞別の席に預らしむ。茲《ここ》に因りて翰苑鋭思の士、蕃客に対《こた》ふるを以て其の心期《しんご》（心構え）と為さざるは無し。……夫れ文章は、王者、風俗を観て人倫を厚くし、鬼神を感ぜしめて教化を成す所以《ゆえん》也。翼無くして飛び、脛《はぎ》なくして至る。敵国之を見て智者有るを知り、故に憚りて侵さず。殊俗之を聞きて賢人有るを覚り、故に畏れて自ら服す。
……

この鴻臚館廃失阻止論は、結尾に「是れ則ち海外に示すに仁沢の広きを以てし、天下に耀かすに威風の高きを以てする也」とはいいつつ、想定されている「外賓」とは、宋ではなく新羅や渤海ないしその後継国の使節だった。傍線を引いた語はすべて日本中心の華夷秩序を表すもので、鴻臚館の廃失は、その秩序の空洞化を「敵国」に知られる恐れがあるため、あってはならなかった。またこの論では、「蕃客」を迎えて鴻臚館で催される詩文の宴が想定されている。賓と主とが筆を闘わす詩文応酬の席こそ、文士にとって晴れ舞台であり、それゆえ鴻臚館の廃失は逸材を育成する場の喪失を意味した。

鴻臚館は京と筑紫におかれていたが、京の鴻臚館は十世紀前半に渤海と新羅が滅亡して使節到来の可能性がなくなると衰え、一〇九一年を最後に史料上に確認できなくなる。筑紫の鴻臚館は商人の応接機能を担ってしばらく存続した。九三六年に朝鮮半島を統一した高麗は、対等の立場で日本にたびたび接近を試みたが、華夷秩序の崩壊を恐れる日本はこれを「無礼」として退けた。こうして日本は、東アジアの国際関係から自己をきりはなし、必要な文物は民間ベースの商船から購入するという路線を選択した。朝鮮諸国を低く見る華夷意識は観念のなかで化石化され、逆に独善的自尊意識へと「進化」した。

一一七三年五月、宮中で五日間にわたって最勝講が催され、多数の公卿が参仕した（『玉葉』承安三年五月二十三〜二十七日条）。そこで唱えられた表白《ひょうびゃく》はつぎのようなものだった（東寺宝菩提院蔵「公請表白」[36]）。

夫れ我が大日本国は、神明縁を伝へ、天険疆を開く。皇胤是なり。一天照大神の流れ未だ改めず、君臣分に定まり、偽位・僣号の跡永く削る。垂仁天皇より以来《このかた》、神明を崇《あが》めて祭礼の務め未だ墜《すた》れず、欽明天皇より以来、仁教を弘めて帰依永く盛んなり。是《ここ》を以て、徳は異朝に被《こうむ》り、威は他国に及び、西は新羅を降し、北は高麗を従へ、三韓入朝し、百済内属す。敵国有るも之を干《おか》すこと無く、賊臣有るも必ず誅を被る。上は仁を垂れて下を牧し、下は忠を尽して上を戴く。范史（後漢書）は之を君子国と謂ふ[37]。……

この法会は、前年九月に「大宋国明州沿海制置使司」から牒が到来し、当年三月に後白河法皇の勅により平清盛から返牒が送られたという、有名な一件と関わりがありそうだ。対外的緊張のなかでの意識の表出といえよう。他方、国内的な危機たる「治承四年逆乱之間」修された同五年（一一八一）四月の後白河院十座仁王講における表白も、おなじような口調である（国立歴史民俗博物館蔵「転法輪鈔」[38]）。

夫れ我が朝は是れ神国也、神を崇むるを以て朝の務めと為す。我が国は又仏地也、仏を敬ふを以て国の政と為す。是を以て、垂仁天皇自り以来、敬神祭祀の勤め怠ること無く、欽明聖朝自り以来、帰仏信法の儀尤も盛んなり。国は之に依り静かに、人は之に依り康《やす》し。敵国も之を侵すこと能はず、賊臣も之を傾くること能はず。是を以て、東は粛慎を平らげ、北は高麗を降し、西は新羅を慮〔虜〕し、南は呉会を臣とし、三韓入朝し、百済内属す。范史は之を君子の国と謂ふ。……

八年前の表白よりエスカレートして、東西南北方をそろえるための文飾とはいえ、粛慎や呉会（呉の会稽＝江南）まで従えたことになっている。夜郎自大という評語がふさわしい内容だが、その中核は両表白の共有する「三韓入朝、百済内属」という理想像であり、それは中世を通じて貴族層の脳内で根強く生き残っていく。

おわりに

奝然師弟の入宋は、五臺山・天竺巡礼という当初の個人的目的が、宋側の国家的・外交的もくろみの前に大きく転換し、摺本一切経を筆頭とする大量の聖なる品々を携えて、日本に宋風の仏教を移植するプロジェクトへと展開した。その関係記事に八割の字数を割く『宋史』日本伝のアンバランスは、このプロジェクトを華夷秩序のなかに日本を定置させる糸口としようとした宋側の意図を語っている。そうしたなかで、奝然ら入宋巡礼僧の語った日本情報は、「多く自ら矜大、実を以て対《こた》へず」といわれた遣唐使よりも、中国人の日本認識刷新に大きく貢献したとみられる。

　しかし摂関家を中心とする日本の支配層の対応は、宋と政治的関係を結んでその従属下に入ることを避けつつ、必要とする文物を入手するルートを宋海商に依存して確保しようとするものだった。摂関家は、律令官制の首班としては宋に対して独立・自尊のタテマエを保持しつつ、最高権門としての立場からは宋の文物や情報を得たいというホンネの実現をはかった。この両方を満たすには、世俗の秩序から相対的に自由な僧侶の手を借りるのが便利だった。奝然ら入宋僧たちも、経典や仏像や仏画などの日中往来をになうなかで、中華文明と帝徳の賛美に辞を惜しまなかったが、国家間外交の領域に踏みこむことは注意ぶかく避けていた。

　その結果、支配層は朝鮮半島諸国を下位に位置づけるという理想像を観念のなかで保存し、それを夜郎自大に拡張することができ、一般社会の意識では、中国人に負けない才覚をふるう日本人というお国自慢と、仏教聖地としての天竺・震旦への憧憬とが、同居することになった。奝然が仏の協力を得て優塡王の釈迦像の本物を日本へ持ち帰ったという説話は、そうした複合的意識の表出である。生身の釈迦が日本におわすという信仰は、末法の世にあって、日本にこそ仏法は息づいているという自己認識につながる。それはまた、中国のあいつぐ戦乱のなかで失われてしまった仏典が日本に豊富に残っていることへの誇りや、中国側の求めに応じてそうした仏典を携えて渡航する巡礼僧の使命感とも、通じるものだろう。

　奝然と慶滋保胤にみる入宋巡礼僧と貴族社会の文学者との深い関係は、十一世紀の成尋と、多くの説話集の成立に関わった「宇治大納言」源隆国との間にもみられ[39]、中国に対する関わり方において一種の役割分担があったようだ。源信は九八八年『往生要集』を宋へ送って一定の評価を得た。また『往生要集』の一本を携えて渡航した成尋は、思ったほど同書が宋で知られていなかったことに落胆している。こうした動向に、日本の知識人の中国に対するなみなみならぬ対抗意識がかいま見える。

　藤原道長の清凉寺一切経「強奪」が示すように、摂関家は仏教的宝物を囲いこみ、結果としてその多くは滅びていった。だが、さすがの摂関家も釈迦像には手を出せず、法成寺炎上の道づれになることなく健在だ。そして平等院経蔵に秘蔵されたはずの文殊像も、『梁塵秘抄』巻二・四句神歌仏歌に採録された今様に歌われている[40]。

　文殊は誰か迎へ来《こ》し、奝然聖こそは迎へしか、迎へしかや、伴には于闐国《うてんこく》の王や大聖老人、善財童子に仏陀波利《はり》、さて十六羅漢、諸天衆、

　清凉寺釈迦像は、生身の釈迦を希求した大衆的信仰の力によって湮滅を免れた。摂関家の秘仏となった文殊菩薩像も、四人の眷属をひきつれて、人口に膾炙した歌のなかに姿を顕した。そのなかで「奝然聖」もさまざまに語り（謡い）つがれていったのである。

（むらい　しょうすけ・立正大学教授）

註

（1）奥健夫「生身仏像論」（長岡龍作編『講座日本美術史4　造形の場』東京大学出版会、二〇〇五年）に、院政期～鎌倉初期における「生身の仏像」という観念の具象化についてくわしい考察がある。

（2）とりあえず、村井章介『東アジア往還―漢詩と外交』（朝日新聞社、一九九五年）付章「中世における東アジア諸地域との交通」参照。

（3）奥健夫『清凉寺釈迦如来像』（日本の美術513、至文堂、二〇〇九年）

四四～四五頁に納入物の一覧表がある。

(4) 奥註(3)書、三三頁によれば、空中飛行は優塡王造立の所伝をもつ瑞像群の重要な属性と考えられていたという。

(5) 長岡龍作「清涼寺釈迦如来像と北宋の社会」(『国華』一二六九号、二〇〇一年)は、「様」に依ったことによる釈迦像の造形的特色を論じている。

(6) 宮内庁書陵部蔵。成立時期未詳、鎌倉期写。平林盛徳「資料紹介 優塡王所造栴檀釈迦瑞像歴記—附 西郊清涼寺瑞像流記—」(『書陵部紀要』二五号、一九七四年)七五頁は、盛算の記文とする。

(7) 『玉海』巻一百六十八等によれば、啓聖禅院の落成は雍熙二年(九八五)四月で、その前月に奝然一行は汴京を辞去している。釈迦像が落成後に同院に安置されたとすれば、「歴記跋」の記述には時間的矛盾がある。

(8) 長岡註(5)論文、二〇～二三頁に、釈迦像造立に係わった台州の住民組織(造像事業をになう「義邑」に類するもの)が想定されている。

(9) 上川通夫『日本中世仏教と東アジア世界』(塙書房、二〇一二年)七一～七四頁。

(10) 石上英一「日本古代一〇世紀の外交」(『東アジア世界における日本古代史講座7』(学生社、一九八二年)。

(11) 上川通夫『日本中世仏教形成史論』(校倉書房、二〇〇二年)。

(12) 吉原浩人「慶滋保胤「奝然上人入唐時為母修善願文」考」(林雅彦・小池淳一編『唱導文化の比較研究』岩田書院、二〇一一年)に注釈がある。

(13) 吉原浩人「慶滋保胤の奝然入宋餞別詩序考—白居易・元稹詩文との交響—」(河野貴美子・王勇編『東アジアの漢籍遺産 奈良を中心として』勉誠出版、二〇一二年)に注釈がある。

(14) この文殊像は九九〇年に奝然の弟子嘉因が将来し、翌年摂政藤原道隆邸に安置された像(後述)とは別で、あらためて請来したものらしい。

(15) 榎本渉『僧侶と海商たちの東シナ海』(講談社選書メチエ、二〇一〇年)一〇八頁。

(16) 石井正敏(「成尋—一見するための百聞に努めた入宋僧—」元木泰雄編『古代の人物⑥王朝の変容と武者』清文堂、二〇〇五年、三〇四頁)および藤善真澄(『参天台五臺山記・上』関西大学出版部、二〇〇七年、五〇頁)はともに陳一郎＝陳詠とするが、『参記』二十三日条に「陳詠来。与上紙三帖了。高麗船人来、告知日本言語。惟観・心賢・善久笠直五十文銭与之。陳一郎干柿十果持来。大平白美也。」とあって、同一人とは考えがたい。

(17) 平林『慶滋保胤と浄土思想』(吉川弘文館、二〇〇一年)一七八～一七九頁。

(18) 手島崇裕『平安時代の対外関係と仏教』(校倉書房、二〇一四年)一七〇～一七二頁。

(19) 読み下しにあたって吉原註(13)論文を参考にした。

(20) 成尋は一〇七三年に汴京で祈雨祈禱に成功したさい、行事張太保から「あなたほどの験者は日本に幾人いるか」と問われて、「成尋自《よ》り勝る人は数十人、等輩の人は数十人。成尋に至りては日本国无智无行の啞羊僧也」と答えた(『参天台五臺山記』熙寧六年三月七日条)。謙辞として定型化されていたことがわかる。

(21) 石井「入宋僧奝然のこと—歴史上の人物の評価をめぐって—」(『古文書研究』四七号、一九九八年)。

(22) 手島註(18)書、第五章「入宋僧寂照の飛鉢説話再考」参照。

(23) 註(20)参照。上島享は、十世紀ころ、和漢の対抗と和の優越という世界観が、神国という自己認識に包摂されながら成立する、と論じる(『日本中世社会の形成と王権』名古屋大学出版会、二〇一〇年、一〇〇頁以下)。渡邊誠は、平安時代の貴族層に、日本の学芸・技能が劣っていることが宋や高麗に暴露されれば「日本の恥」となる、という意識が、自尊意識の陰で強く働いていたことを指摘する(「平安貴族の対外意識と異国牒状問題」『歴史学研究』八二三号、二〇〇七年)。

(24) 村井章介『東アジアのなかの日本文化』(放送大学教育振興会、二〇一五年)二四～二七頁。

(25) 奥註(3)書、五〇～五一頁。『渓嵐拾葉集』巻百五・仏像安置事に「宇治殿(藤原頼通)護摩法を修せらるる事。日記に云ふ、宇治殿摂禄臣為《た》るの間、天下を摂領す。而して我が国の霊宝等、悉く宇治の宝蔵に納められ、弥《いよいよ》尚欲心熾盛に成られ畢んぬ。仍て欲心退治の為、八十人の真言師を屈し、八十日の護摩法を修せられ畢んぬ。云云」とある。

(26) 上川通夫は「太宗の下問は第二回目訪問時(九八四年六月二十四日)である。そして奝然が献上したのは第三回目(九八五年三月二日)。この間八か月余り、奝然らは、記憶を頼りに、構想力を加えつつ、「王年代記」を書いた」とする(註(11)書、二一九～二二〇頁)が、疑問。

(27) 太宗は回文（尻から読んでもおなじ音になる文）マニアで、みずから大量の回文を作って仏教政策に利用した。『蓮華心輪回文偈頌』二十五巻などの著作がある。http://www.epochtimes.com/b5/16/7/6/n8072088.htm参照。

(28) 以上の一件は、『参天台五臺山記』熙寧五年十二月二十九日条に引く「楊文公談苑」逸文にも見える。ほぼ『宋史』日本伝と重なっているが、「地は州六十八を管す。土曠《ひろ》くして人少なし。率《おおむ》ね長寿にして、百余歳多し」など、独自の内容もある。それに続けて楊億は「予、史局に在りて降す所の禁書を閲《み》るに、日本年代紀一巻及び奝然表啓一巻有り、因りて其の国史を修し其の詳を伝ふるを得たり」と回想している。『宋史』の原拠史料の保管と正史編纂の状況がかすかに窺える。

(29) 上川註(9)書、七〇～七一頁。銭弘俶塔の典拠『宝篋印陀羅尼経』に「七宝塔」が説かれているという。

(30) 展覧会図録『聖地寧波—日本仏教1300年の源流』（奈良国立博物館、二〇〇九年）四九頁。手島崇裕は、「七宝合成塔」の行方は知られないが、「ふさわしい形態を現存の塔に探れば、候補の一つとして十一世紀初の製造とされる南京長千寺の「七宝阿育王塔」が挙げられよう。表面を水晶や瑪瑙（七宝）にて飾る。八万四千塔よりもだいぶ大型のものである」と指摘する（註(18)書、一八九～一九〇頁）。

(31) 長岡註(5)論文、一四頁。

(32) 『優塡王所造栴檀釈迦瑞像歴記』を参照すると、「字破失」の部分には「殿拝優塡」の四字あるいは「殿右作紫雲閣拝優塡」の九字が入るようである。

(33) 上川通夫は、このできごとに日本の仏教史を前後にわけるほどの画期を見いだしている（『日本中世仏教史料論』吉川弘文館、二〇〇八年、一四一頁）。

(34) ただし、『参天台五臺山記』熙寧六年（一〇七三）三月二十三日条に引く伝法院の奉ずる聖旨に「日本僧奝然来朝……大蔵経一蔵及び新訳経二百八十六巻を賜ふ、日本法成寺蔵内に見在す」とある。

(35) 奥註(3)書、六二～六三頁。

(36) 山崎誠・阿部泰郎編「安居院唱導資料纂輯（六）」（国文学研究資料館文献資料部『調査研究報告』一七号、一九九六年）。

(37) 『後漢書』巻一百十五・東夷伝に「（東夷は）故に天性柔順、道を以て御し易く、君子・不死の国有るに至る焉。〈山海経に曰く、「君子国は衣冠帯剣して獣を食し、二文虎をして旁らに在らしむ」と。外国図に曰く、「琅邪を去る三万里」と。山海経又曰く、「不死の人は交脛の東に在り、其の人と為りは黒色にして寿不死なり。並びに東方に在る也。」と〉」とあるが、この「君子国」が日本をさすという確証はない。

(38) 永井義憲・清水宥聖編『安居院唱導集』上巻（角川書店、一九七二年）。

(39) 石井正敏「源隆国宛成尋書状について」（『中央史学』三〇号、二〇〇七年）。

(40) 小島裕子「五台山文殊を謡う歌—『梁塵秘抄』より、嵯峨清凉寺奝然の五尊文殊請来説を問う—」（真鍋俊照編『仏教美術と歴史文化』法藏館、二〇〇五年）は、歌句「うてんこくのわう」には「優塡国の王」ではなく「于闐国の王」を宛てるべきことを指摘している。眷属として于闐国王・善財童子・大聖老人・仏陀波利を従える文殊五尊の図像を根拠としており、従うべきである。小島は、この歌から嘉因将来の文殊像が五尊像だったとみるのは早計で、「摂関家の権威によって経蔵に秘蔵されたその時点から、半ば伝説化されつつあった〝奝然将来〟の五台山文殊像に、新たな流行の訪れを感じさせる五尊文殊の造形的イメージが重ねられたのがこの歌ではなかったか」と論じている（二三四頁）。

奝然入宋と「釈迦信仰」の美術
―南京大報恩寺址出土品を参照して―

稲本泰生

はじめに

『小右記』永延元年（九八七）二月十一日条は、前年に宋から帰朝した奝然（九三八～一〇一六）が入洛し蓮台寺へと向かった際の壮麗な行列の様子を、以下のように述べる。

最初に七宝合成の塔有り。塔の中に仏舎利を籠む。即ち輿中に載せ、人、之を担ふ。其の前、雅楽寮、高麗楽を発す。相次いで摺本の一切経論を納むる五百合匣を担ふ。一人、二百匣を担ふ。道路の人、相諍ひて之を担ひ、誠に結縁と為す。最後に又、御輿有り。白壇（檀）五尺の釈迦像を安置す。雅楽、大唐楽。其の次に奝然。甲袈裟を着す。七・八人の僧等、相共に歩行し、相従ふ。

ここにみえる舎利奉籠の七宝合成塔、一切経（宋版一切経）、白檀五尺釈迦像は奝然の三大将来品と称してよい。うち一切経は北宋・太祖（在位九六〇～九七六）の命で開宝四年（九七一）に益州（四川省成都）に派遣された張従信のもと同地の先進的な技術を以て制作され、太平興国八年（九八三）に上進された十三万枚の版木で刷られた蜀版一切経（開宝蔵）である。奝然は雍熙二年（九八五）年三月二日に太宗（在位九七六～九九七）に謁見、開版されてまもない大蔵経を下賜された。

一方釈迦像すなわち清凉寺本尊釈迦如来立像と七宝合成塔（現存せず）は奝然入宋時ともに開封にあり、釈迦と直結する所伝をもつ無二の霊像と聖遺物（宝塔）であった。①優塡王所造と伝える釈迦栴檀瑞像。②阿育王所造と伝える鄮県阿育王塔。に範をとった品とみなされる。小稿では近年南京大報恩寺址で発掘された遺物が両者と深く関係する情報を含んでいる点に注目し、これらをめぐる営為の北宋時代における状況の一端を紹介し、奝然入宋の時代背景とその仏教文化史上の意義を理解する一助としたい。

一　梅檀釈迦瑞像と鄮県阿育王塔

㈠　清涼寺本尊釈迦像と梅檀瑞像

まず清涼寺本尊と梅檀瑞像について、最小限の確認を行っておく。同像は「釈迦在世中、カウシャーンビーの優塡王がその姿を写させた史上初の仏像」、「釈迦が滅後のこの世を託したインド直伝の霊像」として崇敬された梅檀釈迦瑞像の模刻である。奝然は宋・太平興国八年（九八三）の入宋後開封をはじめ各地をめぐったのち、帰国に向け雍熙二年（九八五）六月二十七日に台州に戻ったが、釈迦像は同地の開元寺で張延皎・延襲兄弟を作者として同年七月二十一日に制作開始、八月十八日に完成した。膨大な納入品のうち特に著名な五臓模型は八月五日に制作、二日後に仏牙とともに像内に入れられた[1]。わが国ではのちに模像ではなく原像が将来されたとの伝承が生じ、今日に至るまで三国伝来の生身仏として絶大な信仰を集め、多数の模像が制作されたことは周知のとおりである。

その像容はきわめて異国的（縄目状螺髪・稠密な衣文をあらわした通肩の着衣等を特徴とする立像）だが、原像の様式はインドにまで遡るものではなく、五世紀の中国華北で造立された如来立像の系譜に連なるとの見解（奥二〇〇九）が有力視される。

梅檀瑞像の宋代以前の来歴について、後唐・開元寺十明『優塡王所造梅檀釈迦瑞像歴記』（『歴記』、盛算書写）は優塡王によるインドでの瑞像制作、鳩摩羅琰・鳩摩羅什父子による将来（長安まで）、東晋・義熙十一年（四一五）の劉裕による建康（南京）龍光寺への奉遷、隋・開皇九年（五八九）の江都（揚州）長楽寺への奉遷等について記すが、同像の伝来を記す他書の多くが将来者を梁武帝とする等、その伝承は錯綜している（稲本一九九七、二〇一三等）。ただし少なくとも六世紀末の揚州における存在をいうあたりから信憑性は高くなる。隋末の動乱に際し梅檀瑞像が長江を渡るのをみるに忍びず焼身供養を敢行した住力は、それに先立ち像に「衣資什物」を施入したといい、瑞像に財産から自身の身命に至るまで全てを喜捨し、布施の完遂を図っている点が留意されよう[2]。唐代以降長楽寺は武周期に大雲寺、玄宗期に開元寺と名を変えた。鑑真が仏門に入ったのは長安元年（七〇一）のことで、『唐大和上東征伝』（『東征伝』）は父に連れられて揚州大雲寺へ行き、仏像（梅檀瑞像か）を見て感銘を受けたことが出家の契機だったと伝える（岩佐二〇〇五）。また円仁も開成三年（八三八）に揚州開元寺で参拝した（『入唐求法巡礼行記』巻一）。のち同像は南唐の都金陵（現南京）に移動（盛算『歴記』跋は昇元年間（九三七〜九四三）とする）した。

㈡　七宝合成塔と鄮県阿育王塔

一方「七宝合成塔」は今日に伝わらないが、唐・道宣『集神州三宝感通録』（『感通録』）巻上に列挙される中国の阿育王塔二十数基の筆頭に位置づけられ、奝然入宋当時には開封にあった鄮県阿育王塔を模した宝塔とみなされる（上川二〇〇二、谷口二〇〇九、大塚二〇一二等）。鄮県阿育王塔の経歴（早大東洋美術史二〇〇八等）中、小稿で特記すべきは元嘉十年（四三三）以前に罽賓出身とされる曇摩蜜多が鄮県で布教（『高僧伝』巻三）した際に孟顗が「之

（阿育王塔）を修理」したこと。普通三年（五二二）に梁の武帝が木造塔婆を建てて伽藍を整備し、「阿育王寺」の寺号を賜ったこと（以上『感通録』）。大同二年（五三六）に武帝が会稽鄮県塔を「改めて造」り、旧塔を開いて舎利を出し、台内に迎えて自ら礼拝し、のち県に返還して新塔の下に入れたこと（『梁書』巻五四扶南伝、『南史』巻七八同伝）。等である。そして天宝二年（七四三）正月頃、二度目の渡日失敗後に阿育王寺に収容された鑑真は阿育王塔を実見し、渡日時にその模造「阿育王様金銅塔一区」を将来（その後の行方は不明）した（『東征伝』。稲本二〇一一等）。

鄮県塔の原品は現存しないが十〜十一世紀に模造が盛行し、多くの遺品が今に伝わる。いずれも方形の基壇に塔身・屋蓋を重ねて相輪を立てた単層塔で、全体の形状は宝篋印塔に近い。各部の形式に異同はあるが、屋蓋四隅の馬耳形の方立、塔身四面の本生図等の基本的な特徴は共有される(3)。代表例は呉越国王銭弘俶（在位九四八〜九七八）の治下で量産された八万四千塔（銭弘俶塔。奈良博二〇〇九、大和文華館二〇一六、飛鳥資料館二〇一六等）で、わが国への舶載を述べる文献が存在するほか、相当数の実物が日中両国で確認されている。鄮県塔の存在及びこれに基づく八万四千塔の造立は、仏法を治国の理念とした銭弘俶にとって、自身の姿を阿育王に重ねる上できわめて重大な意味を持った(4)。

(三) 開封への文物集中と栴檀瑞像・鄮県阿育王塔の奉遷

先にも触れたとおり、奝然入宋時における栴檀瑞像と鄮県阿育王塔の所在地は開封であった。しかし元来はいずれも江南仏教（前者が江蘇地域、後者が浙江地域という違いはあるが）を代表する特別の存在として史上にその名を留めてきた。太平興国四年（九七九）に北宋は北漢を征服、ほぼ中国全土の統一を果たしたが、ここで重視せねばならないのは、栴檀瑞像と鄮県塔が北宋の全土統一の途上、旧所在地を支配していた王朝の帰順に伴って、両王朝の君主とともに開封に移動させられた文物だという点である。昨年公刊された塚本麿充氏の論著（塚本二〇一六）は、五代十国諸王朝の収蔵品が北宋に接収され開封で整理体系化されていく過程を綿密に跡づけ、江南仏教を象徴する瑞像や聖遺物を都に集結させる動きが、文物の収蔵公開施設たる三館秘閣への書画や典籍の集積を通した宮廷コレクションの形成とリンクする形で展開したことを包括的に解明した。北宋皇帝を頂点とする新たな秩序が文物の再編を通して可視化されるというメカニズムの実相が明らかになり、栴檀瑞像や鄮県塔の奉遷と再配置という現象の歴史的意義が浮かび上がったことは画期的といえる。以下主に同氏の成果に沿って両者の動きを確認しておく。

開宝八年（九七五）十一月、南唐は北宋に滅ぼされた。後主李煜（在位九六一〜九七五）らは翌年正月に開封に移動、金陵にあった栴檀釈迦瑞像もこの頃同地に奉遷され開宝寺永安院、宮中の「内寺」（内道場。『歴記』跋は「内裏滋福殿」とする）を経て雍熙二年（九八五）四月に太宗生誕の地に完成した啓聖禅院に遷された（『宋太宗実録』巻三三）。（以上、塚本二〇一六）。史書の記載に従う限り、同像は金の太宗により天会九年（一一三一）または十二年（一一三四）に燕京（北京）に遷され、皇統三年（一一四三）から翌年の間に上京（ハルピン）に奉遷されてのち大定四年（一一六四）に燕京に迎えられるまでの間以外は、清末まで基本的に燕京にあった

（藤原二〇一四）。

開封奉遷前の金陵における栴檀瑞像の所在地は盛算『歴記』跋にいう「長先寺」（同書は昇元年間（九三七～九四三）に安置とする）とされてきたが、塚本二〇一六は「長干寺」の誤記の可能性があるとした。金陵瓦棺寺塔とする異説（北宋・蔡條『鉄囲山叢談』巻五）の存在等から、北宋士大夫が同像の旧所在地を南京南郊の丘陵と認識していたというにとどめる氏の所説は控えめだが、重大な指摘である。また栴檀瑞像の将来者について日本では鳩摩羅什説、北宋では中国史上最大の崇仏皇帝たる梁武帝説が重視されたという見解が示されたことも非常に意義深い。

一方鄮県阿育王塔は呉越国の都杭州に遷されていたが、太平興国三年（九七八）の呉越王銭弘俶の北宋帰順を承け、『宋高僧伝』巻二三は翌四年に賛寧が「阿育王盛釈迦仏舎利塔」を奉じて開封に至り、同塔が「はじめ『滋福殿』で供養され、後に『内道場』へ迎え入れられ」たとする。また『仏祖統紀』巻四三も同三年（九七八）、北宋が供奉官趙鎔を勅命で呉越に派遣して「明州阿育王仏舎利塔」を迎えさせ、銭弘俶が帰順した際に賛寧は舎利塔を奉じて「滋福殿」へ納めたという。また同塔のその後について『続資治通鑑長編』（『長編』）巻三〇は、端拱二年（九八九）に八角十一層三六丈の開宝寺木塔が竣工、「杭州釈迦仏舎利塔」が奉安されたとする。(5)

奝然入宋前後の開封で栴檀瑞像と鄮県阿育王塔がおかれた状況については近年、開封で宮中の同じ場所に両者が安置されていた可能性が論じられているが（谷口二〇〇九、塚本二〇一六）、なお検討の余地を遺すとはいえ（塚本二〇一六は滋福院が内道場の機能を有した時期の上限を九七六年正月頃、下限を九八九年とする）大いにあり得る話といえ、そうであればその状況が奝然将来品の内訳と関係する可能性も出てくる。(6)

ところで中国側の諸史料（『宋史』外国七、『宋太宗実録』巻二九、『長編』巻二五、『仏祖統紀』巻四三等）は雍熙元年（九八四）に「日本国沙門奝然」が来て太宗に謁見、王統等を述べたことをいうが、奝然の開封における滞在先は太平興国寺だった。同寺におかれた訳経院（太平興国八年＝九八三に伝法院と改名）の西偏に位置した印経院こそ、奝然が下賜され持ち帰った蜀版一切経の版木の保管場所に他ならない（塚本二〇一六）。蜀地における版木制作も北宋の占領政策の一環と認識されており（竺沙二〇〇〇）、下賜された一切経も加えた奝然の三大将来品は、被征服地から開封に集められた仏教文物の縮図を示す（上川二〇〇七、塚本二〇一六）。

二　南京大報恩寺（旧長干寺）地宮と阿育王塔

以上を踏まえ、次に二〇〇八年に南京市の中華門外にかつて存在した大報恩寺（旧長干寺）址の地宮から出土した阿育王塔（図1）に注目したい（発掘報告は南京市考古研究所二〇一五）。(7) 同塔は鄮県阿育王塔を模した諸塔と基本的に同形式で、栴檀瑞像とも浅からぬ因縁をもつ。今回発掘された地宮の整備、及び仏舎利を奉籠した同塔の埋納は北宋大中祥符四年（一〇一一）のことで、年代的には奝然帰朝からやや降るものの、十～十一世紀東アジア仏教文化史研究を裨益する情報を非常に多く含み、それらは小稿の論点とも深く関係する。

㈠　長干寺と阿育王塔

大報恩寺の前身は南朝の建康を代表する寺院の一つだった長干寺（来歴は早大東洋美術史二〇〇九等）である。同寺は東晋・咸和四年（三二九）に水中から得られ、阿育王四女所造の霊験像と尊崇された像高三尺許の金像と（『四部律行事鈔』巻下所引『冥祥記』、『高僧伝』巻十三・慧達伝、『梁書』巻五四、『感通録』巻中等）、劉薩訶の発見と伝える三顆の舎利及び仏の髪爪で名高く、簡文帝（在位三七一～三七二）、孝武帝（在位三七二～三九六）により三層塔が建立されたという。

長干寺は四世紀末から五世紀初め頃の時点で大凡の寺観を整えていたようだが、隆盛を極めたのは梁の武帝の時代である。大同三年（五三七）八月に件の三層塔が改修された際、塔下から舎利・髪爪が得られたことを承けて長干寺に行幸した武帝は大赦を行い、その際の詔で同寺は「阿育王寺」と呼ばれた。帝は翌四年（五三八）九月十五日にも長干寺に行幸、二基の塔を建立して金罌玉罌（おう＝かめ）に盛った舎利・爪髪を「七宝塔」に入れ、石函に入れて二分、塔下に納めた（以上『感通録』巻上）。

図1　大報恩寺地宮出土　七宝阿育王塔

長干寺の阿育王塔及び仏舎利に関してはその後隋の煬帝（在位六〇五～六一七）がこれを発掘して自身の創建した長安日厳寺に移したこと（『感通録』）、李徳裕（七八七～八四九）が唐・長慶四年（八二四）に舎利を建初寺に遷し、翌五年にはうち十一粒を奉祀すべく北固山に（長干寺の旧制に倣い）石塔を建立したこと（「重瘞長干寺阿育王塔舎利記」）等が注目されるものの、唐代は荒廃していたという。

南唐時代の長干寺については、同寺に該当する可能性が認められる先述の「長先寺」云々の記事以外の情報はないが、同寺は北宋・大中祥符四年（一〇一一）、真宗（在位九九七～一〇二二）の長寿と国の安定を願って原址に重建され、新建された九層仏塔「真身塔」下の地宮に仏舎利を奉籠した今回発見の阿育王塔が埋納された。事業を指導したのが演化大師可政（生没年不詳）である。天禧二年（一〇一八）、「真宗の詔勅」で長干寺は「天禧寺」に改称、九層塔は「聖感舎利塔」と名づけられた[8]。同寺はその後元・至元三十一年（一二九四）に「元興天禧慈恩旌忠寺」の額を賜った。

明初に太祖洪武帝は天禧寺を大修理したが永楽六年（一四〇八）に焼亡、皇宮の標準にそって寺は再建され、新たに「大報恩寺」の額を賜った。永楽十年（一四一二）に永楽帝が生母のために建立を発願、宣徳六年（一四三一）に竣工した八角九層塔（高約七八メートル）は、咸豊六年（一八五六）に太平天国の兵火で焼失するまで南京のランドマーク的な存在であった。五色の琉璃磚と白磁磚で全

図2　大報恩寺琉璃塔（現状、2015年12月）

面装飾された同塔は、琉璃塔と呼ばれた（以上、張一九三七等）。今回の発掘調査終了後、寺址は八角九層の新築「琉璃塔」を中心とする遺跡公園として再整備され、二〇一五年末に開園したことは記憶に新しい（図2）。

(二)　地宮出土品の概要と「舎利石函記」

　発掘された竪穴式地宮は八角形塔婆の遺構の中心に位置し、底面は円形で石積・版築を交互に重ねて壁面が造られていた。地宮の直径は二・二m、鎮石は地下四・二m地点に位置し、その下に鉄函（高一・三m、幅〇・五m）を納めた石函（高一・五m、幅〇・七二m）が埋められていた。石函側壁を構成する四枚の石板のうち北壁に大中祥符四年（一〇一一）六月十八日の日付をもつ「金陵長干寺真身塔蔵舎利石函記」（小稿末尾の史料DG一：八、以下「石函記」）が刻され、同年の仏舎利埋納について詳述している。

「石函記」は冒頭で賢劫千仏の第四仏たる釈迦牟尼が（クシナガラの）跋提河（提河）の畔で涅槃に入ったのち、金色の身体を砕いて舎利（設利羅）となし、阿育王が塔を鋳造してこれを内に籠め、全部で八万四千所に分布したことを述べる。ここまでは仏舎利の起源と阿育王の八万四千塔建立と舎利分配に関する一般的な内容だが、注目すべきは続く「中夏に『十九』ある阿育王塔のうち、金陵長干寺塔はその『第二所』であり、東晋に出現し、梁武が再営した」という記事である。「第一所」への言及はないが、同塔が鄮県塔につぐ存在であることを明示する文言とみてよい[9]。長干寺塔も鄮県塔同様武帝と関係が深く、その治世に聖遺物としての地位を確立したであろうことは、武帝の事績から北宋の舎利埋納の記述までの間の字句が、同寺の荒廃等にのみ言及することからもうかがえる。

　ついで同記は今次の起塔と舎利奉安について、「講律演化大師可政」なる僧が高二百尺、八角九層の磚塔を旧址に建立したこと、「感応舎利十顆、并びに仏頂真骨、諸聖舎利に洎ぶまで進呈し、内に金棺を用い、周らすに銀槨を以てし、并びに七宝もて阿育王塔を造成し、鉄函を以て安置」したことを具体的に述べ、真宗（在位九九七～一〇二二）の長寿や国の安定等を祈念する願文がこれに続く。

　地宮出土遺物の総数は一万二千余件に及んだが、その核心に位置づけられる遺品は「石函記」所載の三種の舎利、及び鉄函内に納められていた所謂「七宝阿育王塔」である。

　阿育王塔は木胎（檀木）に銀製鍍金の板をかぶせて造られ、相輪部・屋蓋部・四隅の方立・塔身部・基壇部で構成される点、塔身の四面に本生図を表す点等、基本的な形状は銭弘俶塔等鄮県塔の流れを汲む諸作例と同じである。高さは一・二m、底面は一辺四〇cmに及び、これは十世紀における同形式の宝塔の代表例たる杭州雷峰塔天宮の銀塔（高三三・五cm、底辺一二・〇cm）等に比しても格段に大きい。荘厳は壮麗をきわめ、「七宝」珠（水晶、ガラス、瑪瑙、ラピスラズリ等）の総数は四五四顆に及ぶ。相輪四周には鎖をめぐらせて小さな鈴を垂らし、方立外側の各面には区画を設けて計一九場面の仏伝図、塔身四隅には瑞鳥を表している。

次に「石函記」所載の三種の舎利だが、各々に比定される品の出土状況は以下の通りであった。

①「感応舎利」七宝阿育王塔内、漆函、大銀函、鍍金小銀函、水晶瓶に納入。白色透明、芥子状（図３）。

②「仏頂真骨」七宝阿育王塔内、銀槨・金棺に納入。長五cm、幅三・五cm、高三・七cm（図４）。

③「諸聖舎利」地宮から計九組発見。うち鉄函内から四組、琉璃瓶一と羅の袋三に納入。七宝阿育王塔内に小銀盒、羅の袋に入れた一組、水晶瓶に入れた三組、鍍金小銀函に入れた一組、仏頂骨とともに金棺に納入。数量は数枚から数千枚。

図３　大報恩寺址地宮出土　感応舎利

図４　同　仏頂骨舎利

このほかにも夥しい遺物が発見され、大量の銅銭、寄進者名等を墨書した絹織物、刺繍等の染織品約百点、香料（沈香、檀香、乳香、丁香等）と香道具（銀製鍍金蓮華宝子香炉、香嚢、香合、香匙、香箸、浄瓶等）、ほか瓢形玉瓶、金環、水晶球、瑪瑙珠、念珠、銀釵、銀製鍍金鳳凰、「捨身飼虎」銅牌飾、瑠璃瓶、玻璃杯、銅鏡等その内容は非常に多岐にわたる。

㈢　七宝阿育王塔と開封所在の瑞像・聖遺物

南朝から唐代における長干寺阿育王塔の形式は今となっては不詳であり、今回出土の宝塔は十世紀以降模造が盛行した鄮県塔の姿に基づき、北宋時に新造されたとみなされるが、本シンポジウムとの関連で特に重要なのは「七宝造成阿育王塔」という文言が、直ちに奝然将来塔の呼称「七宝合成塔」を連想させる点（両者とも舎利を奉籠する）で、奝然将来塔が当該形式だった可能性を大いに補強する。さらに驚くべきは、阿育王塔の方立内側の計四面に各一体表される仏像の形式である。うち二体は坐仏（智拳印と禅定印）、もう二体は同形式の通肩の仏立像だが、後者の像容表現は若干の図像的相違はあるものの（頭髪が螺髪、裙裾が二段でなく一段、等）、まぎれもなく栴檀瑞像に由来するものといえる（図５）。

当時開封にあった栴檀瑞像の旧所在地が先にその可能性に言及した「長干寺」だったならば、同塔には南唐滅亡まで同寺にあった霊像が姿を現していることになる。仮にそれが「瓦棺寺（当時は昇元寺）」だったとしても同像が南唐金陵仏教のシンボルだったことには変わりない。また「石函記」は文中で鄮県塔の存在を示唆しつつもこの宝塔をはっきり「阿育王塔」と称しており、「鄮県塔の模造塔」というよりむしろより普遍的な「阿育王塔のあるべき姿」の表象、もしくは「長干寺阿育王塔がかくあった」という明確な認識の

図５　七宝阿育王塔　方立内側　東北隅（左）　西北隅（右）

もとで当該形式が採用された可能性も十分考えられる。

　長干寺七宝阿育王塔上に栴檀瑞像の姿が浮彫されているという現象は、奝然の二大将来品（七宝合成塔と清涼寺本尊）のイメージと重層し、江南を代表する聖遺物だった鄮県塔と栴檀瑞像が開封の同一空間に奉安されていた可能性が認められることと重層し、

「詔建開聖禅寺於誕生之地。奉優塡王旃檀瑞像〈梁武帝遣郝騫往天竺迎至者〉、釈迦仏牙太祖親緘銀塔中〈唐宣律師天人所献〉。梁誌公真身、錫杖、刀尺」（大正四九・三九八ａ）。


という『仏祖統紀』巻四三の記述とも重層する。ここに語られるのは太宗誕生の地に建立された開封啓聖禅院（開聖禅寺）における（梁武帝が天竺から迎えた）「栴檀瑞像」、太祖が自ら封緘した「銀塔」中に籠められた（道宣に天人が献じた）「仏牙舎利」、そして「宝誌和尚の真身とその持物たる錫杖・刀尺」[10]、以上三者の同一空間での安置状況である。熙寧五年（一〇七二）十月二十三日に啓聖禅院に参詣した成尋（一〇一一～一〇八一）も「東大殿」にあったとみられる栴檀瑞像とともに、勅封された八尺許の「七宝塔」に納入された仏牙舎利を「仏牙堂」で拝している[11]（『参天台五台山記』第四、塚本二〇一六）。

　実際の宝塔及び内容器の形状を『参天台五台山記』の説明（入れ子状の納入状況等）のみからイメージすることはできないが、(A)表層部が銀製鍍金で「七宝造成」と称する阿育王塔内に仏頂骨舎利を祀り、塔の表面に栴檀瑞像を表す、という長干寺地宮にみられる現象。(B)「銀塔」「七宝塔」に仏牙舎利を祀り、同じ場所に栴檀瑞像があったという都の状況。は全くパラレルな関係にあると考え得る。さらに清涼寺釈迦像は台州での制作だが像内に「仏牙舎利」と称する聖遺物が籠められたことは先述のとおりで、そこに啓聖禅院における両者の関係が反映していたとしても不思議はない。

三　施護と仏頂骨舎利の将来

㈠　施護と仏頂舎利の将来

開封における栴檀瑞像・鄮県阿育王塔・仏牙舎利（および宝誌和尚真身）の安置状況、そして真宗と「仏牙舎利」の関係性に留意しつつ、次に部位こそ違うものの類似の性格をもつ聖遺物「頂骨舎利」が長干寺阿育王塔の中で受けた扱いについて紹介しておく。仏頂骨を納めた銀槨の底部には以下の刻銘がある。

鎏金銀槨（DG一：一六四）銘　大宋大中祥符四年辛亥四月八日、金陵／長干寺奉真身舎利大卿施護仏／頂骨。首座守正、通悟大師重航、尼宝性、／比丘紹贇各奉舎利。賜紫守願、普定銀／各五両、王氏銀十両。

乾徳四年（九六六）に秦涼両州が通じたことを機に北宋は西竺への求法僧を募り、沙門行勤ら一五七人が入竺、その後開宝（九六八～九七六）以降梵夾を来献する天竺僧が絶えなかったという（『長編』、『宋史』本紀二、外国六、『仏祖統紀』巻四三等）。右の刻銘にみえる「施護」は『仏祖統紀』巻四三にみえる太平興国五年（九八〇）に「北天竺の迦湿弥羅（カシュミール）僧天息災」とともに「烏曩国（烏塡曩国、ウッディヤーナ）」から来朝して皇帝より紫衣を賜り、訳経に従事したという僧・施護（『仏祖統紀』巻四三、『宋会要輯稿』道釈二之五、『補続高僧伝』巻一など）に比定される（龔・祁二〇一二等）が、『宋会要輯稿』道釈二之六～七には施護を天息災の従兄弟とする注目すべき記事がみられる[12]。

僧侶の往来、梵語原典・聖遺物の流入等、仏教を介した北宋とインド世界の活発な交流の過程に関しては包括的な先行研究があり（中村一九七七、上川二〇〇七等）、仏舎利にまつわる事象も多数示されているが[13]、来朝僧による仏頂舎利の奉献について明確な記録があるのはこの三年後の同八年（九八三）、西天から帰国した沙門法遇によるもの（同時に貝葉梵経を献上。『宋史』外国六、『宋会要輯稿』蕃夷四、『仏祖統紀』巻四三等）である。しかしながら長干寺塔の出土により、施護が同様の聖遺物を将来していたことが明らかとなった。仏頂骨信仰の事例として代表的なのはナガラハーラ（那掲羅曷国、那竭国）の醯羅城に祀られた頂骨舎利に対する崇敬であり、西北インドの聖遺物崇拝を施護による将来の前史に位置づけることもできよう[14]。

九八〇年の施護と天息災の来朝ののち、皇帝は二僧に宮中にあった未訳の梵夾をみせた。これが下賜されて太平興国寺に建立された施設が前出の訳経院である。同院は同七年（九八二）に完成、天息災、法天、施護らが訳経に従事した（『宋太宗実録』巻二四等）。同八年（九八三）に訳経院は伝法院と改名され、新たに印経院も建立された（『宋会要輯稿』道釈二之六、『仏祖統紀』巻四三等）。また雍熙二年（九八五）には天息災、法天、施護が陝西諸国に梵経が収蔵されているので、訪ね求め翻訳すべきことを進言、勅許を得るとともに、西天僧で梵語に通じ翻訳の助力ができる者を悉く伝法院に住まわせるという詔勅が出た（『大中祥符法宝録』巻四等）。太平興国寺に滞在した奝然一行は施護らの活動場所と同じ敷地内にいたことになり、インド直伝の情報に接する機会もあったであろう。

(二) 惟浄の経歴と仏教文物の関係

ここで卓越した梵語の能力を備え、漢人としてただ一人訳経現場の最高位たる訳経三蔵に昇りつめた惟浄(九七三〜一〇五一)に注目しておく。惟浄は後主李煜の猶子で三歳のとき南唐は滅亡、李煜一行とともに開封に入ったとみられ、その動きは栴檀瑞像とも並行している。七歳で開封の相国寺にて出家、十一歳で伝法院の試験に合格、天息災に師事して仏教を学んだ。太平興国九年(九八四)に梵経念誦の力量を買われて得度、端拱二年(九八九)に訳経筆受となった。そして淳化三年(九九二)に光梵大師、真宗の世となった咸平四年(一〇〇一)に証梵文、景徳三年(一〇〇六)に証梵義、大中祥符二年(一〇一〇)に同訳経文の号を賜り、天禧二年(一〇一八)、施護の示寂後空席だった訳経三蔵に法護とともに昇った。また伝法院を主宰し、御製仏書の編纂にも従事し、真宗からの信任も厚かったという(以上中村一九七七、佐藤二〇一二)。

大中祥符四年(一〇一一)、かつての南唐の都たる南京に埋納された長干寺阿育王塔には、当時の開封における南唐由来の瑞像・聖遺物の配置の縮図が認められたが、同時にその事業は、インド仏教の正系に連なることの顕示を通して南唐ひいては江南仏教の復興を図る、という意識も含んでいたとみてよかろう。南唐王室の血を引く一方で、開封にて天息災に学びかつ太平興国寺内の伝法院にあって訳経に従事し、その長となった惟浄は、かかる状況を象徴する経歴の持ち主である。出土品中にその名を見出せる訳ではないものの、阿育王塔頂骨舎利の将来者たる施護が師の天息災と従兄弟だったという前項の話が史実ならば、その存在はさらに重要度を増す。

図6　大報恩寺址地宮出土貝葉経

年代的にはやや降るが注目すべきは景祐四年(一〇三七)、内庫より仏牙、仏骨を出し法護及び惟浄に詳験させたという『景祐新修法宝録』(『宋蔵遺珍』)の記事である(中村一九七七)。施護将来の頂骨も、惟浄の関与は不明だが開封の内庫から出蔵され、長干寺にもたらされたと想像できる。関連して特記したいのは地宮出土品中に貝葉経(図6)が存在する点である。本品は陳知厚なる人物が長干寺三門建立の施主となり、一家眷属が文字通り「結縁」したという趣旨の墨書銘をもつ絁の経袱(DG一:二〇四)に包まれていた。さらに「清信奉仏弟子」たる葛元達が出家した弟の僧惟素らとともに銀製の香嚢及び香等を長干寺釈迦宝塔下の舎利の蔵所に奉納供養した旨述べる絹製の包布上の墨書(南京市考古研究所二〇一五には掲載されず。小稿末尾「筆者試読」参照)の冒頭には「南贍部洲大宋国」という、天竺中心の仏教的世界観に基づいて宋そして自身の位置を定めた文言がみえる。これは藤原道長が寛弘四年(一〇〇七)に金峰山に埋納した銅製経筒にみえる「南贍部洲大日本国」云々の刻銘と完全に同一の語法である。十一世紀以降のわが国の経塚遺物等の銘文に頻出する、仏教的世界認識を伴う自国の呼称としての「日本国」の呼称は、現存作例ではこの経筒が嚆矢であり(上川二〇〇七)、まさしく北宋仏教の世界観の延長上に位置づけられる用語法だったことを示す。[15] 以上諸点は長干寺阿育王塔埋納にインド世界を中心に据えた仏教特有の空間認識の影響が及んでいることを雄弁に物語る。

ともあれ(A)開封の仏教文物(阿育王塔・栴檀瑞像・仏牙舎利・一切経)。(B)長干寺阿育王塔(阿育王塔・栴檀瑞像・頂骨舎利)。そして(C)奝然将来品(阿育王塔?・栴檀瑞像・一切経・像内の仏牙舎利)。はここでも照応を示すのであり、(A)北宋の皇帝を頂点としてなされた文物の蒐集と再配置。(B)南京の仏教文化と開封の(ひいてはインド世界との)関係性。(C)北宋中央の(正系のインド仏教をも吸収した)仏教文化を凝縮した品々の日本への移植。という各々の有する意義も不可分の関係にあることがわかる。

四　演化大師可政の事績と長干寺復興

唐代以降荒廃していたという長干寺は、その後大中祥符四年(一〇一一)に及んで再び、仏舎利を納入した七宝阿育王塔を核に復興を遂げた。本節ではこの事業で中心的な役割を果たした僧・可政の事績とその周辺について、主に中国における最近の研究(祁二〇一二)に拠って概略を紹介する。

(一)　出自と修学

可政の出自と修学の様相に関しては、長干寺七宝阿育王塔に奉安されていた仏頂骨の包布に、非常に重要な情報が墨書されている。

羅帕(DG一:二〇七)銘　建塔主講律臨壇演化大師賜紫可政。先/受業和尚金陵昇元寺長講上生経、百/法論大徳賜紫玄月。/壇中和尚唐左街僧录演法大師昭謀、羯磨/闍梨紹賢、教授闍梨知白、証戒闍梨法僥、処安、彦咸、崇節、徳明、浩興、道隨。/生身父高洪張洪、生身母禹氏十一娘。

これにより(A)可政の父の名は高洪とみられ(続く二字「張洪」の意味は未詳)、母は禹氏十一娘であること。(B)その師が昇元寺で『弥勒上生経』、『百法明門論』(世親、玄奘訳)を講じていた玄月であること。(C)昇元寺での受戒時に昭謀以下十人が戒師を務めたこと(三師七証全員の名を列挙)。等がわかる。このうち(B)はテキストの性格から可政が唯識を深く学んだことを強く示唆する。

可政の師玄月が住し、可政が受戒した昇元寺の前身は南朝以来の古刹である瓦棺寺で、南唐昇元二年(九三八)に昇元寺と改称した(以後の寺名は後述)。同寺は南唐における栴檀瑞像の安置場所として、長干寺につぐ候補地でもある(先述)。

戒師の筆頭にみえる昭謀は「唐」すなわち南唐における僧職の最高位にして人事統括の権限をもつ「左街僧録」の肩書を有する。七証の五人目に登場する徳明は「石函記」冒頭の「法主承天院住持円覚大師賜紫徳明述并書」にみえる徳明その人とみなされ、同記の撰述ならびに揮毫を行っている。徳明が住持を務めた「承天院」は南京城南に位置し、南朝時代は「報恩寺」と称した寺の後身で、太平興国年間(九七六~九八四)に「承天寺」と改称した寺院とみてよい。[16] 徳明は同じく七証の一人として名を連ねる崇節とともに南唐後主李煜のために『円覚経』(『大方広円覚修多羅了義経』)および

『楞厳経』（『大仏頂如来密印修証了義諸菩薩万行首楞厳経』）を講じている[17]。

(二)「石函記」の「塔就蒲津」の解釈と真宗期の国家祭祀

可政の事績の文献上の初見は景徳年間（一〇〇四〜一〇〇七）、その勧進によってかつて鑑真も住した揚州大明寺に七層多宝塔（多宝塔、普恵塔）が建立されたことを述べる『嘉靖惟揚志』（『揚州画舫録』等所引）の記事である（祁二〇一二）。これは後世の文献の記載だが、同時代史料たる大報恩寺址出土「石函記」には「聖宋之有天下、封禅礼周、汾陰祀畢。乃有講律演化大師可政、塔就蒲津、願興墜典」という注目すべき文言がある。ここに述べられているのは唐の玄宗以来の、そして中国史上最後となった大中祥符元年（一〇〇八）の真宗の封禅に始まる一連の国家祭祀である。同年真宗は泰山に行幸して天帝を祀り、曲阜を経由して孔子（文宣王）の祭祀を盛大に行ったのち、開封に帰還した。ついで同三〜四年（一〇一〇〜一一）には汾陰で后土を祀った（『長編』巻七三〜七五。小島二〇〇五、向二〇一七等）。汾陰は汾水の南、現在の山西省万栄県にあたる（宋初の「宝鼎県」）。四年二月の祭祀終了後、真宗は蒲津へ赴き「河橋を度り、鉄牛を観」たという。蒲津は黄河東岸の山西省永済市西部蒲州鎮に位置する渡河点で、船橋と繋留用の鉄人・鉄牛（唐代の作が各四体出土）で知られる（山西省考古研究所二〇一三）。

祁二〇一二は真宗が汾陰祭祀に際して唯一巡幸した仏寺が蒲津の河中府開元寺であること（『宋史』本紀八等）、『大中祥符法宝録』の編者の一人でもある重臣の楊億（九七四〜一〇二〇）が咸平四年四月に七九歳で示寂した開元寺の高僧重宣（九二四〜一〇〇二）の為に撰述した「故河中府開元寺壇長賜紫僧重宣塔記」（『武夷新集』巻六）に、重宣を荼毘に付して舎利三十余粒を得、その年の某月某日に霊骨を遷して起塔を行った」旨の記載があることを根拠に、これを「塔を蒲津に就け、墜典を興さんと願う」の「塔就蒲津」に対応する塔と解する。そして重宣の示寂から汾陰の祭祀に至るまでの八年の間隔は工事の遅れ、可政は真宗の臨幸に向け塔の完成が急がれたため建塔の実績を買われて参画したと説明する。

非常に魅力的な説だが、現時点ではその可能性を指摘できるにとどまる。ただし考慮すべきは右の楊億「塔記」の「師是以従帰一和尚、伝無量寿経、依行満法師、闡因明論。尽達宗旨、咸有師承、終身受持、為人演説」という部分の、重宣が『因明論』に通じていたという話である。因明が唯識と併学されたこと（佐藤二〇一二等）は周知の通りで、玄月を師とし玄奘の顕彰に尽力（後述）した可政の学系に鑑みても、その可能性は存在すると判断すべきだろう[18]。

大中祥符四年（一〇一一）六月、可政は長干寺に阿育王塔を埋納、その上に九層塔が建立された。長干寺舎利埋納は同年六月、蒲津における祭祀からわずか四ヶ月後のことであり、まるで一連の事業であるかの如くにみえる。

(三) 可政の学系と長干寺玄奘舎利塔

次に可政が仁宗（在位一〇二二〜一〇六三）の天聖五年（一〇二七）、玄奘三蔵の頂骨舎利を祀る塔を長干寺（すでに天禧寺と改称）境内に起てたという事実について補足しておく。

一九四二年十二月二十三日頃、大報恩寺址の南に位置する地点で南京駐留の日本軍が整地中に石函を発掘、その側面に二種の刻銘（拓本は奈良・薬師寺蔵）の存在が認められた（薬師寺二〇一五）。

①宋・天聖五年（一〇二七）銘　大唐三蔵大遍覚／法師玄奘頂骨早因黄巣／発塔今長干演化大師可政／於長安伝得於此葬之／天聖丁卯二月五日同縁弟／子唐文遇弟文徳文慶／弟子丁洪審弟子劉文進／弟子張靄

②明・洪武一九年（一三八六）銘　奘法師頂骨塔初在天禧／寺之東岡／大明洪武十九年受菩薩戒／弟子黄福燈□□□□／普宝遷于寺之南岡三塔／之上是歳丙寅冬十月伝／教　比丘守仁謹誌

①からは端拱元年（九八八）に可政が長安終南山紫閣寺にて玄奘頂骨を得（宋・周應合『景定建康志』巻四六。唐・広明元年＝八八〇、黄巣の乱で長安興教寺の玄奘塔は発かれたと伝える）、天聖五年二月五日（玄奘の命日）、唐文遇以下が結縁して埋納が行われたことがわかる。一方②は（洪武帝が天禧寺を重修した際）比丘守仁、居士黄福燈らが三蔵塔を寺東から寺南に遷した旨記す。したがって石函の発掘地点は宋代の埋納地ではなく、洪武十九年に寺内で玄奘塔の寺内における移築に際し、再埋納された場所にあたる。かつて大報恩寺には三蔵塔（俗称白塔）が存在し（『至正金陵新志』等）、同塔は明清時代の伽藍図にみえる（図7）。永楽帝が大報恩寺を造営した際には三蔵塔の西に三蔵殿が建立され、一八五六年の太平天国の乱で三蔵塔の地上部分は失われたが、近在の小学校（正学路小

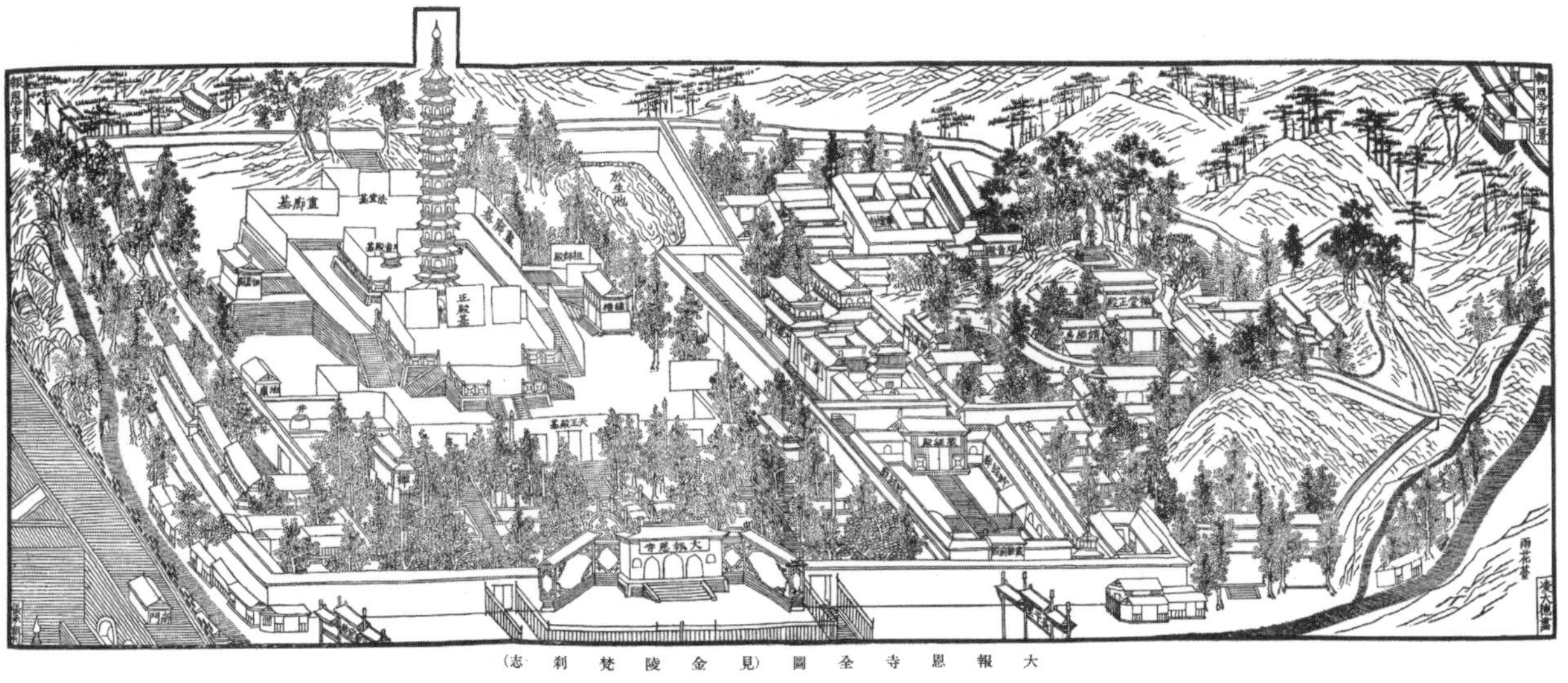

図7　大報恩寺全図（『金陵梵刹志』）　右方丘上の塔の塔身に「三蔵塔」

図８　三蔵殿
（南京市秦淮区正学路、2012年２月）

学）敷地内にはつい先年まで「三蔵殿」の名を掲げる木造寺院建築（図８）が存在した。なお石函からは舎利も発見されており、今日その一部が埼玉・慈恩寺等に祀られている。

慈恩大師窺基の系譜を引く慈恩宗が北宋の開封で興隆し、北は遼の地で、降っては南宋臨安で隆盛をきわめたことは竺沙二〇〇〇に詳述され、また玄奘舎利の天禧寺への奉安が『西遊記』へと連なる玄奘取経物語の江南における形成の契機となった可能性も指摘されている（磯部一九九三）が、可政が南唐教団の重鎮で唯識の学系に連なるという事実が今般の発掘で判明（仏頂骨包布墨書、前述）したことで、玄奘塔の建立が慈恩宗における師承関係の再整備（宗祖慈恩大師のさらに前に玄奘をおく）という動向と関係する可能性は高まり、北宋初における同宗の江南方面への展開に対する理解はより厚みを増した。

蒲津塔にその遺骨が祀られた重宣が因明を学んでいたことは先述の通りである。造塔への参画が史実ならば可政は当該地域を拠点とした唯識の祖師とも接点を有したことになり、この事績は関中における玄奘舎利取得の延長上に位置づけられる。また後周・顕徳五年（九五八）『栴檀釈迦文像略賛』（盛算書写『歴記』所収）の撰者で、長干寺と関係する人物だった可能性が指摘される「金陵長先精舎講法華経成唯識論大徳賜紫　徒南」なる人物（塚本二〇一六）も肩書から『成唯識論』を講じていたことが明白である[19]。

右に述べた事項は、中国から日本へと伝播展開した玄奘ないし唐僧取経の図像の系譜、鎌倉時代以降の興福寺を中心に展開した玄奘以来の血脈相承と法系の正統性の関係をめぐる議論の動向、それに伴う仏教的世界観の様相等々、谷口二〇一一で綿密な検討が加えられた論点とも深く関係するものであり、詳細はそちらを参照されたい。以上今日の南都仏教にも脈々と継承される玄奘崇敬の前史を考える上で特に重要な意義をもつ点に鑑み、可政の学統と玄奘舎利供養の紹介を行った。ただし天息災らの活動は北宋太宗期における「訳経の伝統の復興」を担った点に重要な意義が認められ（船山二〇一五）、宋の太宗・真宗・天息災の関係が唐の太宗・高宗・玄奘の関係に準えられていたことが指摘される（塚本二〇一六）[20]。前出の「南贍部洲大宋国」の語に示されるインド中心の世界観がわが国の三国世界観に連続することも併せ、玄奘舎利奉遷の意義が特定学派のみに関わるものではなく、より大きな仏教文化史の文脈上に位置づけうる点には留意しておきたい。

五　南朝仏教の残影

(一)　七宝阿育王塔と戒律

長干寺阿育王塔関連文物に表された銘記類を通覧して強く印象づけられるのは、阿育王塔の制作埋納事業に昇州・揚（楊）州・高郵などの地域の人々多数が結縁している点[21]、そして事業が南唐仏教の系譜に連なる人的ネットワークの中で推進され（①阿育王塔上に南唐仏教のシンボル栴檀瑞像の図像があること。②南唐王室の血を引く惟浄と仏頂骨将来者たる施護らの伝法院を介したつながり。③仏頂骨包布の墨書にみえる「昇元寺」及び南唐の高僧の名）、そこで戒律が格別重要な意義を担っていたとみなされる点である。

このうち③に関しては「講律」（「石函記」）「講律臨壇」（仏頂骨包布）といった可政の肩書に冠せられた語がまず注目される。「石函記」の撰述・揮毫者の徳明も「律師」の肩書をもち、昇州法主、承天院住持の任にあって真宗から「演律に精勤し真風に達す」の句に始まる詩を賜ったと伝えられる（『補続高僧伝』巻一七、龔・祁二〇一二）。

先述のとおり仏頂骨包布には昇元寺における可政の受戒時の三師七証の名が列挙されている。昇元寺は北宋太平興国年間（九七六～九八四）に「崇勝戒壇寺」と改称（『金陵梵刹志』巻二一等）、また大中祥符二年（一〇〇九）に昇州崇勝寺は「承天甘露戒壇」の名を賜わったという（『仏祖統紀』巻四四）[22]が、絹帕（DG一・八〇）銘にはこれと完全に一致する「崇聖寺承天甘露戒壇院」の「新戒僧」たる「思斉」が、演化大師（可政）による頂骨舎利の埋納に結縁し、亡き父ら先祖の冥福等を祈願するという文言がみえる。

可政が自身の受戒について墨書した布で頂骨を包んで塔内に奉籠したことは、啓聖禅院で栴檀瑞像と同じ場所に祀られた前出の仏牙が南山律の祖たる道宣と深く関係する聖遺物だったこと（井上二〇一〇等）を直ちに連想させるが、儀礼と法系に関する議論は別の機会に譲り、今回は現象の指摘のみにとどめる。

以上諸点はこの事業が北宋に征服された旧南唐領域の教団と信徒の勧進・主導によって推進され、南唐金陵仏教の再生復興という側面を内包しているかのような印象を与える[23]。一方で、長干寺阿育王塔の再興は（鄮県阿育王塔の姿に基づくとはいえ）南朝建康仏教の栄光、特にその絶頂期を現出した梁武帝の事績を念頭において進行した事業ともみなしうる。今般の発掘では、地宮の形式が梁式に造られていることも明らかにされた。大同四年（五三八）に梁武が舎利供養を行い二塔を建立した際には、舎利を納めた「七宝塔」（それ以前から存在した聖遺物『阿育王塔』と同一物ではなく、新造されたとみなさざるを得ないが）を石函に入れて塔下に埋納、寺域を拡張した（『梁書』巻五四扶南伝）というが、北宋の可政による埋納法はこれを強く意識した可能性が高い(24)（祁・周二〇一五）。

(二)　阿育王塔の本生図と布施の実践の関係

ここで留意したいのは(A)武帝が行った捨身及び無遮（無礙）大会が阿育王の行跡を範として実施され、かつそれが究極的な布施の象徴として行われるイベントであること。(B)阿育王塔四面の本生図で造形化されているのが、いずれも布施の極致たる自己犠牲の実践（長干寺七宝塔の場合大光明王本生・シビ王本生・スダーナ太子本生・サッタ太子本生）を主題にした物語であり、北宋期の阿育王塔が特徴的な塔の形状だけでなく、図像内容と宗教的実践の関係性という次元においても、梁代江南仏教の要素を濃厚に留め、意識的に継承する聖遺物として制作された可能性を想定できること。である。

武帝の布施・捨身にまつわる事績は多いが、長干寺に行幸して無碍大会が実施されたという記事だけでも、①大同三年（五三七）八月二十七日（乃至二十八日）、②同九月五日、③大同四年（五三八）九月十五日の事例を拾うことができ（『広弘明集』巻十五「出古育王塔下仏舎利詔」、『梁書』巻五四等）、①は大赦、②は一千万銭の施入及び舎利の台中奉迎と供養等の行事を伴っていたことがわかる（諏訪一九九七）。

「石函記」には阿育王塔埋納に際し「闔郭大斎を設け」たとある。「大斎」の内容は詳らかでないが、同塔をはじめとする地宮出土品

図9　七宝阿育王塔　スダーナ太子本生図

の銘には、何に対しいくら出資したかといった、結縁者の布施の明細にまつわる文言が非常に多い。中でも注目すべきは、

楊州曽／舟遇捨／銀拾両／打須大／拏王変／相演化／大師可／
政與母／禹十一娘／捨銭二／貫五百／文足守／仁普倫

というスダーナ本生図（図9）の文面で、造塔を主導した可政その人が、四つの本生図のうち唯一自殺・自傷行為を伴わないが究極の施財物語を描いた「スダーナ本生図」に、自らの母とともに出資していることがわかる。主人公の行為は不孝不仁の極致とされる場

合があるが、出家者の可政が母を伴って本図像に結縁した背景には、この説話のうちに、より高次の孝の実現に向けた布施という積極的な意味を見出していた可能性も想定できよう[25]。そうであれば起塔に際して行う自身の施財に、釈迦の前世における行為を「菩薩行」として重ね合わせていたことにもなる。これは武帝や銭弘俶の造塔供養が、阿育王の行為及び王にまつわる聖跡・聖遺物と深く関係づけられたことと軌を一にする理解だったとみてよい。しかし北宋皇帝とこの事業の関係は、梁武帝と阿育王塔の間に結ばれた関係とは様相を異にしていると考えねばならない。最後にこの点に言及することで拙考の結びにかえたい。

結びにかえて

冒頭に掲げた奝然の三大将来品は、開封に集約された被征服王朝に由来する文物の配置状況の縮図を示す。奝然の旅と文物将来は、空間的にも時間的にも巨大な史的背景を担う事件である。大報恩寺塔址出土遺物の参照から得た知見によって、その理解が多少なりとも厚みを増したならば筆者にとって望外の喜びだが、同遺物の紹介が断片的になった点を含め粗略な報告に終始したことは遺憾であり、今後さらに考察を深めたい。

釈迦像に関していえば、清凉寺像に釈迦同様の存在という特別の意味を仏教文脈から与えた日本と、その範となった栴檀瑞像を皇権の視覚的象徴とした北宋の間で著しく異なった位置づけがなされたことは、前出塚本氏の論説通りである。氏は前節で問題とした（阿育王塔四面の本生図の主題とも重層する）梁武の布施と捨身、さらには皇帝と宗教の関係に対する宋太宗の認識を、『長編』巻二四に掲載される肉声（太平興国八＝九八三年十月）を引いて明示された。梁武の捨身は後世の物笑いの種になるもので、君子は「無偏無党」であらねばならず釈氏に溺れてはならない、という言葉がそれである。

阿育王塔埋納を中核とする大中祥符四年（一〇一一）の長干寺復興は、北宋に征服された旧南唐領の仏教徒たちが、かつての都で江南仏教の黄金時代を築いた南朝への憧憬を抱きつつ結縁した事業という側面を確かに備えている。しかし「石函記」が真宗の泰山封禅と汾陰祭祀について明記することや、中心人物たる可政が蒲津における造塔に関与した可能性に鑑みれば、可政による真宗への感応舎利上進⇒勅許という流れで信仰したこの起塔事業は、天書降臨に始まる一連の国家的祭祀に連なる営為としても位置づけうる。

『仏祖統紀』巻四四には、「封禅の行慶にあたり天下の寺観に詔して泰山に朝覲させ、陪位の僧侶と道士も各々弟子一人を度した」（大正四九・四五三ａ）との記載があるが、皇帝を頂点とし、国家的祭祀事業の傘下に仏道二教を組み込む宗教界の秩序は、ここにも反映されているといえよう。また施護将来の仏頂骨も含め開封に集結した宝物のエッセンスが阿育王塔に注入されている事実も、本品が皇権側からの宥和と教団側からの翼賛の均衡の上で生じた仏教文物であり、同寺の復興事業が中央と無関係ではなかったことを推測させる[26]。開封で調達されたであろう「様」を用い、遠隔の台州開元寺で在地の僧俗を主体に造立された清凉寺像もその延長上に位置づけるべき作例といえ、結縁した信徒集団の性格（長岡二〇〇一）と制作環境が改めて検討課題となろう。

梁武の過剰な布施に対する太宗の激しい非難がある一方で、捨身を顕揚する本生図が長干寺阿育王塔で堂々と図化されているという現象は、仏教に傾倒することはないが保護し尊重する、といった北宋初期の皇帝の立場と照応するものといえるかもしれない。しかし真宗の封禅に伴う莫大な出費は官保有の金の減少を生じ、民間における金銀の浪費を誘発し、奢侈禁令を名目に強制的に金が回収されるという事態を招いた（勝山一九九六等）。この点においては、真宗の国家祭祀は国力の減退を招いた梁武の布施に比すべき性格を備えた事業だったといわねばなるまい。同塔制作当時の文物創出の基盤にあった価値観は、奝然帰国後の日本で将来品が担った意味と著しい温度差があった。とはいえのちに封禅を迷信と断じて廃止に追い込んだ蘇軾（一〇三六〜一一〇一）らが共有した価値観（小島二〇〇五）との間には、なお大きな懸隔が存在する。長干寺七宝塔の煌びやかな荘厳をみるにつけ、その思いを強くする次第である。

（いなもと　やすお・京都大学准教授）

註

（1）　清涼寺本尊に関する根本史料は『奝然入宋求法巡礼行並瑞像造立記』（像内納入品）と盛算『優塡王所造栴檀釈迦瑞像歴記』跋。両者の記載内容の齟齬とそれに対する解釈は長岡二〇〇一、上川二〇〇二、奥二〇〇九、塚本二〇一六参照。

（2）　『続高僧伝』巻二九・住力伝「力謂弟子曰。吾無量劫来、積習貪愛、不能捐捨形命、以報法恩。今欲自於仏前取尽決。不忍見像済江。可積乾薪、自焼供養。吾滅之後、像必南渡。衣資什物、並入尊像、泣服施霊、理宜改革。便以香湯沐浴、加趺面西、引火自焚、卒於炭聚。時年八十。即武徳六年十月八日也」（大正五〇・六九五b）。

（3）　稲本二〇一一では鄮県塔の形式・構成のガンダーラ仏教との関係を重視したが、その後の検討から、四面の本生図は新疆・甘粛地方の作例と図像を共有する部分が多いとの見解に至っており、その系譜については別稿を準備したい。

（4）　銭弘俶八万四千塔は銅塔と鉄塔があり、前者は塔身部内面「乙卯歳」の陰刻銘から顕徳二年（九五五）頃を中心とする造塔と判明する。志磐『仏祖統紀』巻四三所引「法運通塞志」第七之十、建隆元年（九六〇）条（大正四九・三九四c）は銭弘俶が「阿育王造塔の事を慕」って塔を「金銅精鋼」を以て制作し中に（法舎利としての）宝篋印心呪経を納めたといい、その割注に「此経呪功云、造像造塔者、奉安此呪者。即成七宝、即是奉蔵三世如来全身舎利」、さらに続けて「布散部内、凡十年而訖功〈割注。今僧寺俗合有奉此塔者〉」とある。

（5）　①『長編』巻三〇・太宗端拱二年（九八九）八月「先是上遣使取杭州釈迦仏舎利塔置闕下、度開宝寺西北隅地造浮図十一級以蔵之、上下三百六十尺、所費億萬計、前後踰八年。癸亥工畢、巨麗精巧、近代所無。知制誥田錫嘗上疏諫、其言有切直者、則曰、衆以為金碧熒煌、臣以爲塗膏釁血、上亦不怒」。②『仏祖統紀』巻四三・太平興国三年（九七八）「勅供奉官趙鎔。往呉越迎明州阿育王仏舎利塔。呉越王俶奉版図帰朝。令僧統賛寧奉釈迦舎利塔入見於滋福殿」（大正四九・三九七c。同書には四年の条なし）。「（端拱）二年、開宝寺建宝塔成。奉安阿育王仏舎利塔。皆杭州塔工喩浩所造。凡八年而畢。賜名福勝塔院。安舎利日、上肩輿微行、自手奉蔵」（同四〇〇b）。③『宋高僧伝』巻二三・懐徳伝「我聖上践祚之四載、両浙進阿育王盛釈迦仏舎利塔。初於滋福殿供養、後迎入内道場。屢現奇瑞。（太平興国）八年二月望詔於開宝寺樹木浮図僅登千尺、先蔵是塔于深甃中。此日放神光亘燭天壊。時黒白衆中有煉頂指者、有然香炷者」（大正五〇・八六二a）。①②は八角十一層塔の完成を九八九年とし、鄮県塔の奉安もここにおくが、③は建塔の詔勅が出たという九八三年の奉安のように読める。①は工期が八年をこえたというが、ならば着工は九八三年より前になり、奉安年次の確定はなお検討の余地を残す。

（6）　「滋福殿」と「内道場」を別記する前註(5)の③の記事があること（塚本二〇一六は同殿が内道場の機能を有した期間の上限を九七六年正月頃、下限を九八九年におく）から、両者が宮中の同一建造物に奉祀されたことの完全な論証はできない。

（7）　本品については拙文「南京大報恩寺阿育王塔に関する序論的考察」（科学研究費基盤研究(B)研究成果報告書『美術史における転換期の諸

相』研究代表者・京都大学・根立研介、二〇一五）でも取り上げたが、依拠した情報の不足ゆえ大幅な内容改訂を要する。

（8）これについては李之儀（一〇三八～一一一七）の「天禧寺新建法堂記」（『姑渓居士前集』巻三七、『金陵梵刹志』巻三一等）にみえる、可政が祥符年間にこの地で得た舎利を真宗に上進して長干寺再建の勅許を得、建立した塔に「聖感舎利宝塔」という号を賜ったという記事（「（長干寺）国初営廃、鞠為榛莽。久之、舎利数表見感応。祥符中、僧可政状其跡、並感応舎利投進、有詔復為寺。政即其表見之地建塔、賜號聖感舎利宝塔」）が注目され、今般出土の「感応舎利」こそが起塔の発端になった舎利であることを裏付ける。また『仏祖統紀』巻四四の「（天禧）二年勅江寧府昇州長干寺、改賜天禧、塔名聖感。即東土所蔵阿育王舎利塔十九所之一也〈塔在城外〉」（大正四九・四〇六a）という記事が中国の阿育王塔を十九所とする説は「石函記」と一致する。

（9）ただし阿育王塔内の金棺の刻銘（DG一：二〇八）にみえる「育王第一塔」の意味するところは判然とせず、これと「第二所」との関係も検討の余地をのこす。

（10）梁武帝と深い関係を有し観音の化身として南唐でも崇敬された宝誌（四一五～五一四）の真身（干戸または乾漆像か）については塚本二〇一六参照。同像は南唐金陵から栴檀瑞像と全く同じ移動経過を辿り、開封の内道場を経て啓聖禅院に奉遷された。咸平二年（九九九）九月に完成した同院の神御殿に太宗の聖容が奉安されるが、北宋末の蔡絛『鉄囲山叢談』巻五は同院の「正寝」に太宗の御容、「両側殿」にこの瑞像と宝誌真身が置かれたとする。北宋皇帝の権威と正統性を強化すべく、宝誌にまつわる種々の霊異が演出・利用されたことは佐藤二〇一二参照。また宝誌の予言（北宋による南唐の征服）を記した石記の出土地とされた場が可政らが受戒した昇元寺（旧瓦棺寺）西南隅の戒壇の位置だったことは特に注目される（『六朝事迹編類』巻下等。以上塚本二〇一六）。

（11）この仏牙舎利は北宋太祖のとき洛陽からもたらされ（『仏祖統紀』巻五三、大正四九・四六〇c。塚本二〇一六）、太宗・真宗・仁宗三代がこれを詠んだ御製の詩が存在する（同四一四a）。真宗御製は「西方大聖号迦文。接物垂慈世所尊。常願進修増妙果。庶期繞益在黎元」というもので、西方の大聖たる迦文（釈迦）が黎民に益をめぐらすことを祈念する。

（12）天息災訳として大蔵経に採録される諸経は「西天中印度惹爛駄羅国（ジャーランダラ国）」（実際は北印度に近いパンジャーブ州ジャランダル）「密林寺」の三蔵の訳とする。また『宋会要輯稿』道釈二之六～七は天息災が「本国の『密林寺』で声明学に通」じたといい、その出身地については本文中に挙げた諸文献のカシュミール説を採用し難いことが指摘される（船山二〇一五）。

（13）太平興国七年（九八二）成都沙門光遠は西天より帰り、西天竺王没徒曩の表ならびに仏頂印貝多葉・菩提樹葉を進めた。三蔵施護に訳させた表の文中に、大明王たる支那国皇帝の福慧円満等を祈り、釈迦舎利を沙門光遠に付して進めたという話がみえる点が注目されよう（『宋会要輯稿』蕃夷四、『宋史』外国六、『仏祖統紀』四三等。上川二〇〇七）。

（14）醯羅城の仏頂骨に関する文献上の記録（桑山一九九〇等）は多いが、ここではこれが「七宝小塔」に安置されていたという『大唐大慈恩寺三蔵法師伝』巻二の記事を引くにとどめる。「次西南十餘里有窣堵波、是仏買華処。又東南度沙嶺十余里、到仏頂骨城。城有重閣、第二閣中有七宝小塔、如来頂骨在中。骨周一尺二寸、髪孔分明、其色黄白、盛以宝函。但欲知罪福相者、摩香末爲泥、以帛練裹隠於骨上、随其所得、以定吉凶」（大正五〇・二二九b）。

（15）註（7）前掲拙文では、長干寺阿育王塔方立内側の二坐仏の図像と大仏頂曼荼羅（奈良国立博物館）の二仏の図像の類似、同塔塔身四隅の鳥と平等院鳳凰堂の鳳凰の様式的近似など、同塔の造形中に、宋代美術の平安後期仏教文化に対する影響の一端が認められる点に言及した。

（16）『金陵梵刹志』巻三二、龔・祁二〇一二。唐会昌年間（八四一～八四六）に廃されたが楊呉の時に「報先院」、南唐昇元中（九三七～九四三）には「興慈院」の名で再興、開宝中（九六八～九七六）に再び廃されたが太平興国年間（九七六～九八四）に「承天寺」と称し、政和年間（一一一一～一一一八）に「能仁寺」に改称された。

（17）宋・陸遊『南唐書』本紀巻三「後主方幸浄居室、聴沙門徳明、雲真、義倫、崇節講楞厳、円覚経」。

（18）太平興国五年（九八〇）一月に前出の（「西域三蔵」）法天が河中府の「伝顕密教沙門」法進の要請を受けて蒲津にて訳経を行い、蒲州河中府の守臣が表進したといい、太宗が大いに喜んで各々紫衣を賜ったという『宋高僧伝』巻三・満月（智慧輪）伝（大正五〇・七二五a）及び『仏祖統紀』巻四三（大正四九・三九八a）の記事が注目され、この法天の事績が「石函記」の文面の前提になっている可能性も想定できよう。

(19) 太平興国九年（九八四）八月十七日に清算（盛算）が大相国寺釈迦文院で書写したと称する太宗御製の「基公（慈恩大師）讃記」（『玄奘三蔵師資伝叢書』巻下）の存在から、奝然一行が慈恩大師画像を将来したとの見方があり参照される（谷口二〇〇八）。

(20) 関連して注目されるのは三度天竺に赴いた懐問（一〇一七・一〇二三・一〇三九年帰国）が第二次渡天時には太宗御製「新訳三蔵聖教序」碑を立碑、第三次には仏陀伽耶の菩提樹側に二塔を建設して真宗の聖教序、皇太后の願文、御製の三宝を刻させたことである（うち一点は現地に残存）（『景祐新修法宝録』一八、中村一九七七、望月仏教大事典等）。

(21) 清凉寺釈迦像納入品の太平興国九年（九八四）開版の弥勒菩薩像版画は、奝然が開封で入手したとする見方が有力で、蜀出身の高文進と浙江出身の僧仲休がともに開封にあって画と讃を合作、同地で開版された可能性が指摘される（塚本二〇一六）。同じく納入品中の『金剛般若経』には大報恩寺地宮出土品銘に頻出する地名である高郵（江蘇省、揚州の北約四五キロ）の呉守真が開版した旨記載があり（長岡二〇〇一等）、制作地と奝然の入手地を開封と江蘇いずれに帰するかという課題を生ずる。

(22) なお翌三年（一〇一〇）には京師太平興国寺に「奉先甘露戒壇」が建立され、天下諸路にも皆く戒壇を立てて全七二所となった。別に京師慈孝寺に大乗戒壇が立てられ、出家者は各地で声聞具足戒を受けたのち、同寺で菩薩戒を増受したという（『仏祖統紀』巻四四、大正四九・四〇四）。

(23) 関連して留意されるのは宋・王銍（?～一一四四）『黙記』巻中（『唐宋史料筆記』所収）にいう、李煜書写の金字『般若心経』が北宋太宗の禁中に入ったが相国寺西塔院へ寄進され、のち江南僧により故国に戻され、天禧寺塔相輪中に納められたという逸話である（祁二〇一二）。

(24) 地宮（DG一）の形式が北宋の同時代作例と異なることについて、祁・龔二〇一二は南朝時代の双塔の一方を再利用したか、新造だが古制を尊重し意図的に模倣したかという二つの可能性を想定していたが、祁・周二〇一五は三・〇五m離れた坑（H三七）を南朝の一塔の地宮とし、これを模倣踏襲してDG一が造られた可能性が高いとみている。

(25) 例えば牟子『理惑論』（『弘明集』巻一）では「国の宝から妻子に至るまで全てを他者に与える行為は一見不孝だが、「施」の実践を通して多くの衆生が救われ、より高次の孝が達成される」という論理でスダーナ太子が擁護されている（稲本二〇一六など）。

(26) 天禧元年（一〇一七）、東京（開封）護国善院住持の尼妙善（俗姓は胡、長沙の人、洛陽天女寺で出家。太宗・真宗と密接な関係）が大安塔の建立を真宗に求めて勅許を得た際、妙善は完成した長干塔の絵図を帝から賜った。「特詔許之。會江寧府長干塔成、絵図来上、促召妙善於護国将賜之」（夏竦〈九八五～一〇五一〉「大安塔碑銘」『文庄集』巻二七）。詳解は今後の課題だが註(8)同様、起塔に際しての皇帝と教団の関係を示す事例として留意される。またこの妙善が「石函記」の尼妙善と同人であることが指摘される（以上祁二〇一二、龔・祁二〇一二）。

参考史料：大報恩寺址出土資料銘文（抄）

※翻刻及び資料の番号は南京市考古研究所二〇一五による。DGは「地宮」

●石函（DG1：8）銘

金陵長干寺真身塔蔵舎利石函記　法主承天院従事円覚大師賜紫徳明述并書

我大牟尼師、嗣賢劫第四之大宝也。摠法界為化封、以教理為命令、垂衣利物四十九年。大事既周、提河／示寂、碎黄金相為設利羅、育王鋳塔以緘蔵耶。舎手光而分布、摠有八万四千所、而我中夏得一十九焉。／金陵長干寺塔、即第二所也。東晋出現、梁武再営。宝塔参空、群生受賜。洎平陳之日、兵火廃焉。旧基空列／於蓁蕪、嵗級孰興於仏事。毎観蔵録、空積感傷。

聖宋之有天下、封禅礼周、汾陰祀畢、乃有講律演／化大師可政、塔就蒲津、願興墜典。言告中貴、以事聞天、尋奉綸言、賜崇寺、塔。同将仕／郎、守滑州助教王文、共為導首。率彼衆縁、於先現光之地、選彼名匠、載建磚塔、高二百尺、八角九層、又造／寺宇。進呈感応舎利十顆、幷仏頂真骨洎諸聖舎利、内用金棺、周以銀槨、并七宝造成阿育王塔、□／以鉄函安置。即以大中祥符四年太歳辛亥六月癸卯朔十八日庚申、備礼式設闔郭大斎、閟於[皋]／際、[庶]□名数、永鎮坤維。

上願崇文広武儀天尊道宝応章感聖明仁孝皇帝天基永固、聖寿遐延。／太子諸[王]、福昌万葉。宰輔文武、賛国忠貞、三軍兆民、楽時清泰、同縁衆信、利集無疆。挙事諸賢、功彰不朽、／陵遷[谷][変]、此善常存、地久天長、斯文永振、謹記。

塔主演化大師可政。助縁管勾賜紫善来、小師普倫。／導[首][将]仕郎、守滑州助教王文、妻史氏十四娘、男凝、熙、規、拯、孫男同縁、同会、三哥、四哥、五哥、七哥、八／哥、[九][哥]、孫女大娘、二娘、三娘、四娘、五娘、六娘、新婦蔡氏、許氏、楊氏、楊氏、出嫁一娘、三娘、亡女四娘、先考／二郎、[先]妣程氏、継母陳氏、寄東京王廷旭。僧正賜紫守邈宣慧大師齊吉、賜紫文仲、僧仁相、紹之。捨舎／利施護、守正、重航、紹贇、智悟、重覇、守願、尼妙善、宝性。砌塔都料応承裕幷男徳興、王仁規。舵石函陸仁貞、仁恭。

●七宝阿育王塔（DG１：110）

・塔蓋上銘①　共計用銀一百二十二両／曾再遇銀十両、浦宅劉氏一娘／銀九両三分、曹延寿銀五両、／張宅劉氏一娘銀二両、高郵軍／戴承坦銀五両半、昇州李承弟／銀二両、六名共捨到銀三十四両、一[起]／除捨到列。買銀八十七両三分、計銭／八十四貫二百四十文足陌。打造銀塔手／工銭二十二貫七百五十文足、／[鑲]珠宝手工三百八十五文足、五貫／文足買檀香幷手工作塔身、共用銭／一百一十二貫三百七十五文足陌。／會主張重旺捨銭四十一貫一百八十九文足、／王文捨銭十五貫四百文足、浦承務／捨銭十三貫五百三十六文足陌、／張約捨銭一十一貫二百八十文陌、／徐守忠捨銭一十貫文足陌、／曹延寿銭一貫文足、浦宅劉氏／一娘銭七百七十文足、劉氏一娘捨／銭四百文足、戴承矩一十五／貫四百文足、演化母庾／氏、／并普仁、普輪捨銭／二貫五百文足。

・塔蓋上銘②　九百文足通剰水銀銭／通収到銭一百一十二貫三百／七十五文足陌、已在前項用遍、／捨到前件銀不在此銭内。／共渡過金二両八銭半、高郵軍／載承坦捨金二両、會首張重／旺、弟重義、男延熙、仲氏二娘、／武氏九娘合家眷属等、捨渡塔／金八銭半。徐俗捨檀香七斤同作／塔身、盧承福捨水晴五十箇、／演化大師将到大聖七宝念珠幷水／晴珠宝、並装在塔上、鍾旺捨水晴。／大中祥符四年四月八日記。／楊州銀作[裹]装匠人朱承信、／男守恭、弟承旺[鐫]字。／勾當造七宝塔弟子張延熙、／都会首弟子張重旺、／守滑州助校弟子王文、／演化大師勾当造塔可政。

・刹柱銘
揚州神豊城浦宅女弟子／劉氏一娘捨銀坎両参分打／造相輪并銭壹貫文省記

・方立東南隅内側（偏袒右肩、智拳印（左手上）の仏坐像、二神将立像）
高郵軍左廂仁義／坊弟子戴丞矩捨／先願／當今皇帝萬寿／次保[闔]家清吉／大中祥符三年二月日記

・同西南隅内側（偏袒右肩、禅定印の仏坐像、二神将立像）
楊州広陵県進賢／坊弟子浦成務捨／所有功徳願／皇帝萬歳大地人安／父母生天自身福寿／長遠辛亥年四月八日

・同東北隅内側（通肩の仏立像、二跪坐菩薩像）
楊州広陵県進賢／坊弟子浦成務捨願／皇帝萬歳大地人安／父母生天捨銭拾肆／貫肆佰文足大中祥符／四年四月八日記

・同西北隅内側（通肩の仏立像、二跪坐菩薩像）
高郵軍左廂仁義坊／弟子戴丞矩捨先願／當今皇帝萬歳臣／佐千秋次保自身／安吉／大中祥符三年二月日記

・塔身東面　重臣千秋／楊州右廂延慶／坊弟子徐守忠／與妻仲六娘捨／銀打上下変相
（大光明王本生銘）将仕／郎守／滑州／助校／王文／捨大／光明／王施／首変／相記

・同南面　天下民安／高郵軍左廂永寧／坊戴承垣為亡父／延晟生界捨金二／両水銀二斤渡阿育／王宝塔又銀五両／半打上下変相記
（シビ王本生銘）楊州／左廂／弟子／張重／旺捨／南面／尸毗／王救／鴿命／変相／永記

・同西面　風調雨順／楊州右廂延慶／坊弟子徐守忠／與妻仲六娘捨／銀打上下変相
（スダーナ太子本生銘）楊州曾／[舟]遇捨／銀拾両／打須大／拏王変／相演化／大師可／政與母／禹十一娘／捨銭二／貫五百／文足守／仁普倫

・同北面　皇帝萬歳／楊州左廂北／進坊弟子曺／延寿捨銀打／上下変相記
（サッタ太子本生銘）楊州／右廂／進士／張約／為母／親捨／北面／薩埵／太子／飼虎／変相

●金棺（DG１：208）銘　建長干寺塔会首、将仕郎、守滑州／助教王文、并妻史氏十四娘施金／四両、育王第一塔主崇惠大師／紹□施金三両。
※鎏金銀槨（DG１：164）銘は本文参照

●羅帕（ＤＧ１：207）銘　建塔主講律臨壇演化大師賜紫可政。先／受業和尚金陵昇元寺長講上生経、百／法論大徳賜紫玄月。／壇中和尚唐左街僧彔演法大師昭謀、羯磨／闍梨紹賢、教授闍梨知白、証戒闍梨法僥、処安、彦咸、崇節、徳明、浩興、道隨。／生身父高洪張洪、生身母禹氏十一娘。

●羅帕（ＤＧ１：250）銘　高郵軍左厢招賢坊弟子荀懐義／謹捨水晶懐一隻、碧琉璃杯一隻、白砗磲念珠一串、幸遇／皇帝建金陵長干寺阿育王所造／釈迦仏真身舎利塔、下收葬供養／舎利。所願劫劫生生長承仏護。時大／宋大中祥符三年　月　日、弟子荀□記。

●羅片（ＤＧ１：39）銘　大宋国昇州右厢建業坊弟子周仁祐、男穎、／桑氏七娘、郭氏八娘、孩子大女、小女等、／各願　皇帝万歳、国祚遐昌。天下民／安楽、天下豊稔。世世生生常敬／三宝、常敬三宝。／大中祥符四年六月二十六日。

●絹帕（ＤＧ１：80）銘　崇聖寺承天甘露戒壇院新戒僧　思斉、／今者遭逢／演化大師殉蔵　如来頂骨真身舎利之資、追薦／亡考葛七郎、亡翁葛三郎、亡婆楊氏十娘、同承／勝利之因、当超／昇之果。当願思斉夙縁不断、万劫千生長為／如来弟子、紹隆三宝、作大因縁。／大中祥符四年歳次辛亥六月二十七日、新戒僧　思斉　題記。

●綺巾（ＤＧ１：144）銘　金陵管内僧正賜紫守邈謹舎銭壹佰貫文七十七、泊焼磚三万口、于長干寺造塔供養／釈迦如来真身感応舎利。所会勝縁、願比丘守邈劫劫生生為仏弟子、所生父母、受業師資／同沾利益。大中祥符四年六月二十七日記。

●紗帕（ＤＧ１：79）銘　昇州左廂武定坊住尼弟子華　文用　文雅、／并母宇禹氏五娘、妻李氏一娘闔家人口等、同捨手帊／子一條土黄二十斤、細香二両、於／長干寺葬仏頂骨舎利塔所襯函、願／永為不朽。大中祥符四年七月二十七日記。

●絁経袱（ＤＧ１：204）銘　六合県太平坊弟子陳知厚施造長干寺三門、願承／三宝恩光、永延福寿、一家眷属、同意結縁。／男延寿、男懐玉、孫男仲□、仲宣、仲良、仲賢，孫孩児旃□、小旃、旃保。

●墨書願文（絹製の包布。筆者試読）
南贍部洲大宋国江南道昇州右南廂興政坊家長、清信奉仏弟子葛元達、并在堂母親官氏四娘子、及在家出嫁姉妹、大娘子、二娘子、三娘子、四娘子、新婦李氏五娘子
出家弟僧惟素、小孩子闔門眷属等、同発心、謹捨銀香囊并香等、入長干寺釈迦宝塔下蔵舎利所、永充供養、一則追薦先考葛三郎生界、一則保扶在堂母親官氏四娘子、并見存骨肉等。所願生々世々常値三宝、常得瞻礼諸仏菩薩真身舎利、所生国土、不生邪見、眷属和穆、至成仏果。更願亡考三郎、早生人道再来此処、瞻礼釈迦舎利宝塔、永不入輪廻、常生正見、直至証真、常楽果、然後先亡久遠、咸得超登土地龍神長相衛護。伏惟、法界諸仏、俯賜鑑知。謹疏。
大中祥符肆年陸月拾捌日。清信奉仏弟子葛元達并在堂母親官氏四娘子　姉妹大娘子　二娘子　三娘子　四娘子　新婦李氏五娘子　出家弟僧惟素　小孩子等疏

主要参考文献

飛鳥資料館『祈りをこめた小塔』（特別展図録、二〇一六）
磯部彰『「西遊記」形成史の研究』（創文社、一九九三）
井上一稔「清凉寺釈迦如来像と奝然」（中野玄三・加須屋誠・上川通夫編『方法としての仏教文化史―ヒト・モノ・イメージの歴史学』勉誠出版、二〇一〇）
岩佐光晴「鑑真和上と仏像」（展覧会図録『唐招提寺展』、東京国立博物館、二〇〇五）
大塚紀弘「宝篋印塔源流考―図像の伝来と受容をめぐって」（『日本仏教綜合研究』一〇、二〇一二）
奥健夫『清凉寺釈迦如来像』（至文堂、二〇〇九）
勝山稔「北宋代における奢侈禁令の考察―真宗代の金飾禁令集中と公私経済に於ける金の集散」（『東方学』九二、一九九六）
上川通夫『日本中世仏教形成史論』（校倉書房、二〇〇七）
上川通夫『日本中世仏教と東アジア世界』（塙書房、二〇一二）
祁海寧「不可湮没的一代高僧―北宋演化大師可政考述」（『正觀』六一、二〇一二）
祁海寧・龔巨平「北宋長干寺聖感塔地宮形制成因初探」（『東南文化』二〇一二―一）

龔巨平・祁海寧「〈金陵長干寺真身塔蔵舎利石函記〉考釈及相関問題」（『東南文化』二〇一二―一）
祁海寧・周保華「南京大報恩遺址塔基時代、性質及相関問題研究」（『文物』二〇一五―五）
桑山正進『カーピシー・ガンダーラ史研究』（京都大学人文科学研究所、一九九〇）
小島毅『中国の歴史七　中国思想と宗教の奔流　宋朝』講談社、二〇〇五
佐藤成順『宋代仏教史の研究』（山喜房仏書林、二〇一二）
山西省考古研究所『黄河蒲津渡遺址』（科学出版社、二〇一三）
諏訪義純『中国南朝仏教史の研究』（法藏館、一九九七）
浙江省博物館『天覆地載―雷峰塔天宮阿育王塔特展』（特別展図録、二〇〇九）
浙江省博物館『越中仏伝―東南仏教盛事勝迹聖物』（特別展図録、二〇一七）
谷口耕生「慈恩大師の画像」（『興福』一三九、二〇〇八）
谷口耕生「聖地寧波をめぐる信仰と美術」（奈良国立博物館『聖地寧波―日本仏教一三〇〇年の源流』、特別展図録、二〇〇九）
谷口耕生「玄奘三蔵絵―三国伝灯の祖師絵伝」（奈良国立博物館『天竺へ―三蔵法師三万キロの旅』特別展図録、二〇一一）
張惠衣『金陵大報恩寺塔志』（初刊一九三七、復刊・南京出版社、二〇〇七）
塚本麿充『北宋絵画史の成立』（中央公論美術出版、二〇一六）
竺沙雅章『宋元仏教文化史研究』（汲古書院、二〇〇〇）
特別展図録『日中国交正常化四〇周年　中国王朝の至宝』（東京国立博物館ほか、二〇一二～三）
長岡龍作「清凉寺釈迦如来像と北宋の社会」（『国華』一二六九、二〇〇一）
中村菊之進「宋伝法院訳経三蔵惟浄の伝記及び年譜」（『文化』四一―一・二、一九七七）
南京市考古研究所「南京大報恩寺遺址塔基與地宮発掘簡報」（『文物』二〇一五―五）
藤原崇人「栴檀瑞像の遷転と一〇～一四世紀東部ユーラシアの王権」（原田正俊編『日本古代中世の仏教と東アジア』関西大学出版部、二〇一四）
船山徹「仏典漢訳の分業体制―天息災『訳経儀式』の再検討」（新川登亀男編『仏教文明の転回と表現』勉誠出版、二〇一五）
向正樹「北宋真宗の泰山・汾陰行幸―天地祭祀・多国間関係・蕃客」（『アジア遊学二〇六　宗教と儀礼の東アジア』勉誠出版、二〇一七）
薬師寺『玄奘三蔵と薬師寺』（二〇一五）
大和文華館『呉越国』（特別展図録、二〇一六）
早稲田大学大学院東洋美術史「美術史料として読む『集神州三宝感通録』―釈読と研究―（一）（二）」（『奈良美術研究』七＝二〇〇八、八＝二〇〇九）
稲本泰生「優塡王像東伝考―中国初唐期を中心に」（『東方学報』六九、一九九七）
稲本泰生「鄮県阿育王塔の本生図と菩薩の捨身行―鑑真による模造塔将来によせて」（『戒律文化』八、二〇一一）
稲本泰生「隋唐期東アジアの『優塡王像』受容に関する覚書」（『東方学報』八八、二〇一三）
稲本泰生「東アジアの本生図に関する覚書」（科研報告書『東アジア仏教美術における聖地表象の諸様態』研究代表者・稲本泰生、二〇一六）

挿図出所

図1　『聖塔仏光』（南京市博物館、二〇〇九）
図2・5・8・9　筆者撮影
図3・4・6　南京市考古研究所「南京大報恩寺遺址塔基與地宮発掘簡報」（『文物』二〇一五―五）
図7　『金陵大報恩寺塔志』（南京出版社、二〇〇七）

追記

小稿を草するにあたり、谷口耕生氏より有益なご教示を得た。ここに記して謝意を表する。なお脱稿後、祁海寧（田林啓・瀧朝子訳）「皇室寺院の遺物―南京大報恩寺遺址出土の明代仏像と六拏具磚」（『大和文華』一三二、二〇一七）が刊行予定であることを知った。併せてご参照いただきたい。

奝然が見た唐宋絵画
―平安後期絵画史の前提として―

増記隆介

はじめに

東大寺僧・奝然（九三八〜一〇一六）は、わが国・花山天皇の永観元年（九八三）、北宋・第二代皇帝太宗の太平興国八年八月、建国まもない宋に渡った。そして、その滞在はおよそ三年に及ぶ。宋の地における行程は、台州に上陸の後、天台山、揚州を経て、同年十二月に汴京（開封）に入京、翌雍熙元年、山西の五台山を巡り、再び開封に戻った後、翌二年六月再び台州に到り、栴檀釈迦瑞像の模刻に着手、翌三年六月台州より帰国の途についたとされている[1]。そして、刊行直後の勅版一切経（開宝蔵）、栴檀釈迦瑞像模刻（清凉寺釈迦如来像）等をもたらした[2]。

奝然は、この滞在の間に汴京における北宋絵画成立の揺籃期に立ち会い、また華北、江南の各地に遺され、いずれ北宋絵画へと収斂していく五代絵画の残照をも眺めたはずである。それらは、どのような様相を示すものであったのだろうか。そして、この奝然個人の経験は、十世紀の日本絵画史上にどのような働きをなし得たのだろうか。「平安後期絵画史の前提として」と題した所以である。

本稿は、それらの中でも唐代絵画史の主軸をなした仏教絵画と北宋絵画史の中心となる山水画をめぐって、奝然の入宋が果たした役割についていささか考えてみたい。特に後者については、奝然の帰国後、端拱元年（九八八）に再度入宋した嘉因が「倭絵屏風」を太宗に献上していることに注目し、このことが、日中絵画史上に有する意義についても併せ考えることとする。

一　日本絵画史における十世紀

さて、日本美術史における十世紀は、初唐から盛唐の美術に連なる白鳳・天平といった奈良美術、奈良美術を基盤に入唐八家が請来した中・晩唐美術を受容した平安初期の美術という、いずれも遣唐使や入唐僧により唐の中央からもたらされた唐代美術の様式を直接的に摂取、反映しながら変化してきた日本美術が独自の様式を形成するに至る「和様化」と呼ばれる現象が起こった美術史上の画期となる時代だとされる。

従来、それを大きくは、寛平六年（八九四）の「遣唐使停止」に伴う美術の「国内化」であり、そして日本人が自らの嗜好に気づき、その嗜好に基づく造形がはじまる過程であるとみなしてきた。

例えば、家永三郎氏は、昭和二十一年（一九四六）の『上代倭絵全史』（高桐書院）のなかで

（前略）而るに時代は平安朝の中期を堺として徐々に大きな転回を開始するのであった。其は内にあってはまづ律令体制に立脚する官僚国家が藤氏の私的支配権独占による貴族政治への移行となり、外に対する関係に於ては唐の衰亡に伴ふ公式日支文化交渉の停滞となり、この内外両方面よりする政治的文化的環境の変化は相合して爾後の文化形態を一新せしめる作用を演ずることとなったのである。すなはち公的政治より私的政治への推移は、同時に文化の様式を外面的壮麗より内面的緻巧へと変ぜしめると共に、其指導精神であった儒教的政治道徳意識の観念的立場は個人生活の内面的感情の実を重ずる傾向にその席を譲り、他方大陸文化供給の停滞は前の内的事情と相合して、従来大陸の模範に依存して来った文化の構想を新に自己の実生活の内部に求めようとする風潮を醸成したのである。

と述べ、藤原氏による政治権力の独占が貴族たちの心理を内省的なものにすると同時に、唐との交渉の停滞が、文化のさまざまな局面において、唐的なものからの離脱を促したとする。このような文化観が、井上光貞氏の浄土教研究にも及び、それがわが国の浄土教美術の理解にも多大な影響を与えたことは、夙に大原嘉豊氏が指摘するところである。(3)

さて、彫刻史研究においては、法性寺千手観音像（承平四年＝九三四頃）、岩船寺阿弥陀如来像（天慶九年＝九四六）、六波羅蜜寺十一面観音像及び四天王像（天暦五年＝九五一か）等、絵画に比して十世紀の基準作に恵まれることから、その「和様化」の具体相を明らかにする研究が蓄積されてきている。(4)そもそも「和様化」という言葉自体が、彫刻史研究において用いられる概念である。その中で、近年、奥健夫氏や皿井舞氏によって、本稿の主人公奝然による寛和二年（九八六）の栴檀釈迦瑞像模刻（現清凉寺釈迦如来像）の請来が「和様化」に果たした役割について、「優塡王思慕像」という他に隔絶した由緒と異色の造形とが、自らの内にある「仏のあるべき姿」の美的探求へと向かわせ、白鳳期の大安寺釈迦如来像等が規範とすべき造形として見直されたこと、大安寺像に基づいて河原院の釈迦如来像が造像されたこと、そして、栴檀釈迦瑞像に関わる造形が光背などの周縁部においてのみ受容されたことが、「和様化」の重要な階梯であることが明らかにされた。(5)そして、そのような流れが、天喜元年（一〇五三）の平等院鳳凰堂阿弥陀如来像に代表される定朝様と呼ばれる、その後の日本彫刻史を長く規定する様式の成立へと展開して行く。

では、絵画史研究においてはどうだろうか。十世紀に制作されたことが明らかな現存作例は、天暦五年（九五一）の醍醐寺五重塔初層壁画のみであり、その検討は、十世紀前後の現存作と文字史料を用いて行われてきた。しかしながら、その内容は十分とは言い難い

ものであろう。例えば、文字史料の一つである建長六年（一二五四）成立の橘成季『古今著聞集』には、

公忠〈公茂兄〉よりさきは、かきたる絵、生たる物のごとし、公茂以下、今の体には成たるとなん（後略）

と、十世紀半ばに活躍した画師・巨勢公忠より以前は、描いた絵が「生きたる物」のようであり、その弟公茂以降は、現在の様式（「今の体」）になったと記している。しかしながら、その具体的な姿は明らかであるとは言い難い。では、この記述は、十世紀半ばにおける日本絵画の様式上のどのような変化を示唆しているのだろうか。

従来日本絵画史研究で繰り返されてきたのは、おおよそ「日本人の心性に叶った穏やかで優美な造形」に変化したという言葉であろう。このような一見明快に見えながら、具体像を伴わないという、これまでの研究状況から当該期の絵画様式のより具体的な様相に迫るためには、少し迂遠ではあるが、一度、視野を当該期の東アジア絵画史へと広げてみる必要があるのではないだろうか。

このことについては、先の拙稿において、中国の画史画論類と日本の説話類、そして十世紀以降の現存作例を通じてその様相を描き出すことに努めた[6]。しかしながら、その折には奝然が果たした役割について深く掘り下げることができなかった。本稿では、このことについて改めて考えてみることにしたい。

二　北宋初期の絵画史的状況

ところで、議論を東アジア絵画史へと広げる端緒として、まず『古今著聞集』に見られる、描かれたものをまるで生きているようだ、とする評価が、唐代絵画を代表し、盛唐の玄宗朝後半、八世紀半ばに活躍し、その後の唐代絵画の様式を領導した画聖・呉道子に対して、晩唐の朱景玄『唐朝名画録』や張彦遠『歴代名画記』が与えた評価と異ならないことに注目したい。このことは、巨勢公忠以前の画家たちが呉道子に重ねて評価されることで、その価値を高めていたことを示している。すなわち、晩唐期における盛唐絵画の評価のあり様を継承しながら、その枠組みの中で自国の画師を評価し、位置づけていたことがわかる。

さて、その呉道子の絵画の特質は、端的に言えば、対象が有する勢いを明快な肥痩によって筆線に込めながら速く画くことにあったと言える。例えば『唐朝名画録』には、玄宗の命により、蜀・嘉陵江の三百里に渡る山水の大壁画を一日で描き上げたとされる。

（前略）又、明皇天宝中（筆者注＝七四二〜五六）、忽ち蜀道の嘉陵江水を思う。遂に呉生に駅駟を仮して往きて写貌せしめ、回るに及ぶの日、帝その状を問う。奏して曰く、「臣には粉本なし、並びに記して心に在り」と。後に宣して大同殿に於いて之れを図せしむ。嘉陵三百余里の山水、一日にして畢る。時に李思訓将軍あり、山水に名を擅にす。帝また大同殿に於いて図せと宣す。月を累ねて、方に畢らんとす。明皇云う「李思訓数

月の功、呉道子一日の迹、皆な其の妙を極めり」と
（『画品叢書』本。読み下しは筆者による。以下同じ）

そして、玄宗は、一日で描き出された早く勢いのある呉道子の山水図と数ヶ月かけてじっくりと画かれた李思訓のそれとの双方を高く評価している。呉道子の山水図はどのようなものであったのだろうか。高低差のあるメリハリの強い画面であったであろうことが推察されるが、その実態は明らかにし難い。

また、描いたものが生きているかのように動くということも呉道子の絵画の重要な特質であった。例えば『歴代名画記』巻三には、

菩提寺（中略）殿内東西北壁、並びに呉画く、其の東壁に菩薩あり、目を転じて人を視る（『画史叢書』本）

とあり、『唐朝名画録』には、

又、内殿に五龍を画けば、その鱗甲飛動し、天、雨を欲する毎に、即ち煙霧生ず

と、評価されている。

しかしながら一代の画聖・呉道子の絵画様式も、五代を経て北宋に入るとともに少し影を潜めたものとみられる。北宋初期の黄休復『益州名画録』や郭若虚『図画見聞誌』といった画史類を繙くと、北宋初期絵画史を牽引した後蜀及び南唐の画家たちは、特に道釈画の世界で呉道子様式から離れた繊細で穏やかな様式を形成するようになっていたことが推察される。

例えば、十世紀後半に活躍した南唐の周文矩は、北宋末の『宣和画譜』巻七に

周文矩、金陵句容の人なり。偽主李煜（在位九六一〜七五）に仕え、翰林待詔たり。画を善くす、行筆は、瘦硬にして戦掣（せんせい）、煜の書法あり。道釈人物車服楼観、山林泉石を工にす、呉曹の習に堕ちず、而して一家の学を成す（『画史叢書』本）

とされている。「呉」が呉道子、「曹」は、三世紀中頃三国時代呉の曹不興とも六世紀後半北斉の曹仲達ともされるが、その線描は細く、幾分「戦掣」、すなわち震えるような線を力で抑える様子があるとされる。すなわち、呉道子の飛び立つような肥瘦のある線を細くかつじっくりとした動きのあるものに変えたということになるだろう。その線質は、呉道子やそれ以前の様式から離れたということが推察される。

また同じ頃に活躍した曹仲玄について、『図画見聞誌』巻二では、「始め呉を学ぶも意を得ず、遂に迹を細密に改め、自ずから一格を成す」とし、『宣和画譜』巻三には、

曹仲元　建康豊城の人、江南李氏の時、翰林待詔たり。道釈鬼神を画く、初め呉道玄を学ぶもならず、その法を棄つ。別に細密をなし以て自から名家たり、尤も賦彩に工にして、遂に一種の風格あり。嘗て建業仏寺において上下座壁を画く、凡そ八

年就かず、李氏その緩を責める。周文矩に命じ之をくらぶるに、
文矩曰く「仲元の絵上天本様たり、凡工の及ぶところにあらず。
故に遅遅たることかくのごとし」と（後略）

とある。速度のある線描主体の呉道子風から彩色を主とした繊細で長い時間をかけて画くものに変化したようであり、それは、まさに奝然請来の釈迦如来像に納入されていた、後蜀出身の画家・高文進による「版画弥勒菩薩像」（清凉寺・図1）に象徴されるような、細逕な線描のくり返しによって時間をかけて造形された重厚な絵画表現に他ならない。このような変化と、同じ十世紀半ばのわが国における「今の体」の成立とは無縁なのだろうか。本稿では、「今の体」の成立を中国における呉道子風からのこのような「離脱」という変化を受けたものと考えたい。例えば、「今の体」成立以降、長保三年（一〇〇一）「線刻蔵王権現像」（西新井大師総持寺）の衣文をあらわす細逕な線の連なりから「版画弥勒菩薩像」のそれを想起することは難しいことではない。

三　奝然と「江南仏画」

ところで、この「版画弥勒菩薩像」が示す様式からは、いま述べ

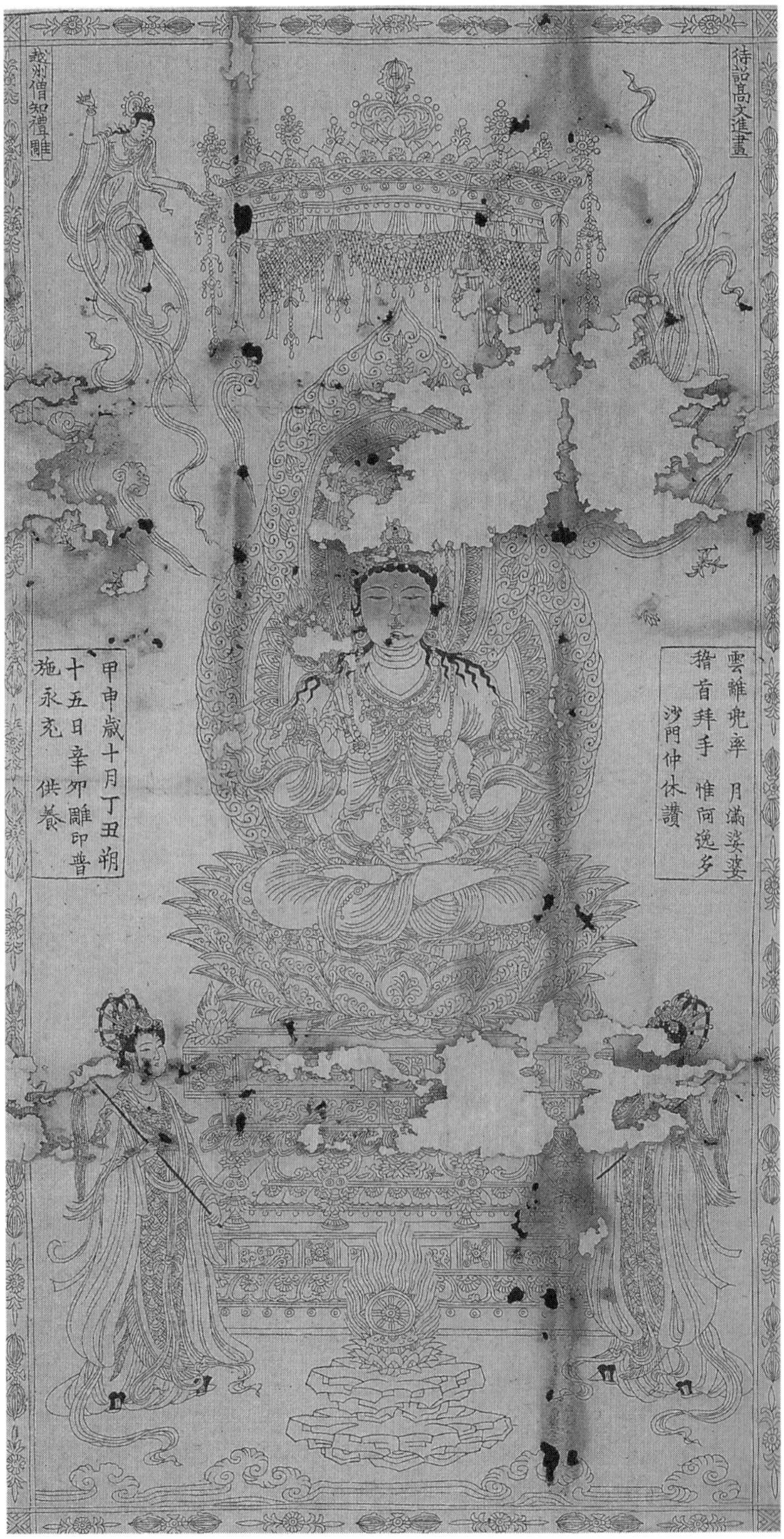

図1　版画弥勒菩薩像　清凉寺
出典：『呉越国　西湖に育まれた文化の精粋』図録（大和文華館、2016年）

たように北宋初期における呉道子風からの離脱という状況が推察される。そして、それを開封における北宋初期の中心的な仏画様式と見なすべきではないだろうか。その成立の具体相をもう少し見ておくことにしたい。

その検討の端緒となるのは、この版画制作をめぐる人々の分析である。すなわち、画中に留められた人名に関する塚本麿充氏の研究により、この版画を開版したのが紹興出身の「越州僧知礼」であり、賛をしたのが天台山所縁の「沙門仲休」、そしてこれら全体をコーディネートしたのが、最後の呉越国王・銭弘俶の甥にあたる銭易だと推察されている。(7) すなわち、この版画制作の関係者の活躍した地域が、南唐に隣接する旧呉越国領内であり、国王銭氏に所縁があるということであり、まずこの点に注目したい。

そこで銭弘俶の援助を得て呉越国の僧・永明延寿が、開宝七年(九七四)に二万枚を摺ったとされる「応現観音図」のわが国平安時代の僧玄証による写しである「白描応現観音図像」(大東急記念文庫・図2)と比較してみよう。

まず「応現観音図」の大きさは、縦五六・一センチ、横三一・三センチの縦長の楮紙であり、「版画弥勒菩薩像」の縦六三・七センチ、横三七・六センチより一回り小さいが、縦横の比は、およそ九対五となり一致する。これに長方形の外郭をあらわし、さらに内側

図2　白描応現観音図像　大東急記念文庫
出典：『呉越国　西湖に育まれた文化の精粋』図録
（大和文華館、2016年）

に同様に内郭を引く。郭間のうち、上辺に三箇、右辺に五箇の三鈷杵を、四隅には輪宝をあらわしている。「版画弥勒菩薩像」も画面を二重の界で枠取り、その郭間に三鈷杵をあしらい、「応現観音図」との形式上の強い共通性を示す。また、頬の張った幾分大きな顔に同心円状の三道相をあらわした首を配する、少し不安定な頭部の表現や細く長い眉などに共通する形態感覚を認め得るだろう。

よって、「版画弥勒菩薩像」は後蜀出身の高文進が身につけていた後蜀の絵画様式とともに江南呉越国の絵画様式が混在した北宋初期の開封における仏画様式を示すものと見なせるのではないだろうか。

そして、細かな考証は省くが、呉越国の絵画を思わせる特徴は同じ栴檀釈迦瑞像の納入版画である「版画普賢菩薩像」や「版画文殊菩薩像」、「版画霊山変相図」にも認められる。そして、ここで奝然により栴檀釈迦瑞像が制作された場が旧呉越国領内の台州であることを想起すべきであろう。

そして、そのうち「版画霊山変相図」（清涼寺・図3）の菩薩に見られるような頬が広く、眼がつり上がった面貌、頬と顎、鼻を別の筆で引いた横顔、重なりあうような群像表現は、わが国十一世紀後半の国宝「釈迦金棺出現図」（京都国立博物館・図4）に繋がって行くものではないだろうか[8]。また、小画面ではあるが、同様の群

図３　版画霊山変相図　清涼寺
出典：奥健夫『日本の美術513　清涼寺釈迦如来像』（至文堂、2009年）

図4　釈迦金棺出現図　京都国立博物館　出典：『王朝の仏画と儀礼』図録（京都国立博物館、1998年）

像表現は、同じ納入品であり、雍熙二年（九八五）に旧南唐領内の高郵軍で開版された「金剛般若経」見返絵にもみとめられる。ここに五代から北宋初期の仏画における南唐及び呉越国所縁の江南様式の存在とその日本への伝播を措定できないだろうか。そして、釈迦如来像の納入品に見られるように、その伝播の一端を奝然が担っていると推測したい。

さらに北宋初期における仏画様式の状況を以上で述べたように措定すると、十世紀末に入宋した奝然もしくは嘉因により請来された十六羅漢図は、国宝清凉寺本にみられる呉道子様を標榜する躍動する線描に象徴されるものではなく、聖衆来迎寺旧蔵の国宝「十六羅漢図」（東京国立博物館）のような「穏やかで優美」な様式のものであったと推察される(9)。

「穏やかで優美」は、当該期の日本に固有のものではなく、宋代の江南地域の仏画様式と通底したものなのではないだろうか。また、谷口耕生氏が指摘された奝然の弟子盛算がもたらした可能性がある慈恩大師画像に連なるとみられる興福寺大乗院本も太さの均一な堅実な線描により唐代の高僧を造形化するものであり(10)、当該期の画像に相応しい趣を伝えているといえよう。

そして、大中祥符六年（一〇一三）の蘇州瑞光寺塔舎利函（蘇州博物館）の四天王像に代表される北宋絵画における呉道子風の復活は、十一世紀を俟つことになるというのが現在の私の想定である。

四　嘉因と「倭絵屛風」

ここで、さらに山水画の展開についても考えてみたい。北宋時代

末の米芾（一〇五一～一一〇七）『画史』には、

　馮永功、字は世勣、日本著色山水あり、南唐また命じて李思訓となす　（『画品叢書』本）

とあり、わが国の着色山水画が、十世紀後半、南唐において初唐の画家・李思訓の作とされていたと記されている。そして、その南唐の画家・董源の着色山水図は、北宋初期には「董源、字は叔達、鍾陵の人、南唐につかえ、後苑副使たり。山水を画くを善くす。水墨は王維に類し、着色は李思訓のごとし（後略）」（『図画見聞誌』）と評価されていた。すなわち、わが国の著色山水画と南唐の著色山水画が初唐後半の「李思訓」という一人の画家の様式に収斂するものとして理解されていたということである。

　そして、「展子虔の山水を画く法は、唐の李将軍父子、多くこれを宗とす」（元・湯垕『画鑑』）とされたその李思訓の絵画様式を伝えるものとして伝展子虔「遊春図巻」（北京・故宮博物院）をあげることができる[11]。その広い水面を挟んで右奥に連なる穏やかな山並みは、確かにわが国の平安時代後期のやまと絵の山水表現を想起させるであろう。ここでは、「源氏物語絵巻」の関屋（徳川美術館）の画面右奥に円い山容を連ねた山水表現をあげておきたい。

　さて、そのような評価を確認した上で、現存する董源伝承作のうち、最もその実作品に近いと見なされる「寒林重汀図」（黒川古文化研究所）をながめると、「源氏物語絵巻」東屋一（徳川美術館）の画中画の山水など、水辺に低い丘を繰り返しあらわし、その片側だけに樹林を配する形態、画面前景の枯れ蘆といったモティーフなど、この二者に強い親近性があることに気づく。そして、十二・十三世紀の交の神護寺「山水屛風」の林のある山陰の建物などにも同様の類似が認められる。

　そして、『宋史』日本伝によれば、奝然の弟子・嘉因は、端拱元年（九八八）に再入宋した際に「倭画屛風一双」を太宗に献上している。

　また一合、参議正四位上藤佐理の手書二巻および進奉物数一巻、表状一巻を納む。また金銀蒔絵硯筥一合、金硯一（中略）また、金銀蒔絵の扇筥一合、檜扇二十枚・蝙蝠扇二枚を納む。螺鈿の梳函一対、その一には赤木梳二百七十を納め、その一には竜骨十橛を納む。螺鈿の書案一、螺鈿の書几一、金銀蒔絵の平筥一合、白細布五匹を納む。鹿皮籠一、貂裘一領を納む。螺鈿の鞍轡一副、銅鉄鐙、紅糸鞦、泥障、倭画屛風一双、石流黄七百斤（岩波文庫本）

この記述は北宋末の皇帝徽宗コレクションを記録した『宣和画譜』巻十二「日本国」に

　その国の風物、山水小景を写す、設色はなはだ重く、多く金碧を用いる。その真を考えるに、未だ必ずしもこれあらず。ただ、彩絵の燦然たるを欲するのみ、以て観美を取る也。（中略）太平興国中、日本僧とその徒五、六人、商船に附して至る（中略）その後、再び弟子を遣わし表を奉り賀を称し、金塵硯、鹿毛筆、倭絵屛風を進む。今御府の所蔵は三。海山風景図一　風俗図二」と日本絵画への批評とともにくり返し記され、「海山風景図　一」が収録されることを想起させる。

『宣和画譜』には、「山水小景」とあり、この評価は、後に触れる十一世紀後半の伝趙令穰「秋塘図」（大和文華館）のような小画面の山水図に対しての批評であった可能性もあるが、いずれにせよ北宋における水墨山水の大成者・郭熙「早春図」（台北・故宮博物院、熙寧五年＝一〇七二）にみられるような中央の主山を中心に平遠、高遠、深遠の三種の遠表現が一つの景観に見事に昇華した大観的な山水景観ではなく、小さな部分部分を取り出してもひとつの画面として完結するような絵画、すなわち、モティーフが散在し、明確な遠表現のない山水図、例えば「源氏物語絵巻」柏木一（徳川美術館）中の屏風絵のように、横方向へ繰り返される水辺に併行する山々が点在するような山水図もしくは、神護寺「山水屏風」のような作品ではなかったかと推察される。

また、技法について考えれば、金碧、すなわち金や群青や緑青等の青緑色を「設色はなはだ重く」ということは、濃彩で用いた様式を示していたと推察される。十世紀から十一世紀のわが国の山水図に金という素材が実際にどの程度用いられていたかは明らかではないが[12]、唐代の屏風絵において金銀が用いられていたであろうことは、唐代初期の「石造日月屏風」（天水市博物館）の華麗な金箔使用からも推察される[13]。わが国において日月を金や銀であらわすことは、八世紀の高松塚古墳壁画にすでに先例があり、また、小画面であれば、長寛二年（一一六四）の「平家納経」（厳島神社）のうち「厳王品」表紙に銀泥の月があらわされる。また平安時代末の「法華経普門品」見返絵（京都国立博物館）のように日輪に金を用いた山水図があり、その構成は、南宋初期の伝趙伯驌「万松金闕図巻」（北京・故宮博物院）を想起させる。また『図画見聞誌』には、「或は水に臨みて金砂灘をなし（中略）また銀泥を以て雲気月色の状をなす。極めて愛すべし。これを倭扇という」とあり、北宋で、扇面などに金で汀を、銀で月や雲をあらわしたものが「倭扇」と呼ばれていたことが記録されている。嘉因が「檜扇」と「蝙蝠扇」を献上していることが想起されるだろう。

では、なぜ、僧である嘉因は、仏画ではなく、著色山水図を太宗に献上したのだろうか。一つには、北宋に対して日本の風物を示すと言う意図の存在が推察される。このことは、この屏風自体が『宣和画譜』に著録された「海山風景図」という、日本の風景に相応しい主題の屏風であった蓋然性を高める。

しかしながら、嘉因が既に一度宋に渡り、北宋初期の絵画状況に接したであろうことを想起するならば、彼らが江南地方で眼にしたであろう著色山水図が、思いのほか日本の山水図と近似することに気づき、さらにそれが李思訓に代表される、初唐から盛唐前半の著色山水図の様式に連なるものであると知り、日本絵画の唐からの強い継承性や正統性を意識し、それを北宋側に示す意図があったからではないだろうかとも推察される。それは、冒頭で述べたように奝然による梅檀釈迦瑞像模刻の請来に際し、その極めて高い由緒を尊重し、これに礼拝しながらも、河原院釈迦如来像の造立に際しては、自らの「仏の本様」をより古い大安寺釈迦如来像に求めた当該期の貴顕の美意識とも通底する心的態度といえよう。

また、より大きな東アジア絵画史の流れからながめてみると、唐から宋への王朝交替に伴う絵画史上の変化とは絵画の中心ジャンルにおける「道釈人物画」から「山水画」への移行であり、絵画技法の「著彩画」から「水墨画」への、画面形式の壁画中心から掛幅画中心への移行であった。勿論、北宋初期の開封においては、大相国寺における壁画制作など、著彩の仏教壁画制作が盛んに行われていたが、そのような折に著色の山水図屏風をもたらしたということには、いま述べたような、東アジア絵画史における主題や技法、形式の大きな変化に即して捉えれば、嘉因が献上した「倭絵屏風」は、主題としては新しく、技法としては古く、画面形式としても古いということになる。残念ながら、嘉因が献上した折の北宋側の生な反応については明らかではなく、あくまでも『宣和画譜』が編纂された、ということは、上記のような絵画史上の変化を経たあとの北宋末の評価であるため、「倭絵屏風」に対してより古い様式のものとして厳しい評価がなされたものと思われるが、なかなか挑戦的な献上品であったと評価したい。

五　奝然の入宋と平安後期の絵画

では、奝然や嘉因が宋の地において触れた絵画、そして、わが国にもたらした絵画、さらには、彼らが宋に持ち込んだ絵画は、平安後期の絵画史を考える上でどのような意義を有したのだろうか。

本稿の冒頭に触れた『古今著聞集』の記載にあるように、十世紀半ばのわが国においては、絵画様式の大きな変化があったことが推察される。そして、それは十世紀末から十一世紀へと連なり、十五世紀の一条兼良『花鳥余情』所引の『雅兼卿記』には、天永元年（一一一〇）の大江匡房の「金岡は畳山十五重、広高五重なり。今案、墨の濃淡をもて遠山の山をあらはすなり」（『国文註釈全書』本）との山水画の様式変化を示す著名な評価が記録されている。

この記述から、九世紀の巨勢金岡の山水は、峨峨たる山水の景を山容を上に積み上げるような描き方であらわしていたことが想像される。それは、例えば、正倉院「騎象奏楽図」、「明皇幸蜀図」（台北・国立故宮博物院）等の盛唐期の山水画様式を学んだものであったろう。そのような山水表現は、応徳三年（一〇八六）の高野山金剛峰寺「仏涅槃図（応徳涅槃図）」の山水表現にもみとめられる。そして、「応徳涅槃図」の釈迦の傍らに端然と坐す菩薩衆と悲しみの限りを表象するその他の会衆という対比的な構成は、北宋の邵博『邵氏聞見後録』巻第二十八の鳳翔府開元寺の開元三十年（七四二）の、呉道子「釈迦八相図」の記載

> 仏滅度の如きは、比丘衆躃踊哭泣し、皆、自勝せざるがごとし。飛鳥走獣之属もまた号頓之状をなす。独り菩薩淡然として旁らにありて、平時の如くほぼ哀戚之容なし（『全宋筆記』本）

と一致し、「応徳涅槃図」の山水表現にも呉道子風が反映されているものと推察できる。そうであれば、呉道子の山水表現も「騎象奏楽図」や「明皇幸蜀図」のそれに近いものであったことになるだろう。

そして、それが十世紀末から十一世紀前半に活躍した巨勢弘高の時代には、「五重」というなだらかな山容表現へと変化したという

ことになる。それが山水画における「今の体」の成立である。そして、それは、大きく捉えれば、呉道子風からの離脱と言う現象であり、そのような中国絵画の状況を仏画において伝えたのが奝然や嘉因であったと推察される。さらに、嘉因の「倭絵屛風」の持参は、先に考察したように、彼らが江南の著彩山水図にも触れた可能性を示唆し、山水図における呉道子風からの変化という絵画史的状況をも伝えた可能性があるだろう。これが、奝然達が果たした北宋から日本への絵画史上の役割である。

では、絵画史上において、逆の現象はなかったのだろうか。つまり、嘉因が献上したような「倭絵屛風」が北宋絵画史に何らかの影響を与えたという状況はないのだろうか。例えば、南宋の趙希鵠『洞天清禄集』には、

唐の小李将軍、始めて金碧山水を作る。その後、王晋卿(＝王詵)、趙大年(＝趙令穰)、近日の趙千里(＝趙伯駒)、皆之をつくる(『読画斎叢書』本)

とあり、湯垕『画鑑』には、その王詵について、「王詵、(中略)また着色山水を作り、唐の李将軍を師とす」と評価する。また、同じ『画鑑』には、

李思訓の画ける著色山水、金碧輝映を用い自ら一家の法と為す。其の子李昭道、父の勢を変え、妙また之に過ぐ

としており、いずれにしても七世紀後半から八世紀半ばにかけて活躍した李思訓・李昭道親子による「金碧輝映」とした青緑山水図の様式が、十一世紀半ばの王詵(一〇三六～?)や十一世紀後半の趙令穰によって復興されたということを意味する。そして、王詵には、「煙江畳嶂図」(上海博物館・図5)[14]が、趙令穰には先にあげた「秋塘図」が伝存している。このように唐代の山水画様式とされたものが、十一世紀に入って北宋中央においてにわかに再評価されたことには、何らかの契機があったのではないだろうか。

そこで注意すべきなのは、王詵が、北宋・神宗(在位一〇六八～八五)の妹・蜀国長公主の婿となった人物であり、また趙令穰は、北宋太祖・趙匡胤の五世の子孫にあたることであろう。つまり、いずれも北宋宗室との血縁関係を有する画家たちであった。このような限られた人々によって、唐代の山水画様式が復興されたという現象は、その発生に北宋宗室コレクションが関与した可能性を示唆するのではないだろうか。

具体的には王詵「煙江畳嶂図」の構図と神護寺「山水屛風」(図6)の第三扇から第六扇の遠景に展開する山水の景観が殊のほか近似することがあげられるだろう。まず、横長の画面左手に高い峰々をあらわし、広やかな水景を中央に展開して、右手前に小さく川岸を突出させる構図が共有されている。また「山水屛風」においては左手最遠景の横に広がる山容が付加されているが、その手前に上方へ高く伸び上がり、手前に山ひだを重ね、左手に少し角張った岩山を突出させる主山があらわされる。その山容と手前に墨線で山ひだをあらわす技法は「煙江畳嶂図」の主山の形式と同一であり、またその主山の山脚をめぐって「煙江畳嶂図」では霊雲が、「山水屛

図５　煙江畳嶂図　上海博物館　出典：小川裕充『臥遊』（中央公論美術出版、2008年）

図６　山水屏風（部分）　神護寺　出典：村重寧監修『別冊太陽　やまと絵』（平凡社、2012年）

風」では霞が広がるさまも驚くほど近似する。この二者が全く無関係に成立したとはにわかに考え難いのである。

そして、この類似は、この絵画現象の背後にひろがる水脈に嘉因が献上した李思訓様式に連なる「倭絵屏風」の水脈がつながっている可能性を示唆するのではないだろうか。

おわりに

本稿では、十世紀の日本絵画をめぐる状況を復元的に考察する一端として、当該期の中国絵画史の動向を奝然という「窓」から眺めることとした。

日本絵画が十世紀の現存作例に恵まれないと言う状況は、未だ変わりないが、この時代の絵画史を考える上で、わが国のみではなく、当該期の中国絵画や画史画論類を用いることで、十世紀における日本絵画の変容が、中国絵画史の変化に連なる、その波及現象であること、そして、そのような状況を生みだした一つの流れが奝然周辺によってわが国にもたらされた可能性を指摘した。また、当該期の日本絵画が北宋絵画に何らかの影響を与えた可能性を試論として提示した。

そのような視点から平安仏画における十一世紀の作例、「応徳涅槃図」や「釈迦金棺出現図」、本稿では触れ得なかったが、これらを遡る青蓮院「不動明王二童子像（青不動）」の火炎表現等に見られる水墨技法を意識した仏画様式、そして、「源氏物語絵巻」の画中画や神護寺「山水屏風」といったやまと絵山水図を再検討することで、十世紀における日本絵画史の様相がもう少し明確になるのではないか、そのような見通しを記して擱筆したい。

（ますき　りゅうすけ・神戸大学准教授）

註

（1）奝然の入宋中の行程に関しては、奝然による『奝然入宋求法巡礼行並造立記』（釈迦如来像納入品、以下『造立記』）及び盛算が書写した『優塡王所造栴檀釈迦瑞像歴記』末尾の付記（以下『盛算記』）によりその概要が判明する。また、奝然は入宋中の記録として『在唐記』を残したとされるが、逸文のみが伝わる（近年の研究として、上川通夫「入宋僧奝然記事のゆくえ」（原田正俊編『日本古代中世の仏教と東アジア』、関西大学出版部、二〇一四年）を参照）。

入宋中の滞在地のうち揚州については、『造立記』には記述がなく、『盛算記』にのみ記載される。このため、長岡龍作氏は、奝然の揚州滞在を疑問視される（長岡龍作「清凉寺釈迦如来像と北宋の社会」、『国華』第一二六九号、二〇〇一年）。一方、奥健夫氏（奥健夫『日本の美術五一三　清凉寺釈迦如来像』、至文堂、二〇〇九年）、井上一稔氏（井上一稔「清凉寺釈迦如来像と奝然」、中野玄三・加須屋誠・上川通夫『方法としての仏教文化史』所収、勉誠出版、二〇一〇年）は揚州滞在を事実とされている。これは、釈迦如来像に納入される『造立記』の記述が奝然の台州における栴檀釈迦瑞像模刻に焦点を当てており、一方、釈迦如来像を宣揚する附属文書である『盛算記』が、栴檀釈迦瑞像の由緒自体に注目するものであることから、前者は、開封に移動し、揚州開元寺にすでに存在していなかった栴檀釈迦瑞像を実見できなかったという制作に関与しない事実を記載する必要性がなく、逆に後者は開元寺にかつて存在した由緒を語るために必要な記述であったとみなせることによる。また、長岡氏は、『盛算記』の記述から奝然が泗州の後に揚州を訪問していることに注目され、天台山から開封への移動の行程からは通過地である揚州に引き返すこととなる不自然さを指摘されている。卓見であろう。奥、井上両氏は、この疑問点には触れていないが、この点は検討すべきであろう。ここで、井上氏が精緻に検証されたように奝然が入宋に際し、その依拠すべき先例として円仁の入唐を重視していることを想起すると、円仁は、奝然とは逆に汴州から揚州に向かう移動をしており、この間、泗州を経て揚州に至っている（『入唐求法巡礼行記』）。奝然は、この円仁の巡礼順を重視し事前に旅程を立てたのではないだろうか。それが現実の地理と齟齬を来したのはそのためではなかろうか。以上のことから、本稿でも揚州滞在を史実と見なして以下記述を進めることとしたい。

（2）近年の研究成果も含め、奝然周辺により請来された画像について一覧表とした。

――奝然請来画像一覧（未定稿）――

（【　】内は、奝然請来の可能性について言及した研究者名）

《奝然請来のもの》

①国宝「版画普賢菩薩像」（清凉寺釈迦如来像納入品）

②国宝「版画文殊菩薩像」（清凉寺釈迦如来像納入品）

③国宝「版画霊山変相図」（清凉寺釈迦如来像納入品）

④国宝「版画弥勒菩薩像」（高文進原画、太平興国九年＝九八四）（清凉寺釈迦如来像納入品）

⑤国宝「金剛般若経」見返絵（雍熙二年＝九八五）（清凉寺釈迦如来像納入品）

⑥国宝「水月観音鏡像」（清凉寺釈迦如来像納入品）

《奝然もしくは奝然周辺請来の可能性があるもの》

(1)「十六羅漢図」（現存せず）清凉寺「十六羅漢図」はこれとは別の作例である【宮崎】

(2)「応現観音図」（「白描応現観音図像」が現存）

①、②との様式の近似【内田】、嘉因請来文殊菩薩像納入品の可能性【増記】

(3)「慈恩大師像」盛算が大相国寺釈迦文院にて「唐太宗皇帝御製基公讃記」を書写【谷口】

(4)「金翅鳥王図像」『別尊雑記』巻四九（仁和寺）「法成寺本」の墨書あり【佐々木・奥】

(5)「印造七宝塔」（現存せず）高山寺伝来「宝篋印陀羅尼経記」紙背墨書に記「棲霞寺塔銘　天下大元帥呉越国王銭俶伏為先妣印造七宝塔永充供養」の記載があり、大塚紀弘氏は、「棲霞寺」を清凉寺とみなし、これを奝然請来の「七宝合成塔」の銘である可能性を指摘するが、「印造」とあり、版画の銘である可能性が高い。

・内田啓一「宋請来版画と密教図像―応現観音図と清凉寺釈迦納入版画

を中心に―」(『仏教芸術』第二五四号、二〇〇一年)

・大塚紀弘「宝篋印塔源流考―図像の伝来と受容をめぐって―」(『日本仏教綜合研究』第一〇号、二〇一二年)

・奥氏前掲書

・佐々木守俊「金翅鳥王図像と中国版画」(『中国憧憬』図録、町田市立国際版画美術館、二〇〇七年)

・谷口耕生「慈恩大師の画像」(『興福』一三九号、二〇〇八年)

・増記隆介「五台山と金峯山―『応現観音図』からわかること―」(科学研究費基盤研究『東アジア仏教美術における聖地表象の諸様態』報告書(研究代表者・稲本泰生)京都大学人文科学研究所、二〇一六年)

・宮崎法子「伝奝然将来十六羅漢図考」(『鈴木敬先生還暦記念中国絵画史論集』、吉川弘文館、一九八一年)

(3) 大原嘉豊「九品来迎図研究における顕密体制論の実効性」(『哲学研究』第五七二号、二〇〇一年)

(4) 根立研介「彫刻史における和様の展開と継承をめぐって」(『哲学研究』第五三八号、二〇〇七年)及び、根立研介「日本彫刻史の古代と中世の転換期についての試論」(『科学研究費基盤研究(B)研究成果報告書　美術史における転換期の諸相』、二〇一五年)、奥健夫「六波羅蜜寺四天王像について」(『MUSEUM』第五五九号、一九九九年)を参照。

(5) 奥健夫「清凉寺釈迦如来像の受容について」(『鹿島美術研究年報』第一三号別冊、一九九六年)、奥健夫『日本の美術五一三　清凉寺釈迦如来像』(前掲)、皿井舞「模刻の意味と機能―大安寺釈迦如来像を中心に」(『京都大学文学部美学美術史学研究室紀要』第二二号、二〇〇一年)、皿井舞「平安時代中期における光背意匠の転換―平等院鳳凰堂阿弥陀如来像における雲文の成立を中心に―」(『美術史』第一五二冊、二〇〇二年)を参照。

(6) 増記隆介「十世紀の画師たち―東アジア絵画史から見た「和様化」の諸相―」(『美術研究』第四二〇号、二〇一六年)参照。

(7) 塚本麿充「皇帝の文物と北宋初期の開封」(上)(『美術研究』第四〇四号、二〇一一年。同氏『北宋絵画史の成立』所収、中央公論美術出版、二〇一六年)

(8) 「釈迦金棺出現図」については、朝賀浩「釈迦金棺出現図をめぐって」(『美術史学』第一三号、一九九一年)、泉武夫『国宝　釈迦金棺出現図』(京都国立博物館、一九九二年)、大原嘉豊ほか「釈迦金棺出現図科学分析調査報告及び復元模写事業概要」(『学叢』第三八号、二〇一六年)を参照。

(9) 増記前掲論文参照。

(10) 谷口氏前掲論文参照。

(11) 当該期の東アジア絵画史上における「遊春図巻」の位置付けについては、板倉聖哲「東寺旧蔵『山水屛風』が示す『唐』の位相」(『講座日本美術史2　形態の伝承』、東京大学出版会、二〇〇五年)を参照。

(12) 山水画における金銀使用については、板倉聖哲「唐宋絵画における夕・夜景表現」(『美術史』第一三四冊、一九九三年)及び、板倉聖哲「研究ノート　日月と素材の関わりについて―金日・銀月の淵源を求めて」(『美術史論叢』第九号、一九九三年)を参照。

(13) ミッシェル・バンブリング「甘粛省天水市発見の隋末唐初の日月屛風について」(『仏教芸術』第二二二号、一九九五年)参照。また、当該屛風については、二〇一六年九月、京都大学人文科学研究所・岡村秀典氏、同・稲本泰生氏、京都大学・内記理氏、大阪大谷大学・田中健一氏とともに、科学研究費基盤研究(B)「東アジア美術における仏伝の表象」(研究代表者・稲本泰生)の甘粛省調査の一環として現地調査を行った。調査に際し、御高配いただいた麦積山石窟芸術研究所副所長・李天銘氏他に記して感謝申し上げる。

(14) 「煙江畳嶂図」については、竹浪遠「王詵『煙江畳嶂図』について―上海博物館所蔵着色本、水墨本を中心に―」(『澄懐』第二号、二〇〇一年。同氏『唐宋山水画研究』所収、中央公論美術出版、二〇一四年)及び、張荣国『王詵《烟江叠嶂図》研究』(上海人民出版社、二〇一六年)を参照。

付記

本稿は、二〇一六年十一月二十七日東大寺総合文化センターで行われた「グレートブッダシンポジウム　日宋交流期の東大寺―奝然上人一千年大遠忌にちなんで―」における口頭発表「奝然が見た唐宋絵画―平安後期絵画史の前提として―」の発表原稿に基づく。シンポジウム開催に当たって種々の御高配をいただいた関係者の皆様に篤く御礼申し上げたい。また、本稿は科学研究費基盤研究(C)「仏教絵画における水墨技法の受容に関する比較美術史的研究」(研究代表者・増記隆介)の成果を一部含む。

『宗鏡録』に説かれる根本の鏡

——奝然請来釈迦立像に納められた線刻鏡に対する一考察——(1)

柳　幹康

はじめに

本論文は奝然《ちょうねん》（九三八—一〇一六）請来釈迦立像《しゃかりゅうぞう》納入物の線刻《せんこく》鏡《きょう》(2)に込められた思いについて、その可能性のひとつを示すものとして『宗鏡録《すぎょうろく》』の核心概念たる宗鏡《すぎょう》——宗《おおもと》の鏡——に着目し、分析を加えるものである。

奝然は平安中期の東大寺僧である。九三八年（天慶元）に生まれ、九五九年（天徳三）二二歳にして出家、東大寺に入り仏教の研鑽を積む。九八三年（永観元・太平興国八）四六歳の時、呉越《ごえつ》商客の帰船に便乗して宋に渡り、第二代皇帝太宗に謁見し『王年代紀』等を献上、太宗より紫衣・大蔵経（開宝蔵）・新訳経二八六巻等を賜わった。翌年五台山の聖地を巡礼し、翌々年には台州《だいしゅう》において、釈尊在世時にインドの優塡王《うてんおう》がその姿を写しとったと伝えられる旃檀《せんだん》釈迦像を当地の工人に模刻させる。九八六年（寛和二・雍熙三）四九歳にして帰国、翌年入京。その際には多くの人々が動員されるともに結縁を望む無数の民衆も加わり、奝然が宋よりもたらした内に仏舎利を納める七宝合成塔《しっぽうごうせいとう》と大蔵経、ならびに台州で模刻した釈迦立像が恭しく運ばれた。この三者の請来について上川通夫［二〇〇二、二二二］［二〇〇七、二二六—二二七］は、「仏教の遠い始源を身近に認識しうる新時代の到来」という意味を有したであろうと述べる。その後奝然は九八九年（永祚元）五二歳の時に東大寺別当に任ぜられ、九九一年（正暦二）にその任を辞し、一〇一六年（長和五）に示寂した。僧臘五八、世寿七九。彼が請来した釈迦立像は当初北野蓮台寺に納められたが、のちに愛宕《あたご》山麓の棲霞寺《せいかじ》内釈迦堂（現清凉寺《せいりょうじ》）に移され、三国伝来——インドから中国を経て日本に伝わった——霊像として老若男女貴賤を問わず人々から広く信仰を集め、更なる模像「清凉寺式釈迦像」を数多く生み出しつつ今日に至っている(3)。

冒頭に述べた線刻鏡は一九五四年（昭和二十九）の調査時に、奝然が請来した釈迦立像の胎内より多数の納入品とともに発見されたものである。銅製鋳造、面径一一・四cm、縁厚〇・三cm、素文の円形鏡で、鏡面には水月観音像が細い線で刻み込まれている。(4) 発見当時、仏像胎内の胸のあたりに十文字にくくった絹紐により吊り下げられており、当時の清凉寺住職で中国仏教史学の泰斗塚本善隆氏はこの線刻鏡について「まさに釈迦像の魂のつもりだなと直感された」と述べている。(5) なお同じく胎内から発見された納入品目録『入瑞像五臓具記捨物注文』には「開元寺」「僧　鑑端　捨水月観音鏡子一面」「僧　清聳　捨……水月観音鏡子一面」とあり、像を写したX線写真には頭部の眼の奥に鏡らしき影が認められることから、胎内より発見された線刻鏡と今なお像内に納められている鏡らしきものの二枚は、鑑瑞《かんずい》と清聳《せいしょう》という二人の中国僧がそれぞれ喜捨・納入した「水月観音鏡子」だと推定される。(6)

これまでの研究では、奝然や釈迦立像、およびその胎内納入物に対する分析が多角的に為されてきたが、(7) 釈迦立像に納められた線刻鏡の意味について論じたものは頗る少なく、管見の限りでは林進［一九七七］と瀧朝子［二〇一〇a］があるのみである。前者はその目的を渡航の安全祈願と看《み》、後者は頭部の鏡を「白毫の後方に同じく光を発する効力を持つ鏡を納入することで光を強め、像の霊力を高めようとする」もので、胸部の鏡を「生身仏の霊魂」と看る。しかしながら、なぜ線刻鏡が魂を象徴するのか、換言すれば、線刻鏡のいかなる点が仏の魂たりえるのかについては、まだ十分に分析がなされていない。これは当時の史料および胎内から発見された文献に関連の記事が見られないという資料的制約に由るところが大きいのだろう。

それに対し本論文では、その可能性のひとつを示すものとして、五代十国時代の呉越国《ごえつこく》の禅僧永明延寿《えいめいえんじゅ》（九〇四―九七六）が編んだ『宗鏡録』に焦点を当てる。その理由は以下の二つである。

第一が、釈迦立像の模刻と納入物の封入が為された場所と時代である。先述の通り釈迦立像の模刻がなされたのは、九八五年、台州においてである。奝然の渡宋は宋による中国統一後のことであったが、釈迦立像が模刻された台州はそのわずか五年前までは呉越国の領土であり、この呉越国の仏教を代表する高僧が延寿であった。

延寿が生まれたのは奝然が生まれる三十四年前の九〇四年（天祐元）、その生家は延寿の誕生以前かその後まもなく呉越国に移り住んだ。延寿は幼きより仏教に思いを寄せ、長じては官吏として国に仕えたが、後に妻子を捨て出家する。その後天台山で深い禅定に入っていたところ呉越国の国師である天台徳韶《てんだいとくしょう》（八九一―九七二）に見出され、その法を嗣いだ。初め雪竇山《せっちょうさん》に住したが、九六〇年（建隆元）五七歳の時に呉越国王銭弘俶《せんこうしゅく》（在位九四八―九七八）に請われ、国都杭州の霊隠寺《れいいんじ》に移り第一世となる。翌年には再び銭弘俶の招聘を受けて同じ杭州の慧日永明寺（後の浄慈寺《じんずじ》）に移り、そこで主著『宗鏡録』百巻を完成させた。延寿を招聘した銭弘俶は、仏教を信奉した歴代の呉越国王のなかでも、とりわけ仏教を篤く奉じた人物であり、延寿はその「最も欽尚《うやま》う所」であった。(8) 延寿は晩年の九七四年（開宝七）七一歳の時に老体を押して台州の天台山に赴き一万を超える人々に授戒して仏縁を結び、(9) 九七六年（開宝八）に示寂した。(10) その二年後、銭弘俶は国土を献じて宋に降り、翌年宋による中国の統一が成った。奝然が宋に渡るのは、宋による中国統一の四年後、延寿示寂の七年後のことである。

呉越国は宋と戦火を交えることなく平和裏に帰順したため、旧呉越国領内の仏教も被害を受けることなく、そのまま宋代に継承された[11]。奝然が台州で釈迦立像を模刻した九八五年の時点でも、台州では六年前まで同地を治めた呉越国の仏教が色濃く残っており、同地に滞在した奝然もまた、旧呉越国王銭弘俶の「最も欽尚《うやま》う所」であった延寿の名を耳にしたことであろう。また釈迦立像胸部の線刻鏡を吊るす絹紐は、そこに名が墨書される「台州女弟子朱□娘」により喜捨されたものであり[12]、台州の仏教信徒であった彼女もまた、十一年前に同地で大規模な授戒会を行った延寿のことを知っていたであろうし、あるいは自身も延寿から戒を受けた一人であったかもしれない。このように、釈迦立像の模刻と納入物の封入が為された場所と時代から見て、線刻鏡の納入の背景には延寿の思想があった可能性がある。

第二が、線刻鏡の納入者である清聳《せいしょう》の存在である。清聳は延寿の法系上のおじに当たり、延寿が霊隠寺から慧日永明寺に転住した後にその後を承け霊隠寺に住持した人物である[13]。その法系上のつながりから見ても、また同時期に延寿と清聳がそれぞれ住した慧日永明寺と霊隠寺がわずか五キロメートル弱しか離れていなかったという地理的な近さから見ても、清聳が延寿とその主著『宗鏡録』を知っていたことはほぼ確実であり、彼が後に釈迦立像に線刻鏡を納めた際にもその脳裏には、『宗鏡録』の核心概念たる「宗鏡」（宗《おおもと》の鏡）が浮かんでいたものと想像される。

以上の二点から、奝然が台州で模刻した釈迦立像に線刻鏡が納入された背景には、かつて同地を治めていた呉越国の国王銭弘俶から最も尊崇され、十一年前には同地で一万人をも超える数多の人々に戒を授け、かつ線刻鏡を納入した清聳の法系上のおいに当る延寿の影響があった可能性が高いと言えよう[14]。そこで拙論では、線刻鏡の思想的背景と目しうる延寿の『宗鏡録』の核心思想「宗鏡」（宗《おおもと》の鏡）に焦点を当て分析を加える。

もちろん『宗鏡録』の「宗鏡」は線刻鏡に込められた思いを示す一つの可能性に過ぎない。しかしながら、目下ほかに有力な手掛かりが見当たらない以上、それをもとに推測を加えることは十分に許容されることであるし、有意義な作業でもあると考える。また『宗鏡録』の「宗鏡」に分析を加えること自体、奝然が訪れた当時の中国仏教思想の様子を窺うえでも、またその後の東アジア全域に広まった『宗鏡録』の思想を理解するうえでも[15]、ともに重要な作業と言える。

本論

『宗鏡録』の成書は九六一―九六四年[16]、その内容は禅宗所伝の一心を核とし、唐代以前の多元的な仏教思想を一元的に統合するものとなっている。その書名は「宗（おおもと）の鏡を明かすため仏典の要文を遍く録した書物」の意で、「宗《おおもと》の鏡」とは鏡のごとく一切諸法を映じる一心――禅宗が教の外で別に伝えてきたという仏教の核心――を指す。つまり「宗鏡」（宗《おおもと》の鏡）こそが、『宗鏡録』ひいては延寿が理解する仏教の核心概念なのである。

これまで『宗鏡録』の「宗鏡」に対する分析は少なからず為されてきたが[17]、延寿が掲げる同書の中心思想に基づき、その鏡の形象に託された思想の要点を簡潔に示したものは管見の限り存在しない。そこで拙論では延寿が自ら明示する『宗鏡録』の要旨に鑑み、「宗鏡」の思想的要点を三点に整理して論述する。

『宗鏡録』の要旨について延寿は「宗鏡に略して二意有り、一に頓悟し宗《おおもと》を知ると為し、二に円修して事を辦《おこな》うと為す」と明言し、「頓悟《とんご》」と「円修《えんしゅう》」の二点にまとめている（『宗鏡録』巻四〇、T四八・六五三b）。うち第一の「頓悟し宗《おおもと》を知る」とは、一切諸法を手掛かりとし、その根底に潜む宗《おおもと》の一心、すなわち「宗鏡」を看取（＝頓悟）することをいう。第二の「円修して事を辦《おこな》うと為す」とは、その「宗鏡」に基づき仏としての行為（あらゆる善行）を遍く行うこと（＝円修）をいう。この二つを合して「頓悟円修」といい、これこそが「正に宗鏡に当たる」のだと延寿は言う（同巻三六、六二六c）[18]。

この延寿が提示する「頓悟」と「円修」という『宗鏡録』の「二意」は、延寿が用いる鏡の譬喩に照らし合わせれば、それぞれ㈠「一切が映り込む鏡」と㈡「一切を映し出す鏡」により説明される。そしてこの二つの側面を結びつけるのが、㈢「仏としての鏡」である。以下、「宗鏡」という鏡が有するこの三種の性質について順次確認するとともに、その思想的背景に分析を加え、その上で「宗鏡」を手掛かりとして線刻鏡に込められた思いに考察を加える。

㈠　一切が映りこむ鏡

頓悟との関係において「宗鏡」（宗《おおもと》の鏡）は、「一切が映り込む鏡」という性格を有する。延寿は頓悟と「宗鏡」の関係について以下のように述べている。

理事不出自心、性相寧乖一旨。若入宗鏡、頓悟真心。
（『宗鏡録』巻一五、T四八・四九六b）

理と事と自心を出でず、性と相と寧《いずく》んぞ一旨に乖かんや。若《も》し宗鏡に入らば、真心を頓悟す。

延寿によれば真理と事象、本性と相状など一切諸法はみな一心に包摂されるものであり、そのような一心（＝宗鏡）に帰入した時に、真の心（＝禅宗所伝の仏心）を頓悟することができるのだという。つまり一切諸法を包摂する一心に帰入することで、頓悟に到ることができるのである。

このような一切諸法を包摂する一心とは、一切諸法がみな等しく指し示すものである。この点について延寿は諸法がみな宗《おおもと》を標《しめ》すと明言するほか[19]、以下のような具体的説明をしている。

無一名不播如来之号、無一物不闡遮那之形。巌樹庭莎各梃無辺之妙相、猿吟鳥噪皆談不二之円音。
（『唯心訣』、T四八・九九五a）

一名として如来の号を播《つた》えざる無く、一物として遮那《しゃな》（＝毘盧遮那仏）の形を闡《あか》さざる無し。巌《いわお》の樹と庭の莎《はますげ》は各《おのお》の無辺の妙相を梃《さ》し、猿の吟《な》き鳥の噪《さえず》るは皆《み》な不二の円音を談ず。

いわく――一切諸物はみな仏の名と姿を明かすものであり、巌《いわお》の樹や庭の莎《はますげ》など目に映るもの、及び猿の鳴き声や鳥のさえずりなど耳に聞こえるものの一切合切がみな真理を指し示している。

一切諸法がみな一心を指し示すということは、換言すれば認識の対象となるもの全てが真理（＝一心）を悟る手掛かりになるということである。ではどうしてあらゆるものがみな真理を悟る手掛かりとなるのであろうか。その理由を端的に示したのが、延寿の次の言葉である。

見聞証入、由観前相即是見心。

（『宗鏡録』巻三四、T四八・六一三ａ）

見聞し証入すとは、前相を観《み》るは即ち是れ心を見るに由る。

いわく――見たり聞いたりすることで悟るというのは、認識の対象となる眼前のものを見ることが、とりもなおさず心を見ることに他ならないからである。

このように延寿が明言するのは、次のような理解がその前提にあるからである。すなわち、「凡《およ》そ見聞有るは、皆な是れ衆生の自心の影像なり」と言うように（『宗鏡録』巻二九、T四八・五八二ｃ）、認識の対象はみな一心に映じた影像に過ぎない。それはあたかも鏡に映じた影像の如く、鏡を離れて存在しえないものである[20]。そして鏡に映る影像を見る際、それと同時に鏡そのものをも見ているのと同様、心に映じる影像を見る際、それと同時に心そのものをも見ていることになる。したがって影像を映しだす根底の心そのものに照準を合わせた際、すべての認識は心の看取につながることになるのである。この点について延寿は、「如《たと》えば心を観《み》る人、見る所是れ心ならざる無し、終《つい》に一塵も隔つる有る無し」と述べている（『註心賦』巻二、Ｚ一一一・六五ｂ）。

以上の内容をまとめると、「頓悟」とは「一切が映り込む宗鏡」の看取ということになる。すなわち、宗《おおもと》の鏡（＝一心）に映じる一切諸法を介して、その根底に潜む根源の一心を看取するのが「頓悟」なのである。

㈡　一切を映しだす鏡

『宗鏡録』の要点の第二「円修」との関係において「宗鏡」は、「一切を映し出す鏡」という性格を有する。延寿は円修と「宗鏡」の関係について以下のように述べている。

先悟宗鏡、然後円修。（『宗鏡録』巻三七、T四八・六三五ｂ）

先に宗鏡を悟り、然る後《の》ち円修す。

つまり円修とは宗鏡（＝一心）を悟った後の実践であり、具体的には(A)仏としての心（慈悲の心）に基づき、(B)戒律から外れることなく、(C)万善《まんぜん》（一切の善行）を自然と行うことを指す。この三種の要件について延寿はそれぞれ(A)「大悲を行じ」、(B)「所有《あらゆ》る施為皆《み》な律行に入り」、(C)「万善は常に興こる」と述べている[21]。

このような仏としての行為（仏事）は全て例外なく一心より起こるという。この点について延寿は、端的には「無辺の仏事皆《み》な一心従《よ》り起こる」と述べ（『宗鏡録』巻二一、T四八・五三五ａ）、詳細には以下のように述べている。

若入宗鏡、寧唯戒善、乃至諸仏果徳菩薩万行、靡有一法而非所被。

（『宗鏡録』巻二一、T四八・五二八ｃ）

若《も》し宗鏡に入らば、寧《いずく》んぞ唯だ戒善のみならん、諸仏の果徳と菩薩の万行に乃至《いた》るまで、一法として被る所に非ざるは靡《な》有し。

いわく――宗鏡に入ったのであれば、戒善のみならず諸仏の果徳と菩薩の万行の一切を兼ね備えることだろう。

また「宗鏡」において一切諸法はみな例外なく仏事になるという。以下のように言う。

皆令信入此宗鏡内、則無有一法而非仏事。（『宗鏡録』巻二四、T四八・五五〇c）

皆な此の宗鏡の内に信入せしめば、則《すなわ》ち一法として仏事に非ざる無《な》し。

以上の内容をまとめると「円修」とは、「一切を映し出す宗鏡」に基づく実践ということになる。すなわち、一心（＝宗鏡）は、一切を映しだす鏡のごとく、あらゆる仏事（仏としての実践）を映しだすものであり、「宗鏡」の内に仏の行為ならざるものは一つたりとも存在しない[22]。頓悟した「宗鏡」にもとづき、自ら仏として行為するのが「円修」なのである。

(三) 仏としての鏡

以上確認した二種の鏡――頓悟の契機となる「一切が映り込む鏡」と円修の根拠となる「一切を映し出す鏡」――の間には一種の断絶が認められる。すなわち、頓悟の契機となる「一切が映り込む鏡」は、文字通りありとあらゆるものが映り込む鏡であり、必ずしも善行に限定されない。たとえばそこには先に見たように、巌《いわお》の樹や庭の莎《はますげ》、猿や鳥の鳴き声などといった善とも悪とも言えない中立的な認識の対象も含まれるし、更には「善・悪の境、皆《み》な是れ自心なり」と言うように（『宗鏡録』巻四一、T四八・六六二b）、悪の対象も自心に含まれ得る。一方、円修の根拠となる「一切を映し出す鏡」が映しだす一切とは、先に見た通り仏事（仏としての行為）のみに限定される。つまり前者に含まれていた中立および悪の諸法が、後者では捨象されているのである。

このような性質の異なる二種の鏡を結びつけるのが「仏としての鏡」である。延寿は次のように述べている。

……是知無有一法不従心原性空而出、如源出水、似空出雲。以十方如来証心成仏、仏即是心、所有万善・万徳・悲智・願行、無不従此流矣。（『宗鏡録』巻三五、T四八・六一九c）

……是に知る、一法として心の原《みなもと》の性空従《よ》り出でざる無《な》きこと、源の水を出だすが如く、空の雲を出だすに似るを。十方の如来は心を証《さと》りて仏と成り、仏は即ち是れ心なるを以て、所有《あらゆ》る万善・万徳・悲智・願行、此れ従《よ》り流れざるは無し。

いわく――根源の心から一切諸法が生じるには、あたかも水源から水があふれ、空から雲が現われるようなものである。そして十方の諸仏はみな心を看取して仏となり、その仏とは心に他ならないので、万善・万徳・悲智・願行の一切がみな例外なくその心から流出するのである。

ここで注目すべきが傍線を施した部分と、それが結ぶ前後の関係である。まず傍線部の前では、一切諸法が心より生じると述べたうえで、傍線部において「仏は即ち是れ心」であることが理由として明示され、その結論として万善や悲智など仏としての行為が一心から流出するのだと述べている。つまり心が仏であることが、そこから仏の行為が生じる根拠なのであり、この仏の心に悟入すれば人は従前の迷いから脱却して自ずと仏として行為するというのである。このような迷いから悟りへの転換について、延寿が端的に説明しているのが、以下の文章である。

但入宗鏡、方悟前非。心光透時、餘瑕自尽。

（『宗鏡録』巻一九、T四八・五一八a）

但《た》だ宗鏡に入りて、方《はじめ》て前の非を悟る。心、光透る時、餘瑕《よか》自ら尽きん。

いわく——宗鏡に悟入して始めて、従来の誤りに気付くことができる。心に悟りの光が行き渡った時、心についていたキズは自ずと消滅するのだ。

また延寿は次のようにも述べている。

以真心無礙、映現万法。如虚空不拒諸相発揮故、於真心中能現一切。其所現一切、雖依心無体照見五蘊皆空、然亦不著於空能興仏事。（『宗鏡録』巻一七、T四八・五〇九a）

真心に礙《さまた》げ無きを以て、万法を映現《あらわ》す。如《たと》えば虚空の諸相の発揮を拒まざるが故に、真心中に於いて能く一切を現す。其の現す所の一切、心に依りて体無く[23]五蘊皆《み》な空なりと照見すと雖も、然れども亦《ま》た空に著せずして能く仏事を興こす。

いわく——真心は何ら妨げがなく、一切諸法を映しだす。それはあたかも虚空が諸相の出現を妨げないようなものだ。真心に映じた諸法は（真）心に依拠する実体無き空なる存在であり、空に執着することなく仏事（仏の行為）を作《な》すのである。

つまり延寿によれば、仏事（仏の行為）の根源は真心（＝仏心＝宗鏡）であり、それに気付きさえすれば人は迷いを越えて悟りの境界に至るというのである。「宗鏡」が本来的に真心（＝仏心）であること、これが迷いから悟りへの転換をもたらす「宗鏡」の「仏としての鏡」の側面である。

(四)　教理的背景——『起信論』の一心二門

次に延寿の教理的背景を分析することで、延寿にとって「宗《おおもと》の鏡」が仏祖相伝の仏教の核心であったことを明らかにする。

延寿は心を真心（悟りの心）と妄心（迷いの心）の二種に分け、前者を仏事（＝円修）の根源たる「宗鏡」とする。以下のように言う。

心有二種。一随染縁所起妄心、而無自体。……二常住真心、無有変異、即立此心、以為宗鏡。

（『宗鏡録』巻三一、T四八・六〇一b）

心に二種有り。一に染縁に随い起こる所の妄心なり、而るに自体無し。……二に常住なる真心、変異無有《な》し、即ち此の心を立て、以て宗鏡と為す。

このように心を真心と妄心に二分する教理的背景には、『起信論』の一心二門説がある。『起信論』は周知の通り、インドの馬鳴《めみょう》が作り六世紀に真諦《しんたい》が漢訳したと伝えられる論書で、[24] 一心二門説はそこに説かれる教理——根本の一心を真（悟り）と妄（迷い）の二つの側面に分ける見方——である。『起信論』は後の東アジア仏教全体に絶大な影響を与えた極めて重要な書物であり、延寿もまたその影響のもと以下のように論じている。

起信論明一心二門。心真如門者是体。以一切法無生無滅、本来寂静、唯是一心。如是名為心真如門。楞伽経云、「寂滅者、名為一心。」心生滅門者是用。此一心体有本覚、而随無明動作生滅。故於此門、如来之性隠而不顕、名如来蔵。楞伽経云、「一心者、名如来蔵。」又云、「如来蔵者、是善不善因。」
（『宗鏡録』巻八三、T四八・八七二b）

起信論、一心二門を明かす。心真如門とは是れ体なり。一切法の生無く滅無く、本来寂静なるを以て、唯だ是れ一心なるのみ。是の如きを名づけて心真如門と為す。楞伽経《りょうがきょう》に云く、「寂滅とは、名づけて一心と為す」と（『入楞伽経』巻一、T一六・五一九a）。心生滅門とは是れ用なり。此の一心の体に本覚有るも、而も無明に随《したが》い動作し生滅す。故に此の門に於いて、如来の性の隠れて顕れざるを、如来蔵と名づく。楞伽経に云く、「一心とは、如来蔵と名づく」と（同、五一九a）。又た云く、「如来蔵とは、是れ善・不善の因なり」と（同巻七、五五六b）。

いわく——『起信論』は一心二門という道理を明かしている。（二門のうち）心真如門が本体である。一切諸法は不生不滅であり、（分別を離れ）本来寂静なので、ただ一心のみである。これを心真如門と言う。『楞伽経《りょうがきょう》』に「寂滅を一心と名づける」と説かれる通りである。（二門のもう一方）心生滅門が作用である。一心の本体には本覚（本来的に具わる悟り）があるが、無明に随って揺れ動き生滅する。そのためこの門（側面）においては、如来（仏）の本性が隠れてしまっているので、如来蔵（如来を内に蔵した状態）と名づける。『楞伽経』に「一心を如来蔵と名づける」「如来蔵は善と不善の因である」と説かれる通りである。

　この一段は元暁《がんぎょう》の『起信論疏』巻上（T四四・二〇六c）に基づいており、ここでは『起信論』の一心二門——一心には心真如門と心生滅門という二つの側面があるという道理——を、『楞伽経』の経文を引きながら紹介している。周知の通り心真如門と心生滅門とはそれぞれ、生滅を絶した絶対の真心と生滅する分別の妄心という心の二つの側面を分析したものであり、『起信論』を『楞伽経』に対する注釈と看る伝統的理解に鑑みれば、元暁がその説明に当って『楞伽経』を引用したのはごく当然のことだと言える。

　とはいえ延寿にとっては、この『楞伽経』と『起信論』を結びつけた元暁の『起信論疏』を用いることには、特別の意味があっただろう。なんとなれば、延寿が「宗鏡」として自身の仏教解釈の根本に拠える一心は『楞伽経』を根拠とするものであり、[25] 禅宗の祖統説によれば『起信論』の著者の馬鳴は、禅の法を伝える西天の第十二祖だからである。[26] つまり延寿にとって一心の道理は、『楞伽経』を説いた釈尊に源を発し、禅宗祖師の馬鳴によって闡明された仏教の核心なのである。

　更に延寿によれば、禅をインドから中国に伝えた東土初祖の菩提達磨もまた、この一心の道理を二祖の慧可に悟らせたのであった。

以下のように言う。

夫初祖西来唯伝一心之法、二祖求縁慮不安之心不得、即知唯一真心円成周遍、当下言思道断。達磨印可、遂得祖印大行、迄至今日。
（『宗鏡録』巻四三、T四八・六六七a）

夫《そ》れ初祖は西より来り唯だ一心の法をのみ伝え、二祖は縁慮不安の心を求むるも得ず、即ち唯一真心の円かに成り周遍《あまね》きを知り、当下に言思道断す。達磨印可《いんか》し、遂《かく》て祖印大いに行われ、今日に迄至《いた》るを得たり。

これは達磨と慧可の安心問答に対して述べられたものである。安心問答とは、慧可が達磨に心を安《やす》んじるよう請うた際に、達磨が慧可にその心を出すよう求めたところ、慧可が「心を求めてみたが、（目の前に出せるような心は）どこにもありません」と答え、それに対し達磨が「お前のために心を安んじてやったぞ」と答えたという有名な問答である(27)。

これに対し延寿は次のようにコメントする――初祖達磨は西からやって来て中国に伝えたのは、ただ一心の法のみである。それに対し二祖慧可は、妄心を安んじてもらおうとしたが、そのような心はどこにもなかった。そこですぐさま（妄心ではなく）世界に遍満する円満な絶対の真心を悟り、一切の分別を断ち切った。かくして達磨から慧可に法が伝わり、その後歴代の禅僧たちに伝えられ、今日に到っているのだ。

これに加え、達磨が慧可に『楞伽経』を授けたとする有名な伝説(28)、および延寿の『宗鏡録』が根拠とする『楞伽経』の経文が実際には唐代の禅僧馬祖道一による取意であったことに鑑みれば(29)、延寿が提示する一心の道理は延寿にとって、馬鳴や達磨・慧可・馬祖など歴代の禅宗祖師により脈々と継承されてきた釈尊直伝の真理ということになるのである。

(五)　宗鏡から見た線刻鏡

以上縷々述べてきた「宗鏡」の内容についてまとめると、次の図のようになる。

まず未悟の段階にある人々は、一切の影像を映じる根本の心に気付いていない。それに対し、様々な影像を介して、それを映じる心を看取するのが頓悟である。鏡に映り込む一切の影像を通じて「宗鏡」に悟入するので、拙論では頓悟に関する「宗鏡」の有り様を(一)「一切が映り込む鏡」に喩えた。

次に、その心は本来的に仏の心であるため、そのような心を看取した者は自ずと従来の誤りに気づき、それを解消する。このような迷いから悟りへの転換を根拠づけるのが、心の(三)「仏としての鏡」の側面であり、それを教理的に根拠づけるのが『起信論』の一心二門説であった。延寿から見てこの道理は、禅宗の歴代祖師により脈々と受け継がれてきた釈尊直伝の真理である。

このような仏の心（＝真心＝宗鏡）を如実に看取した時、そこからはただ仏事

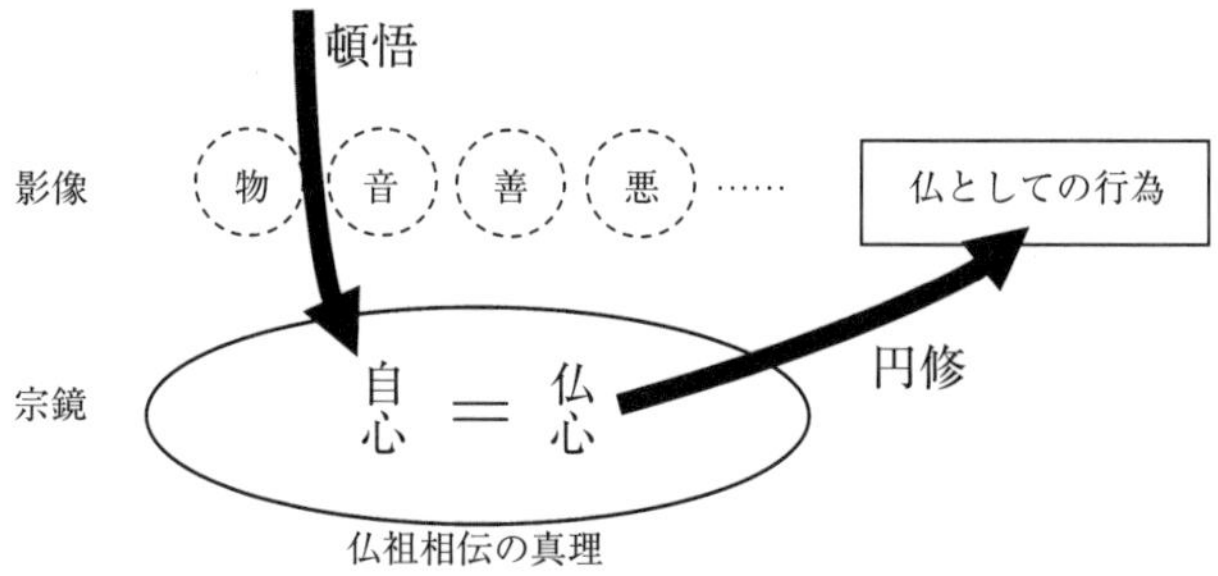

（仏の行為）のみが映しだされ、仏として活きることになる。これが円修であり、その根源となる心の有り様を喩えたのが㈡「一切を映し出す鏡」である。

　つまり延寿によれば、開悟以前の人は一切諸法が映り込む根源の一心を見失っているが、ひとたびそれを看取し、それが本来仏であるという事実に気付きさえすれば、一切の行為は自ずから仏の行為になるというのである。いまこのような「宗鏡」と、奝然請来の釈迦立像に納められていた二枚の線刻鏡を比較すると、以下の三点を指摘できる。

　第一に、仏像頭部に収められた線刻鏡は、「宗鏡」の㈠「一切が映り込む鏡」という側面を象徴したものであった可能性がある。「宗鏡」を看取する覚者にとって「見る所是れ心ならざる無し」と説かれていたように、「一切が映り込む鏡」としての「宗鏡」の頓悟は視覚と結びつけて説明されていた。仏像頭部の眼の奥に収められた線刻鏡は、このような「宗鏡」を象徴するものだったのかもしれない。

　第二に、仏像胸部に収められた線刻鏡は、「宗鏡」の㈡「一切を映し出す鏡」という側面を象徴したものであったかもしれない。仏像の胎内の中心に吊された線刻鏡は、あるいは一切の仏事（仏の行為）を流出する「宗鏡」として納められたものではなかったのだろうか。

　第三に、線刻鏡に水月観音が刻み込まれていた点は、「宗鏡」の㈢「仏としての鏡」という側面とよく合致する。線刻鏡に刻まれた観音像が永遠に失われないのと同様、「宗鏡」が本来的に仏であるという性質は恒常不変である。もちろん厳密にいえば線刻鏡に刻まれた観音菩薩と「宗鏡」に刻印された仏は異なる存在であるが、『宗鏡録』において菩薩と仏は断絶しているわけではない。以下のように言う。

　夫欲正修行者、不帰宗鏡、皆堕邪修、或滞権小。此宗鏡正義、過去十方一切諸仏於此円修已成、現在一切諸仏現成、未来一切諸仏当成。過去一切菩薩已学、現在一切菩薩現学、未来一切菩薩当学。……　（『宗鏡録』巻三四、T四八・六一二a）

　夫《そ》れ修行を正しくせんと欲する者、宗鏡に帰せざれば、皆《み》な邪修に堕《お》ち、或は権小《ごんしょう》に滞《とどこお》る。此の宗鏡の正義、過去の十方の一切諸仏は此の円修に於いて已《すで》に成じ、現在の一切諸仏は現《げん》に成じ、未来の一切諸仏は当《まさ》に成ずべし。過去の一切菩薩は已《すで》に学び、現在の一切菩薩は現に学び、未来の一切菩薩は当《まさ》に学ぶべし。……

いわく――正しい修行を求める者はみな、宗鏡に帰入する必要がある。そうでなければ邪修に墜ちたり低いレベルに留まったりすることは必定である。この宗鏡という正しい道理こそ、過去の十方の一切諸仏が円修において成就したものであり、現在の一切諸仏がまさに成就しているものであり、未来の一切諸仏が将来成就するものである。そして、過去の一切菩薩が既に学んだものであり、現在の一切菩薩が今学んでいるものであり、未来の一切菩薩が将来学ぶものである。

　線刻鏡がこのような「宗鏡」を象徴していたとすれば、それはまさに「釈迦像の魂」として胎内に納入するに相応しいものであったと言うことができるだろう。[30] 無論これは冒頭でも述べた通り一つの可能性に過ぎないが、延寿が一万余の人々に戒を授けた台州という土地において、延寿をよく知っていたであろう清聳が線刻鏡を釈迦立像に納めた際、その納入先が像の頭部であれ胸部であれ、彼の脳裏にかかる延寿の「宗鏡」が浮かんだことは、想像に固くないだろう。

なお「宗鏡」になぞらえられる一心が唯一絶対の心であるのに対し、釈迦立像に納入された線刻鏡が二枚であったこともまた、宗鏡と線刻鏡の相違点のひとつである。この点については、当時様々な人々が各種各様の納入品を持ち寄り仏像に納めたことに鑑みれば、事前に納入品の厳密な選定が必ずしもなされておらず、それぞれが自分の意志に基づいて納入品を持ち寄った結果と看ることができよう。もしそうであれば、線刻鏡が二枚納められたことは、それが「宗鏡」の象徴であったことを否定するものではなく寧ろ、延寿の「宗鏡」の影響力の大きさを物語るものと言うこともできるかもしれない。

おわりに

拙論では奝然上人請来釈迦立像の納入品線刻鏡《せんこくきょう》に託された思いについて、その可能性のひとつを示す延寿の『宗鏡録』に焦点をあて、その核心思想の「宗鏡」に分析を加え線刻鏡と比較した。

『宗鏡録』全体の思想を集約する二点「頓悟」と「円修」に鑑みて、延寿が仏教の核心として提示する「宗鏡」には三つの側面——㈠「一切が映り込む鏡」、㈡「一切を映し出す鏡」、㈢「仏としての鏡」——があることを指摘した。

うち㈠「一切が映り込む鏡」は頓悟に関する「宗鏡」の有り様を示したもので、人々は「宗鏡」に映り込む諸法を介して「宗鏡」に悟入する。これが頓悟である。㈡「一切を映し出す鏡」は円修に関する「宗鏡」の有り様を示したもので、頓悟した者は「宗鏡」から流出する一切の仏事（仏の行為）を行う。これが円修である。そして頓悟から円修への転換を実現するのが㈢「仏としての鏡」という側面であり、「宗鏡」は本来的に仏であるため、それに本当に気付き（頓悟）さえすれば、人は自ずと円修を行うはずだという。延寿にとってこのような「宗鏡」（＝一心）の道理は、釈尊が開示し、禅宗の歴代祖師が代々継承してきた仏教の核心なのであった。

このような「宗鏡」と釈迦立像の頭部および胸部に納められた二枚の線刻鏡を比較すると、頭部に収められた線刻鏡は「宗鏡」の㈠「一切が映り込む鏡」を、胸部に収められた線刻鏡は㈡「一切を映し出す鏡」を、両者ともに菩薩像が刻まれていた点は㈢「仏としての鏡」を、それぞれ象徴していた可能性がある。もちろん本論中でも述べた通り、これはいずれも可能性にすぎず、文献的に線刻鏡と「宗鏡」を直接結びつける証拠はない。しかしながら、釈迦立像が模刻され、その胎内に線刻鏡が納められた場所である台州が、そのわずか十一年前に延寿が大規模な授戒会を行った土地であったこと、二枚の線刻鏡のうち一枚を胎内に納めた清聳が延寿の法系上のおじであり、延寿の後に霊隠寺に住持した人物であったことを考慮すれば、少なくとも清聳にとって線刻鏡が仏の仏たる所以である「宗鏡」を象徴するものであった可能性は高いと言えるだろう。

（やなぎ　みきやす・花園大学国際禅学研究所専任研究所員・専任講師）

註

（1）本研究はＪＳＰＳ科研費（JP16H07336）の助成を受けたものである。

（2）鏡面に仏・菩薩など各種の図像を線刻した鏡を、中国では「線刻鏡」、日本では「鏡像」と称する。瀧朝子［二〇一〇b、七・九］参照。拙論でとりあげる鏡は中国で作られ納入されたものであるので、中国の呼称「線刻鏡」を用いる。

（3）奝然の伝記については木宮之彦［一九八三］を参照。なお奝然が東大寺僧としての自覚を有し、かつそれが公認されていたことについては上川通夫［二〇〇二、三］［二〇〇七、二〇五］を参照。奝然請来の釈迦立像が九九二年に北野蓮台寺から棲霞寺内釈迦堂に移され、のち棲霞寺内釈迦堂が清凉寺と改称されたことについては、荒木計子［一九八〇、五四—五六］・嶋本尚志［二〇〇一、二七—二八］を参照。その模像「清凉寺式釈迦像」の詳細については村井章介［一九八七、一〇三—一〇六］を参照。

（4）大和文華館［二〇一六、一五〇］。

（5）塚本善隆［一九七三］。

（6）丸尾彰三郎［一九六六、五八］・瀧朝子［二〇一〇a、三五］［二〇一〇b、一八—一九］参照。なお『入瑞像五臓具記捨物注文』は丸尾彰三郎［一九六六、四八］・大和文華館［二〇一六、一一五］を、釈迦立像のX線写真は丸尾彰三郎［一九六六、五六］を参照。

（7）たとえば奝然を直接の研究対象とした最新の専著に郝祥満［二〇一二］がある。釈迦立像については毛利久［一九五八］・猪川和子［一九八七］・奥健夫［一九九六］など、胎内納入物については長岡龍作［二〇〇二］・蓮池美緒［二〇〇六］などの研究がある。なお奝然と釈迦立像の概要を知るには、奥健夫［二〇〇九］が便利である。

（8）『宋高僧伝』巻二八「宋銭塘永明寺延寿伝」（T五〇・八八七b）。なお『宋高僧伝』の編者賛寧《さんねい》は延寿を直接知る人物であり、彼が記した延寿伝は信憑性が高く、延寿の生涯を論じる上での基本史料と言うことができる。拙著［二〇一五、一六］参照。

（9）『景徳伝灯録』巻二六「杭州慧日永明寺智覚禅師」（K五三五a）。なお『景徳伝灯録』の編者道原《どうげん》は、延寿の弟子にあたる人物で、延寿のことを直接知っていたと考えられる。したがって前注に記した賛寧の『宋高僧伝』同様、『景徳伝灯録』の延寿伝もまた延寿の生涯を論じる上での基本史料と言える。拙著［二〇一五、一六］参照。

（10）『景徳伝灯録』巻二六「杭州慧日永明寺智覚禅師」（K五三五a）によれば、延寿が亡くなったのは開宝八年一二月二六日であり、西暦では九七六年一月二九日にあたる。孫勁松［二〇一三、三］。

（11）拙著［二〇一五、四七］注二二。

（12）丸尾彰三郎［一九六六、五四］・大和文華館［二〇一六、一一六］。

（13）法眼文益《ほうげんもんえき》の法嗣に清聳と天台徳韶がおり（『景徳伝灯録』巻二五「金陵清凉文益禅師法嗣」、「天台山徳韶国師」「杭州霊隠清聳禅師」、K五〇〇a）、天台徳韶の法嗣が延寿である。したがって清聳と延寿は法系上のおじ・おいの関係となる。また霊隠寺は会昌の破仏で廃寺となったが、九六〇年（建隆元）に時の呉越国王銭弘俶が再建して延寿を第一世に迎え（同巻二六、K五三四b）、翌年延寿が慧日永明寺に転住した後に清聳を次の住持に迎えた（同巻二五、K五一四a）。『霊隠寺志』巻三上「住持禅祖」も延寿の次の住持として清聳の名を挙げている（『中国仏寺史志彙刊』第一輯第二三冊、一四〇—一四一頁）。なお瀧朝子［二〇一〇b、一八］が指摘するように清聳の伝は『景徳伝灯録』巻二五や『十国春秋』巻八九に録され、そこには台州の開元寺にいたという記述はないが、地理的にも年代的にも両書が記す清聳が釈迦立像に線刻鏡を納めた人物であったと看《み》ることができる。

（14）なお瀧朝子［二〇一〇b、二四］は中国における初期の線刻鏡が呉越国の領域で制作されており国王銭俶《せんしゅく》（＝銭弘俶）との関わりが認められること、銭俶が延寿を重用したことに基づき、「線刻鏡の制作背景には、国王銭俶とその周辺の銭俶の信仰に影響を与えた延寿などの思想があることが指摘できる」と述べるが、拙論が線刻鏡と宗鏡を関連させて論じる理由として挙げる二点については言及していない。

（15）『宗鏡録』は朝鮮・日本にも早くに伝わり、その影響は中国のみならず東アジア全域に及ぶ。この事実に鑑みて『宗鏡録』は、東アジアにおける仏教の展開を考える上で重要な書物であると言える。朝鮮における『宗鏡録』受容については拙論［二〇一八］を、日本における受容については拙論［二〇一七］を、それぞれ参照されたい。

（16）拙論［二〇一六、五一一］注一。

（17）仙石景章［一九八九］、李淑華［一九九六］、王翠玲［二〇〇〇、一四六—一五二］など。

（18）延寿が提示する実践の体系の詳細については拙著［二〇一五、二三四—二三七］を参照されたい。なお「頓悟」の後に「円修」（＝頓修）を立てるのは、機根の劣った者を導くための方便であり、最も優れた上上根はいかなる階梯にも渉らず瞬時に「頓悟」と「円修」を兼ね備えるとされる。

(19)『宗鏡録』巻一七、「法法、宗を標《しる》し、塵塵、旨に契《かな》う」(T四八・五〇八a)。

(20) 一切諸法がみな心という鏡に映じた影像の如きものであり、心を離れて存在しえないことについて延寿は以下のように述べている。『宗鏡録』巻八一、「夫《そ》れ宗鏡に入らば、万事周く円かなり。鏡外に更に一法の得《う》可《べ》き無し」(T四八・八六三b)。

(21) 三種の引用文はそれぞれ『註心賦』巻一(Z一一一・三六b)、『宗鏡録』巻一五(T四八・四九四c)、『万善同帰集』巻中(T四八・九七七b)。詳細については拙著[二〇一五、一九一—一九七]を参照されたい。

(22) 荒木見悟[一九九五、三〇三]は、仏教と儒教の差異を比較する際に鏡を喩えに用い、「仏教の本来主義は空観を基盤として成立しているから、それはまるで明鏡のように、何らの世俗的痕跡もとどめないに対し、儒教の本来主義は、仁義礼智・五倫五常・礼学典章など、社会生活維持の骨格となるべき規範意識を明鏡の奥に蔵している」と図式化したが、拙論で見たように延寿の「宗鏡」は、仏教でありながらも万善(一切の善行)をその内に蔵する明鏡であり、儒教に通じる性質を有している。このことは儒教が隆盛する宋代において、『宗鏡録』が仏教の正統説と公認されて入蔵したこと、ならびに士大夫の中から『宗鏡録』を愛読する者が現れたことの理由について、一定の示唆を与えてくれるだろう。

(23) 原文「依心無体」の意味は①「心の無体に依り」と②「心に依りて体無く」の二種の可能性があるが、『宗鏡録』の諸例に鑑みて後者をとる。すなわち延寿は、一心を真心と妄心に分けたうえで「真心は理の体に約し、妄心は相の用に拠る」と述べ(『宗鏡録』巻三、T四八・四三二c)、真心を体(本体)、妄心を用(作用)に配している。また延寿はこの二つの心についてそれぞれ「妄心に自体無し」(同、四三一b)、「真心の体、即ち是れ本覚なり」(同巻五七、七四四c)と述べ、妄心には体がなく、真心が本覚(本来的に具わる覚《さと》り)を体とすると明示している。つまり延寿によれば体を有するのは真心のみであるので、真心が「現す所の一切」は②「心(=真心)に依りて体無」き存在であり、①「心の無体に依」るのではないことが分かる。ただし真心の体が一般的な「有—無」の分別のレベルに渉らないことについては、延寿が「真心の妙体、有無に在らず」と述べる通りである(同巻二、四二七c)。

(24)『起信論』は実際のところ馬鳴の作とは認めがたく、二十世紀にはその編纂場所がインドであるか中国であるかをめぐり激しい議論が展開されたが、最終的に意見の一致を見なかった。なお船山徹[二〇〇二]は漢文仏典の撰述地についてインドか中国か二律背反的に考える従来の見方に対して疑義を呈するとともに、漢文仏典には漢訳(インド撰述)とも中国撰述とも言えないような中間的形態があることを指摘している。

(25) 拙著[二〇一五、一一〇—一一七]。

(26) 延寿は禅宗祖師たる馬鳴が『起信論』を著したことについて、「亦《ま》た如《たと》えば祖師の馬鳴菩薩、広く経を釈し論を造《つく》るも、末後に唯だ一巻のみを製《つく》り略論す。大乗起信論と名づく」(『宗鏡録』巻三九、T四八・六四五b)と述べている。また『宗鏡録』巻九七には禅宗「第十二祖馬鳴」の言葉が記されている(T四八・九三八b)。

(27)『景徳伝灯録』巻三「第二十八祖菩提達磨」、「……光(=慧可)曰く、「我が心未《いま》だ寧《やす》からず、乞う師よ与《ため》に安んぜよ」と。師(=達磨)曰く、「心を将《も》ち来れ、汝が与に安んぜん」と。曰く、「心を覓《もと》むれども了《つい》に得《う》可《べ》からず」と。師曰く、「我れ汝が与に心を安んじ竟《おわ》んぬ」と」(K三三a)。

(28)『景徳伝灯録』巻三、「第二十八祖菩提達磨」(K三三b)。

(29) 拙著[二〇一五、一一〇—一一七]。

(30) 線刻鏡を納めた鑑端・清聳と同じく開元寺に所属する契宗および奝然もそれぞれ鏡を喜捨したが、それは仏菩薩等を刻んだ線刻鏡ではない一般の鏡で、仏像の台座の上面に嵌め込まれていた(瀧朝子[二〇一〇a、四〇])。無地の鏡が二枚とも外の台座に、水月観音の像を刻んだ線刻鏡が二枚とも仏像の胎内に納められたのは、観音像を刻んだ線刻鏡こそが仏・菩薩がともに学び成就する「宗鏡」の形象に相応しかったからではないだろうか。

略号一覧

K:基本典籍叢刊『景徳伝灯録』、禅文化研究所、京都、一九九〇年。

T:『大正新脩大蔵経』、大蔵出版、東京、一九二四—三四年刊行、一九六〇—七九年再刊。

Z:『卍続蔵経』、新文豊出版、台湾、一九七六年。

参考文献

荒木計子
［一九八〇］「入宋僧奝然と清涼寺建立の諸問題（下）――帰国後の奝然と義蔵の行動」、『学苑』四九二、頁四〇―六一。

荒木見悟
［一九九五］『中国心学の鼓動と仏教』、中国書店、福岡。

猪川和子
［一九八七］「清涼寺釈迦如来像と模刻像」、『東アジアと日本　考古・美術編』、吉川弘文館、東京、頁二五一―二七〇。

王翠玲
［二〇〇〇］『永明延寿の研究――『宗鏡録』を中心として』、東京大学博士論文、東京。

奥健夫
［一九九六］「清涼寺釈迦如来像の受容について」、『鹿島美術研究』年報一三別冊、頁五七三―五八〇。
［二〇〇九］日本の美術五一三『清涼寺釈迦如来像』、至文堂、東京。

郝祥満
［二〇一二］『奝然与宋初的中日仏法交流』、商務印書館、北京。

上川通夫
［二〇〇二］「奝然入宋の歴史的意義」、『愛知県立大学文学部論集（日本文化学科編）』五〇、頁一―四〇。同［二〇〇七、二〇三―二四九］に再録。
［二〇〇七］『日本中世仏教形成史論』、校倉書房、東京。

木宮之彦
［一九八三］『入宋僧奝然の研究――主としてその随身品と将来品』、鹿島出版会、東京。

嶋本尚志
［二〇〇二］「奝然の入宋と清涼寺建立について――奝然をめぐる人的ネットワーク」、『博物館学年報』三三、頁一八―三六。

仙石景章
［一九八九］「術語としての宗鏡の意味について――標宗章の解釈をめぐって」、『印度哲学仏教学』四、頁一九二―一九八。

孫勁松
［二〇一三］『心史――永明延寿仏学思想研究』、商務印書館、北京。

瀧朝子
［二〇一〇a］「仏像とともに海を渡った鏡――清涼寺釈迦如来像」、アジア遊学一三二『東アジアを結ぶモノ・場』、勉誠出版、東京、頁三二―四五。
［二〇一〇b］「十世紀の鏡の一様相――中国・呉越国の線刻鏡について」、アジア遊学一三四『東アジアをめぐる金属工芸　中世・国際交流の新視点』、勉誠出版、東京、頁六―二五。

塚本善隆
［一九七三］「嵯峨清涼寺の釈迦如来像胎蔵の鏡」、『国立博物館ニュース』三一五、頁四。

長岡龍作
［二〇〇一］「清涼寺釈迦如来像と北宋の社会」、『国華』一二六九、頁一一―二四。

蓮池美緒
［二〇〇六］「像内納入品からみた清涼寺釈迦如来像について」、『文化財学雑誌』二、頁四七―四四。

林進
［一九七七］「高麗時代の水月観音図について」、『美術史』一〇二、頁一〇一―一一七。

船山徹
［二〇〇二］「「漢訳」と「中国撰述」の間――漢文仏典に特有な形態をめぐって」、『仏教史学研究』四五-一、頁一―二八。

丸尾彰三郎
［一九六六］『日本彫刻史基礎資料集成　平安時代　造像銘記篇　第一巻』、中央公論美術出版、東京。

村井章介
［一九八七］「中世における東アジア諸地域との交通」、日本の社会史第一巻『列島内外の交通と国家』、岩波書店、東京、頁九七―一三八。

毛利久
［一九五八］「清涼寺釈迦像変遷考」、『仏教芸術』三五、頁一―二三。

柳幹康
［二〇一五］『永明延寿と『宗鏡録』の研究――一心による中国仏教の再編』、法藏館、京都。
［二〇一六］「栄西と『宗鏡録』――『興禅護国論』における『宗鏡録』援

用」、『印度学仏教学研究』六五-一、頁五一六―五一〇。
［二〇一七］「『宗鏡録要処』解題」、『中世禅籍叢刊』第十巻稀覯禅籍集、臨川書店、頁六三一―六三四。
［二〇一八］「禅が伝える心の鏡　第10回　朝鮮における『宗鏡録』の受容」、『花園』六八-一、頁一一―一三（刊行予定）。
大和文華館
［二〇一六］『特別展　呉越国――西湖に育まれた文化の精粋』、大和文華館、奈良。
李淑華
［一九九六］「永明延寿禅師の「宗鏡」について」、『天台学報』三八、頁一四五―一五三。

天皇と日宋の仏教文化

堀　裕

はじめに

渡宋前の奝然は、五臺山で「文殊之即身」に会うことと、「中天竺」で「釈迦之遺跡」を礼拝することを目指していた[1]。入宋すると、汴京で太宗の許可を得たのち、雍熙元年（永観二年・九八四）四月に、五臺山巡礼を果たし、帰国後も、弟子嘉因を五臺山文殊供養等のため、再度入宋させている。

奝然を含む日本僧の五臺山巡礼という行為を東アジア史のなかに位置付ける試みをしたのは、手島崇裕氏[2]である。手島氏は、九世紀の唐やその周辺諸国における五臺山の吸引力上昇と、周辺諸国での小五臺山形成の動きをふまえ、日本から五臺山に向かう僧侶に託されたのが、多くは貴顕の代理結縁供養であることを明らかにした。たとえば「奝然も、恐らくは既に挙げた恵蕚や済詮や寛建らの系譜を受け継ぎ、天皇をはじめとする皇族貴族層の五臺山への代理結縁供養の使命を帯びていただろう」とする。また上川通夫氏[3]は、奝然より後に入宋した寂照に関連して、「道長を権力中枢に据える日本朝廷」は、奝然が伝えた「北宋皇帝膝下の仏教を導入して模倣再現することが、従属的外交につながる可能性をもつだけではなく、宋や遼など北地の政治状況との接触を回避することこそが先決問題だった」ため、「源信らが主張した天台浄土教を選んだ」とする。

いずれも重要な指摘であるが、より明確に、天皇という視点に立つ必要があると考える。具体的に指摘すれば、手島氏が挙げた恵蕚は、嵯峨太皇太后橘嘉智子の意を受けて入唐するものの、天皇の関与は明らかでない。他方で、ここには記されないが、宗叡による五臺山での「本朝御願」千僧供養について川尻秋生氏[4]は、宗叡と清和天皇との関係からみて、天皇の御願であり、これまでにない天皇による大規模な五臺山での法会だと指摘する。そもそも僧侶を介した結縁や外交において、天皇の直接的な関与の有無は、信仰の問題だけではすまされないように思われる。

そこでまず、入宋した奝然と天皇の関係を明らかにしたい。たとえば、奝然が宋台州で彫像した清凉寺の釈迦如来像（以下「釈迦瑞像」とする）の像内納入品のなかにある「奝然繫念人交名帳」には、宋太宗と円融天皇、皇太子師貞親王（のちの花山天皇）をはじめとする貴顕の名が記されている。これまでの「奝然繫念人交名帳」の検討において、塚本善隆氏や石井正敏氏[5]は、入宋する奝然の後援者と指摘する。また、塚本氏のほか、荒木計子氏や佐々木令信氏[6]も、奝然の人脈に、入宋前から奝然と愛宕山に寺院建立を誓った義蔵や、奝然の師である寛空や元杲などの真言宗法脈とともに、摂政の藤原兼家や藤原実資がいることを論じている。いずれも、奝然と貴族・僧侶との関係は論じても、天皇との関係に触れることはない。皇帝と天皇が並記されることの意義や、宋で援助した宋太宗とともに、結縁した円融天皇や皇太子が、どのような関係にあったのかを考える必要がある。

そのうえで、手島氏や井上一稔氏[7]が注意喚起したように、五臺山巡礼の評価には、日本僧にとって、もうひとつの大きな目的地であった天台山巡礼との比較が必要である。たとえば手島氏は、入宋僧成尋の天台山滞在中に、後援者の結縁供養がみられないことから、日本の皇族貴族層にとって、五臺山を中心とする霊山聖跡供養の意義とその史的展開を踏まえる必要を説いている。先の上川氏の指摘に学びつつ、なぜ日本の貴顕は五臺山での結縁を望んだのか、また天台山を重視するとはどのようなことなのかという問いに対し、皇帝からみた地勢的な観点だけでなく、両者に対する天皇の関わり方の相違から考えたい。

以上の点を踏まえ、日宋の仏教を介した交流のなかで、天皇が国内外の仏教文化とどのように関わったのかを示すことで、日本からみた五臺山文化の一端を明らかにし、東アジアのなかの日本の王の位置付けを解明する一歩としたい[8]。

一　奝然と宋皇帝・日本天皇

(一)「造立記」と「奝然繫念人交名帳」

天台山と五臺山を訪れた奝然だが、少なくとも五臺山では、日本の貴顕から寄託された供養法会を行わなかった可能性がある。それは、手島崇裕氏が指摘するように、奝然の帰国後、弟子嘉因を再度宋へ派遣するために出された奝然奏上[9]から推察される。奝然は「宿願」を遂げるために渡海し、五臺山巡礼と勅版大蔵経請来を果たしたものの、「未レ遂二財施供養〔之脱カ〕願一」等と述べ、「令下供二養文殊菩薩一、兼請中度新訳経論等上、将下奉レ祈二聖皇宝祚一、且遂中宿願遺余上」ことを望んだためである[10]。

この時の五臺山での文殊菩薩供養等が、「奉レ祈二聖皇宝祚一」ことも目的としていることは、文殊供養における天皇の関与を推測させる。この点は、奝然の「宿願」のなかに、手島氏が指摘するように、知識による五臺山供養があったとすれば、その知識構成員は、「奝然繫念人交名帳」にある、円融天皇を含む貴顕と符合するとみられる。

この点を踏まえ、釈迦瑞像の納入品から、奝然入宋時における、天皇および皇帝との関りを検討したい[11]。まず取り上げるべきは、奝然帰国直前の雍熙二年（九八五）八月十八日に、台州で釈迦瑞像が完成したことを契機として、「聊書二来意一、以序二其由一」ために記された、宋僧・鑑端書「奝然入宋求法巡礼行並瑞像造立記」（以下

「造立記」である。

「造立記」の中間部分には、奝然の釈迦瑞像造像過程が記される。この記載は、他の史料と相違し、奝然一人の活動とされることから、もっぱら皇帝の釈迦瑞像造像への関与の有無が議論されてきた[12]。ここでは、「造立記」が願文であることを踏まえ、そこに現れる人物に注目したい。

入宋前後の経緯を記す前半部分では、諸仏等と父母、師主、さらには名を挙げて記される皇帝及び台州の僧・俗の各官僚から受けた恩恵が記されている。この記述と対応するのが、奝然の願意を記した後半部分である。先に「父母」「師主」「国王」「諸仏」に報いるとし、続けて「恭願、唐土帝皇丕業等二無疆之化一、本国国主崇基延二不朽之期一、当朝大人・此郡太守、各承二余慶一、倶叶二長年一」と述べ、「奝然又於二今月一日一発二心転読大蔵経一、以二皇帝乾明節一。上扶二聖寿一、仍答二鴻恩一。然レ燭焚レ香、開レ函展レ巻」とある。なお、この勅版大蔵経転読は、釈迦瑞像造像中に行われたとする説[13]があるが、願意は皇帝の誕生節である十月七日の転読であり、実際に転読されたとしても帰国後の大宰府でのこととなる[14]。その次に、「三世父母・曩劫親縁・一切有情・無辺含識」が、輪廻から逃れ、煩悩を断つことを願っている。最後に、奝然の無事渡海と求法による衆生救済等に及ぶ[15]。

このように「造立記」は、奝然の釈迦瑞像造像の功徳を、「四恩」から、「唐土帝皇」と「本国国主」、続けて皇帝の臣下、そしてさらにより広くへと及ぶ。「造立記」は宋僧の手になるが、「如来」や「文殊」等とともに「唐土帝皇」などの皇帝と「本国国主」の両者に平出等を用いている。

ところで、同じく釈迦瑞像に納められた「奝然繋念人交名帳」も、類似の構造をとっている。『梵網経』における釈迦の位置付けを踏まえたのち、「大朝趙炅」（宋太宗皇帝）・「日本守平王」（円融天皇）・「春宮太子」・皇后・内親王に始まって、日本の太政大臣以下七名が実名で記され、「諸僧俗繋念人、男女一切、父母親六親」の「皆守護、現当益利」で結ばれている。

「奝然繋念人交名帳」と「造立記」との共通点は、宋と日本の国王の順で並記することと、それらを頂点として、各国の後援者を示している点にある。宋を強く意識しつつ、両者合わせて、日宋の結縁者を相補う関係にある。

（二）帰国後の諸関係

奝然と宋皇帝との関わりは直接的であるが、天皇との関りは、あまり明瞭でない。その関係はどのようなものなのかを示すため、まず貴族等との関係から検討しよう。

そこで再び「奝然繋念人交名帳」を取り上げることとし、ここに挙がる人物の名や、奝然入宋時の位職を加えて示そう[16]。「大朝趙炅」（宋太宗皇帝）・「日本守平王」（円融天皇）・「春宮太子」（のちの花山天皇）・「皇后」（藤原遵子）・「康子一品女親王」（資子内親王カ）に始まり、「頼忠大臣」（太政大臣）・「兼家大臣」（右大臣）・「為光臣」（大納言）・「朝光臣」（権大納言）・「実資」（蔵人頭）・「道隆」（右中将）・「道兼」（弾正少弼）となる。改めて石井正敏氏[17]の見解を示せば、「天皇・皇后をはじめ、藤原氏の有力者特に当時の政界にあって主流を形成していた師輔流と実頼流の実力者を網羅」する一方で、「源氏にも左大臣に雅信、大納言に重信がいるが、一切含まれていないこと」から、「そこに一定の選択が働いている」と述べる。

奝然等と師輔流との関わりは、残存する史料の関係か、あまりよく分からない[18]。詳細が分かるのは、実頼流との関わりである。寛和三年（九八七）正月、奝然が、釈迦瑞像や勅版大蔵経等をともなって入京する直前には、当時公卿でもなかった藤原実資の邸宅も訪れている[19]。『小右記』の記述から、実資が、奝然やその同学の義蔵、義蔵弟子の覚縁等を家の行事に奉仕させていることは、これまでも指摘されてきた[20]。また、奝然と入宋した盛算も、実資の家僧として活動をしている。五臺山巡礼経験もあり、五臺山清凉寺阿闍梨にもなった盛算[21]は、実資への種々の奉仕のなかで、宿曜厄や星宿厄、天変等を攘うため、文殊供を行っている[22]。他の僧が文殊供を行うことはなく、またいずれの場合も、盛算の名前一人しか記されないことから、入宋の成果を踏まえた新奇な法会を開いたとみられる[23]。

角田文衞氏[24]は、仁和寺近傍の般若寺に、藤原道綱の母のほか、藤原実頼とその一門、たとえば藤原遵子や公任、実資、高遠等が関わっていることや、藤原頼忠も関わっていた可能性[25]を示した。また、般若寺を創建した観賢から、元杲等の介在を推測した上で、義蔵と同寺別当の覚縁が住したことも明らかにしている。これらの点から、改めて「奝然繋念人交名帳」をみると、奝然は、元杲や義蔵等とともに、皇后藤原遵子や頼忠、実資といった実頼流とのつながりがあったことを見て取ることができる。

さて、円融法皇が寛朝から灌頂を受けた時、権大僧都元杲、権律師雅慶と並んで、法橋奝然も真言宗の僧綱として持香呂の役目を果たしていた[26]。こうした公的な立場とは別に、奝然や義蔵が、円融天皇とのつながりをもっていたことを示す史料がある。

円融法皇の灌頂会の前に、奝然が円融院を来訪しているほか、実資のもとに奝然と義蔵が訪れ、「去十日夜、奉二為公家一有二夢想一。仍以二義蔵一令レ申二院・皇太后宮一。可レ被レ祈二申長谷寺一也。」として、一条天皇に関わる夢想について、円融法皇と藤原詮子に報告していた[27]。また、実資のもとを訪れた義蔵が、来年の維摩会講師を希望したとき、実資は円融法皇から申請を行うべきだとして参院している[28]。このように、円融天皇の蔵人頭や円融院別当を勤めた実資をはじめとする「奝然繋念人交名帳」の人脈によって、彼らは円融天皇とつながっていたとみられる。

なお、「奝然繋念人交名帳」に「春宮太子」が記されるのは、ある意味当然ではある。ただし、円融天皇と花山天皇は親子ではない。他方で、奝然や義蔵の師であり[29]、その後ろ盾でもあった元杲[30]が、花山天皇の皇太子時代の「東宮護持」であり、宮中から出なかったと伝えられている[31]。なお、奝然が入京した時は、すでに花山天皇は退位しており、元杲も、一条天皇の永延三年（九八九）五月に僧職を辞し、同年九月には、藤原実資に石間山寺へ蟄居することを告げている[32]。元杲の隠棲は、奝然の勢力が伸び悩む原因のひとつとされる[33]が、元杲自身の経歴も注意されよう。

最後に触れるべきは、「奝然繋念人交名帳」に名前があるはずもない一条天皇との関係である。両者の関係は明確ではない。敢えて挙げれば、蓮台寺に安置された釈迦瑞像には、天皇からの供養料とも言える大炊寮からの毎日の仏供を与えられたという[34]。事実ならば、平安京周辺の聖神寺や常住寺等と同様の待遇[35]であった。また、申請された五口の五臺山阿闍梨に対して、義蔵一人分しか認められなかったものの、真言宗にとっては、東寺と法琳寺に続く三例目の阿闍梨許可であり、唐宋からの求法をもとに設置された最後の阿闍梨である[36]。また、奝然の弟子嘉因が、正暦二年（九九一）六月に文殊像を持参して帰国した時には、当初宮中真言院を予定していた。ただし、結局のところ東三条院文殊堂に安置されている[37]。

荒木計子氏や佐々木令信氏[38]が指摘するように、奝然を支援する人々が、隠棲や、亡くなるなかで、奝然の影響力は大きく下降していった。そのなかの一人に円融法皇なども数えられよう。

以上、奝然をめぐる日宋の結縁の構造を提示した。そのうえで、天皇の結縁も得た五臺山巡礼僧の奝然は、帰国後も、円融天皇との結び付きが伺われたほか、花山天皇との間接的な関係も推測された[39]。天皇等は、形式的に名を連ねた、というだけではなさそうである。

二　五臺山供養

(一)　天皇と五臺山供養

玄昉や行賀、霊仙、円仁、恵蕚、恵運、宗叡等は、五臺山巡礼をした、あるいはその可能性のある日本僧として早い例である[40]。なかでも、嵯峨太皇太后橘嘉智子の援助により、数度渡唐した恵蕚は、日本の貴顕から寄託されて供養法会を開いたことが確実な最初の例である。この恵蕚はのちに取り上げることとし、まず清和天皇の時の宗叡から検討しよう。宗叡は、天皇が直接五臺山供養に関わった最初の例とみられる。

インドを目指した真如は、貞観四年（八六二）九月に日本を出発したが、宗叡や恵蕚等もそれに従って入唐している。宗叡は、清和天皇のいわゆる護持僧である[41]。その宗叡が、長安に向かう途中、一行から離れて別行動をとり、宿願のため五臺山に向かった[42]。宗叡卒伝[43]によれば「登二攀五臺山一、巡二礼聖跡一。即於二西臺維摩詰石之上一、見二五色雲一。於二東臺那羅延窟之側一、見二聖灯及吉祥鳥一、聞二聖鐘一。尋至二天台山一。次於二大華厳寺一、供二養千僧一。即是本朝御願也。」とある。天台山に至ったのちに、大華厳寺に向かったとあるが、大華厳寺は五臺山の寺院である。このため、千僧供養も五臺山での出来事とみられる。この「本朝御願」の千僧供養が、清和天皇御願の可能性を指摘されている法会である。

陽成天皇即位後すぐに、天台宗の済詮が、入唐を志している[44]。結果として済詮のみ出発したようで、しかも行方知れずとなってしまった。同行するはずだった玄昭の伝に[45]「貞観十九年為二求法一欲二入唐一、与二僧斎詮・安然・観渓等一、賜二官府及御府黄金一」とあり、『智証大師伝[46]』にも「貞観末。総持院十禅師済詮、将三入唐求法幷供二養五台山文殊師利菩薩一。主上及諸公卿多捨二黄金一、以為下供二養文殊一之資上。」と記されている。

この「主上」が、即位したばかりの陽成天皇でよいとすれば、天皇と公卿等の知識による文殊供養が目指されたのである。先の「本朝御願」の内実をうかがわせる。

醍醐天皇の時に後唐に派遣され、その後帰国することのなかった寛建等の活動でも、用途は不明であるが、次のように天皇が資金を出している。

『扶桑略記』延長四年（九二六）五月二十一日条には「召二興福寺寛建法師一。於二修明門外一奏請『就二唐商人船一入唐求法及巡二礼五臺

山二』許レ之。又給二黄金小百両一、以充二旅資一。（後略）」とあり、同書同年六月七日条には「依レ有二院仰一。勅奉二黄金五十両一。此為レ給二入唐求法沙門寛建一也者。已上出二御記一。」と記されていた。

入唐求法と五臺山巡礼を目的としていた寛建(47)は、勅許ののちに「旅資」を与えられている。このほか、宇多法皇の命によって、醍醐天皇が奉った黄金五十両も、寛建に与えるためのものであった。前記の例を考えれば、宇多法皇が中心となり、醍醐天皇が加わった五臺山供養のための知識の可能性があろう。

一条天皇の時に、宋へ渡った寂照は、渡宋直前に入宋の許可が下りたとみられる。源信の「天台宗疑問二十七条」を唐天台山へ届けるなどの目的があったが、許可を求めた時の渡宋目的は、五臺山巡礼であった(48)。渡宋後、藤原尹周が「入唐寂照上人旧房」に到った時に詠んだ漢詩には、「五臺眇々幾由旬」とある(49)。この詩に応えて、藤原道長や一条天皇も和しており(50)、代理での結縁供養が行われたか不明であるが、天皇も寂照の五臺山巡礼に関心を示していた。

このように、清和天皇よりのちに、五臺山巡礼を目的とした僧侶の結縁者のなかには、天皇が含まれていると考えられ、なかには知識による文殊供養が目的と分かる例もある。また、恵蕚や宗叡の場合は、とくに施主との関係が明確であったことも留意すべきであろう。

ただし、これよりのち、明らかに天皇は結縁者に含まれなくなる。密航した可能性のある成尋は、五臺山と天台山の巡礼を目的に(51)、延久四年（一〇七二）に渡宋した。その成尋が五臺山で行った供養法会の中心は、後冷泉皇太后藤原寛子が、故後冷泉天皇追善のために与えた「先帝御書経巻」である。あわせて、皇太后の現世安穏と、「国清君寿・俗富民康」が祈願されているもの(52)の、天皇の結縁があった訳でもなかった。

(二) 五臺山と十方僧供

五臺山で行われた日本の貴顕の結縁供養として確実なもののうち、最初の例となる恵蕚を取り上げたい。これが、天皇が関与するようになる以前の、前史としての位置付けにあることを明確にしたい。

恵蕚の渡唐は、橘嘉智子崩伝(53)に「后嘗多造二宝幡及繡文袈裟一、窮二盡妙巧一。左右不レ知二其意一。後遣二沙門恵蕚泛レ海入レ唐。以二繡文袈裟一、奉レ施二定聖者僧伽和上・康僧等一。以二宝幡及鏡奩之具一、施二入五臺山寺一。」とあった。橘嘉智子は、恵蕚を唐に派遣し、泗州普光王寺とみられる「僧伽和上」等とともに、「五臺山寺」への施入を行うなど、彼女自身が願主となる施入・供養を行っていた(54)。

五臺山を訪れた恵蕚は、以下の史料が示すように、弟子二人を五臺山に残し、会昌二年（八四二）に一旦日本に帰国したが、再び五臺山を目指して入唐している。ただし、この時は、会昌の廃仏によって、思うように活動ができなくなっていたようだ。

（a）『入唐求法巡礼行記』会昌元年九月七日条「聞日本僧恵蕚・弟子三人到二五臺山一。其師主発願、為レ求二十方僧供一、却二帰本国一。留二弟子僧二人一、令レ住二臺山一。」

（b）『入唐求法巡礼行記』会昌五年七月五日条「見二訳語一有二人報一云『（中略）又日本恵蕚闍梨子〔弟脱カ〕、会昌二年、礼二五臺山一、為レ求二五臺供一、就二李驎徳船一、却二帰本国一去、年々将二供料一到来。今遇二国難一還俗、見在二楚〔蘇カ〕州一』云云（後略）。」

（c）尊経閣文庫所蔵『白氏文集』巻五十識語「本奥云時会昌四載四

月十六日写取勘畢。日本国遊五臺山送供居士空無旧名恵蕚、忽然偶二着勅難一、権時裹頭（中略）若有二澤・潞等寧一、国家無事、早入二五臺一、交二開文殊之会一、擬下作二山裏日本国院一、遠流中国芳名上（後略）」

恵蕚の活動を詳細に分析した田中史生氏(55)は、その目的について次のように指摘している。まず、恵蕚が、（a）「十方僧供」や（b）「五臺供」を求めるために帰国したことについて、恵蕚の「日本国遊五臺山送供居士」の名乗りにも表れているように、敦煌莫高窟第六一窟「五臺山図」にみる「湖南送供使」「遊臺送供道人」と同じであり、それは「諸方から供料・布施を募り五臺山を巡礼する唐の方式を踏まえたもの」とした。

次に、再入唐後、（c）「擬下作二山裏日本国院一、遠流中国芳名上」について、先の「五臺山図」にみる「新羅王塔」と「新羅送供使」との関係が、「日本国院」と「日本国遊五臺山送供居士」にみられるとした。そのうえで、「日本国院」は、「遠流二国芳名一」と記されていることから、「この計画に日本王権の支援」を想定する。宗叡による五臺山での千僧供は、清和天皇立願とみられるが、それは「恵蕚が担った五臺山での日本王権による「日本国院」創設の動きの延長線上に位置づけられるべきものであろう」と評価した。

最後に、円載による唐天台山の「日本新院」も同様の目的を持つ可能性を示したほか、恵蕚関係史料を集めた田中氏編著の巻末の解説部分(56)では、とくに根拠を挙げていないものの、円仁が五臺山の各臺の「供養院」(57)で宿泊したように、「日本国院」も巡礼者の利用ができる施設かと推測する。結論を先取りすれば、「供養院」に類する施設である可能性はあると考える。

さて、（a）「十方僧供」や（b）「五臺供」と、（c）の関係について、供養を募るための方法と、「日本国院」の創設という目的とするが、このように方法と目的として捉えることは適切であろうか。もちろん、恵蕚が「十方僧供」や「五臺供」のために帰国したというのは、円仁の伝聞であって、恵蕚の意図や実際の活動と一致するかは分からない。この点を踏まえつつ、「十方僧供」については、もう少し検討ができそうである。

田中氏の「十方僧供」の理解は、小野勝年氏の解釈(58)がもとにあるようだ。小野氏は、「十方僧供」を「十方供」とし、「仏菩薩や僧侶を供養するために諸方（堀註…つまり十方）からあつめた布施供養のもの」であり、これを送るのが「五臺山図」にみる僧俗の「送供人」等であるとした。

しかし、「十方供」ではなく、「十方僧供」であり、「十方僧」とはすべての僧侶のことである。『続日本紀』天平宝字元年（七五七）十一月壬寅条に「勅。以二備前国墾田一百町一、永施二東大寺唐禅院十方衆僧供養料一。」し、故聖武太上天皇や孝謙天皇、光明皇太后の功徳ともなった。同じことを『唐大和上東征伝』では、「時有下四方来学二戒律一者上、縁レ無二供養一、多有二退還一。此事漏二聞于天聴一。仍以二宝字元年丁酉十一月廿三日一、勅施二備前国水田一百町一。」と記している。「十方衆僧供養料」とは、来学した不特定の僧侶のための供養料なのである(59)。また、『法隆寺東院資財帳』(60)の墾田の注記にも、「石田不レ簡二主客一住院修学衆僧供食、伽藍修営通分料」とあって、おそらくは同様の供料とみられる。

これらの点から、恵蕚の求めた「十方僧供」とは、五臺山に集う僧侶のための供養料であり、施主にとっては功徳を積むものと理解されていたと考えられる。これは、田中氏が推測した「供養院」がもっとも近いと考えられる。[61] ただし、「十方僧供」が、(c)「日本国院」へと展開したのか、それとも帰国前に計画された「十方僧供」と再渡唐後に記された「日本国院」とは性格が異なるものなのかなど、両者の関係は必ずしも明確でない。もし、「東大寺唐禅院」のように、「十方僧供」が「日本国院」に置かれるはずの供料であったとすれば、「日本国院」設立の目的からみて日本の巡礼僧を安居させることはもちろん、[62] 実際に「十方僧」を対象としていたのであろう。[63]

以上、これまでも指摘されてきたように、恵蕚の活動のうち、橘嘉智子の支援のもとで代理結縁供養を行ったことが、宗叡の五臺山供養へと継承されたと考えられる。五臺山での「日本国院」建設計画についても、五臺山での僧侶供養という点では、その後の五臺山巡礼僧へも継承されたと推測される。しかし、「日本王権」の関与という点では、恵蕚の時には、天皇自身が関わっておらず、それ以降とは段階差が認められる点が重要と考える。この時期、天皇が直接関与しないことと、橘嘉智子や恵運を支援した藤原順子等の活動がみられることには、関係があると推測される。恵蕚は、宗叡以降の五臺山結縁供養の前段階に位置付けるべきなのである。

三　天台山供養

五臺山と対比するため、天台山で行われた貴顕による供養法会を取り上げたい。天台山での供養も、いわゆる「日本王権」が関わっており、それは、五臺山よりも早い時期から行われていたのである。

その検討に先立ち、日本の貴顕による唐での供養法会の初見として、長屋王の例に触れておきたい。『唐大和上東征伝』には、鑑真が耳にした倭・日本に関する伝聞として、天台智顗の師である南岳慧思が、「倭国王子」に生まれ変わったということと、「日本国長屋王、崇二敬仏法一、造二千袈裟一、棄二施此国大徳衆僧一。其袈裟縁上繡二著四句一曰『山川異域、風月同天。寄二諸仏子一、共結二来縁一。』」の二点を挙げた。遣唐使出発の時に式部卿であった長屋王が、個人的な信仰だけで行ったものではないと推測される。[64] ただし、どこで僧侶に施されたものかは明らかでない。

皇太子安殿親王（のちの平城天皇）は、延暦二十三年（八〇四）出発の遣唐使に従った最澄に経典を託し、天台山での供養を行っている。

最澄の天台山巡礼許可の求めに応えた貞元二十年（八〇四）九月十二日明州牒[65]には、最澄が天台山にもたらす予定の経典・仏像が記されている。その冒頭に記された、金字法華経・無量義経・観普賢経について、最澄が「是日本国春宮永封、未レ到不レ許二開析一」と述べていると注記され、他の経典・仏像を含め「惣将二往天台山一供養」とあった。

この経典の由来について『叡山大師伝』は、延暦二十一年正月より開かれた高雄法華会に安殿皇太子が関わり、関連する経典を二部写させたものと記す。そのうちの、一部は「附二送大唐一。和上堅持、渡海入唐、安二置天台山修禅寺一切経蔵一。」するものであり、もう一部は「比叡山寺一切経蔵」に安置して「弘通本」とした。さらに安殿は、「金銀数百両」を与え、「充二入唐求法之助一」等と記される。薗田香融氏や王勇氏[66]は、皇太子の地位にある安殿親王が、唐天台山での供養の主体である理由について、聖徳太子南岳慧思後身説を踏まえ、安殿親王自身を聖徳太子になぞらえた結果とみている。

次にみられるのは、淳和皇太后正子内親王が、承和五年（八三八）に出発した遣唐使の円仁に託した袈裟の施入と供養である。遣唐使出発前に没したと考えられる延暦寺座主円澄の卒伝によれば、「法師上聞。淳和太皇太后造二得衲袈裟一、廻二寄国清寺一。以充二天台大師忌斎之備一。」[67]とあり、円澄の勧めにより、十一月の天台智顗忌日法会の備えとして、天台山国清寺に袈裟を納めた。これは、『入唐求法巡礼行記』開成四年（八三九）二月二十七日条にもみられ、「大座主〔円澄〕寄二上天台山一書一函幷納袈裟及寺家未決、修禅院〔義真〕未決等、並分二付留学僧〔円載〕一既了。」とある。円澄が還学僧の円仁に託した品のなかに「納袈裟」があるが、円仁は、天台山に行く許可が下りなかったため、留学僧の円載にこれらを託すことになった。[68]

橘嘉智子も、恵萼を天台山へ派遣しているが[69]、供養の様子は分からない。そこで次に検討するのは、藤原良房または、皇太子惟仁親王（のちの清和天皇）が、仁寿三年（八五三）に渡唐した円珍に託し、天台山で行った事業である。その内容については、佐伯有清氏[70]の研究を参考にしたい。

円珍は帰国後、唐での活動内容を奏上し、それを受けて、貞観八年（八六六）五月二十九日に弘伝真言止観両宗官牒が発給され、円珍に密教と天台教学の弘伝が公的に認められた。この奏上は、円珍請伝法公験奏状案[71]として残されている。ただし、貞観五年三月七日の日付を持つ二つの円珍加筆草稿（背書と草本）と、同年十一月十三日付の円珍自筆草稿の三種があり、今問題とする箇所では、背書・草本と自筆本の間に相違がある。草本は、「又将下今上在二春宮一日、送二供智者大師影一沙金卌両上、修二其墳塔及以国清仏殿一。」とあるが、自筆草稿では、「今上在二春宮一日」のところを「太政大臣従一位藤原朝臣」、つまり藤原良房に変更している。

佐伯氏は、長安における皇太子惟仁親王御願の曼荼羅作成が即位祈願をしていた可能性を踏まえ、この変更について、「実は藤原良房が皇太子惟仁親王の安泰を祈るためもあって、入唐する円珍に智者大師の影に供えさせるための沙金四十両を託したことの真相を伝える結果となった」とした。「墳塔」や仏殿の修造をともなって、唐天台山での天台智顗に対する供養法会が開かれたとみられるが[72]、それは藤原良房が主催しているものの、幼い惟仁親王のための祈願であったとみられる。

こののち、日本から唐天台山へ使者が派遣されることはあったが、日本の貴顕よる知識物の寄託が確認できるのは、長保五年（一〇〇三）に渡宋した寂照が、弟子念救を一時帰国させた長和四年（一〇一五）のことである。

宋から帰国した「大宋国智識使僧念救」は、日本で知識物を求めており、藤原道長のもとに集められた「卿相已下智識物」は、道長自身の知識物とともに念救に預けられた[73]。念救には「日本国左大臣家」からの施物リストや、「日本国左大臣藤原道長」から「大宋国天台山諸徳和尚」宛に記した書状等が預けられたことも確認できる[74]。この時の天台山への知識物の収集と送付においても、天皇は関与してないようであり、その中心は藤原道長であった[75]。

最後に、成尋は、はじめに触れたように、天台山では、委託された供養を行わなかったとみられる。

以上、唐宋の天台山での日本僧の活動に、聖徳太子転生説を踏まえつつ、皇太子やその周辺の人物が寄託した、天台智顗に対する供養法会や施入がみられたが、天皇自身がそれを主催する形跡は見出せない。上川氏[76]は、おもに外交政策の面から、平安中期に宋皇帝の直接的な影響を受ける五臺山ではなく、江南の天台宗重視へ転じたと論じている。その可能性を認めつつも、そもそも天皇が天台宗を介して直接大陸と関わりをもった例がないという点が、その背景にあることを指摘したい。それは、八宗を統合する天皇が、一宗のみを後押しするようなことはできないという、天皇の位置付けを示すのではないだろうか。

おわりに

入宋した奝然が、釈迦瑞像に納入した「造立記」・「奝然繋念人交名帳」は、宋皇帝と日本天皇を強く意識している。そこに記された宋皇帝は奝然の後援者であったが、日本天皇も同様であったとみられる。帰国後の奝然の活動からは、貴族等を介した天皇との関係等もあり、このころの天皇と五臺山巡礼僧の関係も、形式的な意味だけではないと考えられる。

そのうえで、日本天皇からみた五臺山巡礼と天台山巡礼の比較を行った。五臺山が、中国のなかで、唯一天皇が結縁することのできる場所である。敦煌莫高窟第六一窟「五臺山図」には、唐周辺諸国からの使者が描かれているが、天皇と五臺山との特別な関係は、東アジアにおける五臺山と諸国王との特別なつながりと関わる可能性が高い。

それに対して、天台山巡礼は、日本にとっては聖徳太子信仰もあり、皇太子等が関わることがあったものの、天皇が直接関与する例はみられなかった。その原因のひとつには、外交と直結する可能性のある天皇の結縁供養の相手として、ひとつの宗である天台宗のみを選択することができなかったためではないかと推測する。

最後に、天皇やあるいは皇帝を包摂する奝然の世界観について触れたい。釈迦瑞像に、奝然は「最勝王経一部」、弟子嘉因は「小書法華経一部」を封入した。塚本善隆氏[77]は、この『金光明最勝王経』とともに、「奝然繋念人交名帳」の冒頭に『梵網経』の一節である「我今盧舎那、方坐蓮華臺、周帀千華上、復現千釈迦。一華百億国、一国一釈迦、各坐菩提樹、一時成仏道。十方恒沙界、分身釈迦文、乃至同名釈迦、三世三千仏。无量十方三世諸仏、菩薩・声聞・縁覚・三界天人。」とあることから、東大寺大仏と諸国国分寺の関係を示していたり、この釈迦瑞像を盧舎那仏の一分身として、日本一国教化の中心仏と捉えたとする。思えば、奝然が東大寺別当に自ら任命されることを望んだ奏上[78]は異例で、国分寺建立詔に関わる内容[79]を引用するなどしている。塚本氏の説を踏まえるならば、奝然のなかには、東大寺大仏を中心とした世界観があったのではなかろうか。

（ほり ゆたか・東北大学准教授）

註

（1）『本朝文粋』巻一三・天元五年七月十三日奝然上人入唐時為レ母修レ善願文。

（2）手島崇裕「東アジア再編期の日中関係における仏教の位置・役割について―特に入宋僧奝然をめぐる考察から―」（『平安時代の対外関係と仏教』校倉書房、二〇一四年）。以下、氏の説は当論文からの引用である。

（3）上川通夫「中世仏教と「日本国」」（『日本中世仏教形成史論』校倉書

房、二〇〇七年、初出二〇〇一年）。

(4) 川尻秋生「入唐僧宗叡と請来典籍の行方」（『早稲田大学會津八一記念博物館　研究紀要』第一三号、二〇一二年）。手島崇裕「東アジア再編期の日中関係における仏教の位置・役割について―特に入宋僧奝然をめぐる考察から―」（前掲、註七〇）は、「本朝御願」について、「後援者貴顕層（より直截に言えば天皇ないしい皇族）の「御願」による五臺山供養の企図」とする。

(5) 塚本善隆「清涼寺釈迦像封蔵の東大寺奝然の手印立誓書」（『塚本善隆著作集　第七巻　浄土宗史・美術篇』大東出版社、一九七五年、初出一九五四年）、石井正敏「入宋巡礼僧」（荒野泰典・石井正敏・村井章介編『アジアのなかの日本史Ⅴ　自意識と相互理解』東京大学出版会、一九九三年）。

(6) 荒木計子「入宋僧奝然と清涼寺建立の諸問題」上・下（『学苑』四九一・四九二、一九八〇年）、佐々木令信「入宋僧奝然の帰京に関する覚書」（『大谷學報』六一巻第四号、一九八二年）。

(7) 井上一稔「清涼寺釈迦如来像と奝然」（中野玄三・加須屋誠・上川通夫編『方法としての仏教文化史―ヒト・モノ・イメージの歴史学―』勉誠出版、二〇一〇年）。

(8) 本稿は、堀裕「平安新仏教と東アジア」（『岩波講座日本歴史』第四巻、岩波書店、二〇一五年）で簡潔に論じていた点について、改めて史料を挙げて論じた部分がある。

(9) 『続左丞抄』第一・永延二年二月八日官符所引奝然奏上。

(10) 奥健夫『日本の美術　第五一三号　清涼寺釈迦如来像』（至文堂、二〇〇九年、五〇頁）は、施財供養の対象について「太平興国五年（九八〇）、太宗が内侍張廷訓を五台山に差向けて「金銅文殊万菩薩」を造らせ、真容院に安置させたという（『仏祖統紀』）。併行して行われた同院修造は同七年に竣功した（『広清涼伝』）が、一万体の金銅仏の造立はおそらく奝然が五台山を訪れた時になお続けられており、奝然はこの事業への参加を望んでいるのではなかろうか。」とし、それを受けた手島氏は、奝然が後援者から託された「施財供養」に対して、宋朝の統制があって実現しなかったため、奝然が自らの責任（「宿願遺余」）を果たすべく嘉因の派遣を申請したと推測する。

(11) 奝然が宋太宗に提出した「王年代紀」（『宋史』巻四九一・列伝第二五〇・外国七・日本国伝）は、日本天皇の歴史に仏教的叙述を組み込んだものである。上川通夫「奝然入宋の歴史的意義」（『日本中世仏教形成史論』前掲、初出二〇〇二年）参照。

(12) 盛算の写した「優塡王所造栴檀釈迦瑞像歴記」（以下「歴記」）奥書と記事の内容に相違がある。なお、奥健夫『日本の美術　第五一三号　清涼寺釈迦如来像』（前掲、二〇―二一頁）は、奝然の『在唐記』六巻が存在するなか、「歴記」奥書が、事実と異なることを記し得たかは疑問としつつも、「造立記」に釈迦瑞像実見の記述がなく、優塡王像が中国にあることを「聞き」、「様」によって像を彫ったとあることは、「歴記」奥書の記述とは明らかに異なると指摘する。なお、「歴記」奥書の執筆時期は、盛算の帰国後であることは確実だが、奥書冒頭で、奝然に対し、故人を意味する「先師法橋上人」と記しており、奝然没時の長和五年（一〇一六）より後になる可能性がある。ただし、他の箇所では、奝然を「大師」と記すなど、「先師」は後筆の可能性もあり、今後の研究の進展が望まれる。平林盛得「優塡王所造栴檀釈迦瑞像歴記―附西郊清涼寺瑞像流記―」（『書陵部紀要』第二五号、一九七四年）参照。

(13) 上川通夫「奝然入宋の歴史的意義」（前掲）、奥健夫『日本の美術　第五一三号　清涼寺釈迦如来像』（前掲）。勅版大蔵経転読は、皇帝から受けた恩に報いるためとも解することができ、この点から釈迦瑞像造像への皇帝の関与を論じるのは難しい。

(14) 『続左丞抄』第一・寛和三年正月二十八日弁官下文等。

(15) 「造立記」には追記があり、「善無畏三蔵真身」への拝礼や、密教の受学・灌頂に触れ、この功徳によって「平安渡海、帰二到本国一、興二隆仏法一、利二益王民一」を願っている。真言宗の伝法の功徳と日本への帰国が結びついている。

(16) 人名比定は、石井正敏「入宋巡礼僧」（前掲）の説による。

(17) 石井正敏「入宋巡礼僧」（前掲）。

(18) 奝然の入京直前、摂政藤原兼家の邸宅を訪れた（『小右記』永延元年正月二十一日条）ほか、弟子嘉因の再渡宋後の帰国では、請来した文殊像を一時摂政藤原道隆の邸宅に安置する（『三僧記類聚』九・『大日本史料』第二篇之一、七七八頁）等は、摂政としての役割ともいえる。

(19) 『小右記』永延元年正月二十四日条。

(20) たとえば、『小右記』正暦元年七月六日条、同月七日条、同月八日条では、重病の実資娘のため、奝然や義蔵、覚縁が、祈禱や加持、易筮を行っている。義蔵については、三橋正「宿曜道の展開と天皇観への影

響」(『平安時代の信仰と宗教儀礼』続群書類従完成会、二〇〇〇年、初出一九八九年)等を参照。

(21)『伝法灌頂雑要鈔』巻三裏書・寛仁三年三月十五日官牒(『大日本史料』第二編之一四、一七〇―一七一頁)で盛算は、宋での受法のほか、清凉寺阿闍梨補任の前提として、帰国後に奝然から受法している。なお、西岡虎之助「奝然の入宋について」(『西岡虎之助著作集　第三巻　文化史の研究Ⅰ』三一書房、一九八四年、初出一九二五年)は同書奥書に、盛算が「寛朝付法」とあることを紹介する。

(22)『小右記』治安三年四月一日条、同年七月二十八日条、同年八月二十日条、万寿四年二月二十三日条。なお、盛算が、実資と顕光との連絡役をしている記事がある(『小右記』長保元年七月二十四日条、同月二十六日条、寛仁三年五月三日条)。

(23)盛算の前の五臺山阿闍梨であった康静は、栄山寺別当であることから、藤原南家出身の可能性がある(寛弘六年十月二十日栄山寺牒(『平安遺文』二巻四四九号)等)。

(24)角田文衞「般若寺と道綱の母」(『王朝の映像』東京堂出版、一九七〇年)。なお、佐々木令信「入宋僧奝然の帰京に関する覚書」(前掲)も角田氏の研究に注目している。

(25)義蔵と元杲は、藤原頼忠第の例講に参加している(『小右記』永観二年十一月二十八日条、同年十二月二十四日条)。

(26)『円融院御灌頂記』(『大日本史料』第二編之一、三八四―三九〇頁)。

(27)『小右記』永祚元年二月二十九日条、同年五月十三日条。

(28)『小右記』永祚元年十月十九日条。

(29)『密宗血脈鈔』中(『続真言宗全書』第二五、続真言宗全書刊行会、一九八五年、三〇〇―三〇四頁)等。

(30)塚本善隆「清凉寺釈迦像封蔵の東大寺奝然の手印立誓書」(前掲)、荒木計子「入宋僧奝然と清凉寺建立の諸問題」上・下(前掲)等。佐々木令信「入宋僧奝然の帰京に関する覚書」(前掲)は、奝然が「東密教団の寛空の弟子たちと密接な間柄」にあるとする。

(31)『元杲大僧都自伝』(『続群書類従』第八輯下)。

(32)『小右記』永祚元年五月七日条、同年九月二十七日条。

(33)石井正敏「入宋巡礼僧」(前掲)は、「奝然繋念人交名帳」に「一定の選択が働いている」根拠として、源雅信と重信が含まれていないことを挙げた。二人は宇多源氏の同母兄弟であり、円融天皇即位後に急速に昇進している。彼らと血縁関係にあった真言宗の寛朝、雅慶、済信等とともに、円融寺に結集した人々ともいえる(所京子「円融寺の成立過程」『平安朝「所・後院・俗別当」の研究』勉誠出版、二〇〇四年、初出一九六七年)。これに対し元杲は、寛空から伝法灌頂を受けているものの、最初は淳祐から受けようとしたといい(『密宗血脈鈔』中、前掲、三〇〇―三〇一頁)、元杲は、東大寺元方の弟子であり、元方が創建した醍醐寺延命院を継承している(『元杲大僧都自伝』(前掲)、仁海『灌頂御願記』(『大日本仏教全書』第一一六巻・遊方伝叢書第四、仏書刊行会、一九二二年)等)。元杲の法脈と宇多源氏の勢力は近い関係にあるものの、三論宗と真言宗を兼学する元杲は、醍醐寺や般若寺を拠点とするなど、活動の基盤を異にするとみられる。

(34)『塵添壒嚢抄』一七・三如来事(『大日本仏教全書』第一五〇巻、仏書刊行会、一九一二年)。

(35)堀裕「東大寺大仏と宮―大仏供起源考―」(『日本史研究』五六九号、二〇一〇年)。

(36)堀裕「「門徒」にみる平安期社会集団と国家」(『日本史研究』三九八号、一九九五年)。なお、真言宗の安祥寺阿闍梨について、拙稿注で信憑性の問題を指摘した。この点について、佐藤真海氏は、安祥寺阿闍梨の文書が造作された歴史的展開を明らかにした口頭報告を行っている。早急な公刊を望む。

(37)荒木計子「奝然将来の五台山文殊の行方」(『学苑』六六八、一九九五年)。

(38)荒木計子「入宋僧奝然と清凉寺建立の諸問題」上・下(前掲)は元杲の隠棲などを、佐々木令信「入宋僧奝然の帰京に関する覚書」(前掲)は、それよりのちの摂政藤原兼家や元杲、義蔵が没したことを指摘し、その後、奝然等を支持する藤原実資と、それに反対する藤原道長の各勢力の対立を想定する。

(39)台州僧俗の結縁について、村井章介「中世における東アジア諸地域との交通」(『東アジア往還―漢詩と外交―』朝日出版社、一九九五年、初出一九八七年)は、仏教信仰の国境を越える性格とし、長岡龍作「清凉寺釈迦如来像と北宋の社会」(『國華』一二六九号、二〇〇一年)は社邑組織、上川通夫「奝然入宋の歴史的意義」(前掲)は、台州開元寺の政治的な主導を想定した。地域社会を基盤としたとみられる僧俗の結縁は、日本とは趣が異なるとみられる。

(40)『七大寺巡礼私記』興福寺・僧正五臺山記、『宋史』巻四九一・列伝第二五〇・外国七・日本国伝、『入唐求法巡礼行記』開成五年七月三日条、「安祥寺資財帳」(『京都大学史料叢書17　安祥寺資財帳』思文閣出版、二〇一〇年)。

(41) 堀裕「護持僧と天皇」(大山喬平教授退官記念会編『日本国家の史的特質　古代・中世』思文閣出版、一九九七年)。

(42)「頭陀親王入唐略記」(森哲也「『入唐五家伝』の基礎的考察」『市史ふくおか』第三号、二〇〇八年)、田島公「真如(高丘)親王一行の「入唐」の旅―「頭陀親王入唐略記」を読む―」(『歴史と地理』五〇二、一九九七年)。

(43)『日本三代実録』元慶八年三月二十六日条。

(44)『日本三代実録』元慶元年閏二月十七日条。

(45)『阿娑縛抄』巻一九五・「明匠等略伝」(『大日本仏教全書』第四一巻、名著普及会、一九七八年)。なお、校訂等のための割書は除いた。

(46) 佐伯有清『智証大師伝の研究』(吉川弘文館、一九八九年)。

(47)『鵝珠鈔』下二所引「奝然在唐記」(『真言宗全書』巻三六、真言宗全書刊行会、一九三四年)によれば、寛建は建州で没したが、同行の僧達は五臺山巡礼を果たしている。

(48)『日本紀略』長保四年三月十五日条。

(49) 大曾根章介・佐伯雅子編『校本本朝麗藻附索引』巻下・懐旧部(汲古書院、一九九二年)。

(50)『御堂関白記』寛弘元年閏九月二十三日、同二十六日、同二十九日条。

(51)『朝野群載』巻第二〇・延久二年正月十一日僧成尋請渡宋申文。箱崎敦史「平安時代の渡海制と成尋の〝密航〟―成尋〝密航〟説への疑問―」(『史学雑誌』第一二六編第八号、二〇一七年)は密航説に疑義を提する。密航であれば、当然天皇は結縁しなかったであろうし、許可が降りているのであれば、天皇が結縁することそのものがなくなりつつあったことになる。

(52)『参天台五臺山記』熙寧五年十二月一日条の五臺山大華厳寺真容院返牒。このほか、太皇太后宮亮藤原師信による、その室の追善と自身の現世安穏の祈願を行っている。

(53)『日本文徳天皇実録』嘉祥三年五月壬午条。

(54) 佐伯有清「円珍と円覚と唐僧義空」(『最澄とその門流』吉川弘文館、一九九三年)は、恵萼に従う田口円覚を橘嘉智子の母方の親族とみる。

(55) 田中史生「円仁と恵萼―二人の入唐僧が見た転換期の東アジア―」(鈴木靖民編『円仁とその時代』高志書院、二〇〇九年)、同「入唐僧恵萼に関する基礎的考察」(田中史生編『入唐僧恵萼と東アジア　附恵萼関連史料集』勉誠出版、二〇一四年、初出二〇一一年、四〇―四二頁)。

(56) 田中史生編『入唐僧恵萼と東アジア　附恵萼関連史料集』(前掲、一九〇頁)。

(57)『入唐求法巡礼行記』開成五年五月二十日条等。

(58) 小野勝年『入唐求法巡礼行記の研究』第三巻(鈴木学術財団、一九六七年、四〇八頁)。

(59)『広弘明集』巻第二八・為人作造寺疏に「今於㆓郢州某山㆒、為㆓十方僧㆒建㆓立招提寺㆒」とある。

(60) 天平宝字五年十月一日『法隆寺東院資財帳』(『法隆寺史料集成1』ワコー美術出版、一九八三年)。

(61)「十方僧供」が臨時法会を指す可能性もある。たとえば、東大寺大仏修理のため開かれた無遮大会の呪願文には、「預勧㆓会衆㆒。受㆓十善戒㆒。請㆓三世仏㆒。供㆓養上饌㆒。屈㆓十方僧㆒。布㆓施妙財㆒。」とある。この法会は、「千僧供」等と記される(『日本三代実録』貞観三年三月十四日条、『東大寺要録』巻三)。

(62) 堀池春峰「円載・円仁と天台山国清寺および長安資聖寺について」(『南都仏教史の研究』下・諸寺篇、法藏館、一九八二年、初出一九五七年)や佐伯有清「円珍と藤原良房と良相」、同「円珍と円載と日本新院」(『智証大師伝の研究』前掲)によれば、唐天台山には、最澄が禅林寺に建立した伝法院や、円載が建立、滞在した国清寺の「日本新院」があった。伝法院は「備㆓後来学法僧侶㆒」とある(貞観八年五月二十九日弘伝真言止観両宗官牒『園城寺文書』第一巻・智証大師文書、講談社、一九九八年)。両院は、会昌の廃仏の影響を受けたとみられ、円珍は伝法院再興を考え、「路粮」の沙金や唐商人の喜捨を受けて、国清寺に止観堂等を建立した。長安とは異なり、山岳寺院での長期滞在のためには、入唐僧自ら拠点を用意することがあったとみられる。

(63) 円仁が、在唐新羅人の拠点である赤山法華院に寄住した点を想起させることは、黒羽亮太氏から教示を受けた。

(64) 千僧供養の可能性もある。なお、この時の日本国使は「謁㆓孔子廟堂㆒、礼㆓拝寺観㆒」を求めた(『冊府元亀』巻九七四・外臣部・褒異・開元五年十月乙酉条)。

(65) 貞元二十年九月十二日明州牒（『平安遺文』八巻四二九七号）。
(66) 薗田香融「最澄とその思想」（『日本古代仏教の伝来と受容』塙書房、二〇一六年、初出一九七四年）、王勇『聖徳太子時空超越—歴史を動かした慧思後身説—』（大修館書店、一九九四年）。
(67) 『類聚国史』巻一八二・仏道九・施入物・天長十年十月壬寅条。
(68) 開成五年八月十三日維躅乞二判印一牒（『天台霞標』初編巻之三『大日本仏教全書』第四一巻、財団法人鈴木学術財団、一九八一年）。
(69) 『入唐求法巡礼行記』会昌二年五月二十五日条。
(70) 佐伯有清「円珍と藤原良房と良相」（前掲）。
(71) 『園城寺文書』第一巻・智証大師文書（前掲）。
(72) 佐伯有清「円珍の入唐求法」（『最澄とその門流』前掲）。
(73) 『小右記』長和四年六月十九日条、同年七月十六日条。
(74) 長和四年六月藤原道長書状（『平安遺文』一一巻補二六五号）、『御堂関白記』長和四年七月十五日条。念救は、宋天台山大慈寺の再建費用を求めに来たが、施物の内容からみても、天台山での供養法会開催は否定できない。
(75) 故天台座主覚慶の時に、宋天台山から延暦寺への贈物があったが、座主とその弟子院源のもとに私蔵された。宋天台山からの問い合わせをもたらした念救の訴えにより、「返牒」と「答金百両許」を用意すべきことや、「僧綱等各出集有レ便歟」となった。これに加え、不足の場合、天皇も金を出すことになっている（『小右記』長和四年七月二十一日条）。特殊な例ではあるが、天皇も宋天台山への答金の一部負担をしようとしていたことにも留意したい。
(76) 上川通夫「中世仏教と「日本国」」（前掲）。
(77) 塚本善隆「清凉寺釈迦像封蔵の東大寺奝然の手印立誓書」（前掲）。
(78) 永延三年七月十三日太政官牒（『大日本古文書　家わけ第十八　東大寺文書之一（東南院文書之一）』四二—四四頁）。
(79) 実際には、聖武天皇銅板勅願文（『大日本古文書　編年文書之十二』三九三—三九五頁）からの引用とみられる。

東大寺僧奝然と入宋僧奝然

上川通夫

はじめに

東大寺僧奝然は、天禄三年（九七二）閏二月三日に、義蔵と連名で認めた志の中の一節で、次のように述べている。

五道の中、得がたきは人身、人身の中、具えがたきは男根、たとい男根を得るとも、出家を得るは難きなり。たとい仏法に遇うとも、出家を得るは難きなり。たとい出家すといえども修学僧たるは難きなり。たとい修学すと雖も、一伽藍に住するは難きなり。一処に住するといえども、同学たるは難きなり。（義蔵奝然結縁手印状、清凉寺釈迦如来像納入文書。原文は漢文体。以下も同じ。）

自分の意思と無関係に生を得る存在が、人間として生れた上に仏教と遭遇した奇蹟を幸いだと意味づけている。仏家による定型の文言ではあるが、奝然たちの場合、思い描く目的に近づく努力への動機づけとして語られているように感じられる。価値観と意思と行動力を伴う人物が生きた軌跡は、当然それぞれに意味をもつ。とはいえいかなる人物も、置かれた条件との関係で生きざるを得ないから、同時代や後世の他者によるその人物への評価は、本人の思いとは別の尺度で測られることになる。特に歴史上の人物として振り返られる者に対しては、結果から判断される傾向が強くなりがちである。多くの場合、時代の新しい動きに大なり小なり前進的な役割を果たしたり、次世代ないし後世に受け継がれる事蹟を残した者が、歴史の記憶に留められることになる。

ところが、実際には重大な役割を果たしながら、歴史過程の意図せぬ要因によって、社会の記憶からかき消されていった人物も多いにちがいない。その人物が与えた政治的、社会的な刺激が、反作用や別の展開を誘発すれば、結果として、きっかけとなった人物は忘れられることになる。奝然は、そういう人物の一人である。ここでそのような人物に焦点を当てようと試みるのは、歴史上の復権といったことを意図するからではない。実像を見出す大事さだけでなく、その後の歴史展開が非予定調和な進路をとった事情に、時代の特徴や課題を探る手がかりを求めたいからである。

なお、奝然が生を得た時代、十世紀半ばから十一世紀初めごろの歴史について、その意味をあらためて問うことに関心が集まるのは、今日の研究動向における一つの特徴であろう。本論でも触れるが、奝然の場合は、釈迦の遺法を興隆する意思を強く持ち、行動に移そうとした。それは仏家の一般的な指向という次元のことではない。北宋の政治的統一（九七九年）を軸とするアジア世界交流の新時代という、現実の動きが背後にある。実際、仏僧を中心として、インドや西域と宋都との相互交流が活発であった。それを促した皇帝の外交政策は、陸路の交通だけではなく、海域の商人集団の活動力とも結びついていた。奝然は、このような事情に自己をつなげ、五臺山から天竺に向かう計画で九八三年に渡宋し、事情あって九八六年に帰国したのである。日本史ないし東アジア史についての研究は、外交史や仏教史、摂関政治時代史、また「国風文化」などについて、このような動向に目を向けて問い直しつつある。この稿でも、そのことを念頭において奝然を論じてみたい(1)。

一　東大寺僧奝然

(一)　奝然の志

東大寺僧奝然の人生行路は、結果的にはやはり数奇であったとすべきであろう。ただ、どの時点でどのように自分の将来を思い描いたのか、人の思いへの立ち入った考察を必要とする。比叡山や平安京における仏教興隆に押されがちの南都仏教界に身を置く奝然が、その劣勢を挽回する意思を一貫して抱いていたという推測が、研究史にはある(2)。この考えは、天台宗から興隆した浄土教がすでに時代思潮として受容されている、という理解とも結びついている。まずこの点を検討してみたい。その際、入宋経験以前における奝然の考えを確認する必要がある。

天禄三年（九七二）閏二月三日の義蔵奝然結縁手印状は、二人の東大寺僧が将来への決意を確認した書面として、かつてから重視されている。奝然らはここで、「釈迦大師の遺教」への「結縁興法の心」を述べている。その具体的かつ積極的な行動として、「愛宕山を点定し同心合力して一処の伽藍を建立」すると宣言し、それによって「釈迦の遺法を興隆」するというのである。比較的長文の結縁状は、よく推敲された文章が楷書で丁寧に清書されているだけではなく、朱の左手印を三箇所に押して誓言を強めるなど、周到な形式と内容が見て取れる。その上で、あらためて読みとるべきは、ここに比叡山延暦寺や天台浄土教への対抗心が表現されていないことである。言外の意図を読解するよう試みてなお、やはり奝然たちの意思は、文言として表現されたとおりだと判断すべきではなかろうか。その場合、新拠点として平安京北西方の高峰愛宕山を選んでいることには、具体的な理由があるはずだが、あまりはっきりしない。平安京北東方の比叡山が意識されているという推測もある。確かに比叡山と愛宕山は、平安京との関係では一対の位置にある。しかしそのことは、必ずしも対抗関係を意味しないであろう。奝然らが愛宕山にこだわる意味については、なお考えなければならないが、入宋・帰国後に奝然や弟子たちが朝廷に自派公認を働きかけた苦闘とは、区別しておく必要があると思う。

一方奝然は、ある時期にいたって、海外に渡航して求法しようという意思を抱いた。天元五年（九八二）の奝然願文（『本朝文粋』）は、渡宋が決まってからのもので、盟友慶滋保胤が代作したものであるが、この時点での述懐に奝然があらたな思いを抱いた事情が込められている。そこには、「奝然、天禄以降心は渡海にあり。（中略）商賈の客を待ちて渡ることを得。いまその便に遇い、この志を遂げんと欲す」とある。それは、ほぼ同じ時期というべき「天禄」の頃に、義蔵とともに愛宕山に伽藍建立しようと誓い合った内容とは矛盾があるようにもみえる。しかしこの点は、奝然の計画が変化したのだと考えるべき節がある。あたかも天禄年間に、北宋による中国統一が実現した（九七九年）。新しい情勢のもとで海商が日宋間を往来しはじめ、にわかに入宋する条件が整いはじめたことを知り、奝然の心は動かされたのであろう。ただし入宋を決意した奝然は、帰国して愛宕山に拠点をつくろうと計画したのではない。「奝然、願わくは先ず五臺山に参じ、文殊の即身に逢はんと欲す。願わくは次いで中天竺に詣り釈迦の遺跡を礼せんと欲す」と述べている。最終目的地は天竺であった。それは、北宋皇帝のインド方面との交流促進策[3]を知っての新計画であると推測される。渡航直前の言行から推して、帰国の望みは持っていなかったようである。向学心にあふれ、実践指向をあわせもつ奝然は、海商がもたらす北宋情報に接して、急速に渡航の意思を募らせた。その情報によれば、北宋皇帝の誘引に応じて五臺山に登拝した上で[4]、さらにその許可を得ることで天竺へ向かうことも可能である、という目算があった。つまり、義蔵と誓いあったのち、事情と意思は急転したのである。

愛宕山に伽藍を建立することと、五臺山さらには天竺に向かうこととの間には、大きな隔たりがある。しかし奝然にとっては、ある一点において共通の思いがあったのかもしれない。天元五年の奝然願文には、「これ斗藪のためなり」とあり、「修行のために即はち来るなり」とも述べられている。同年の奝然陳状（日本国延暦寺牒に引用）には、「十余年の間、心は渡海にあり」とあり、「蓋し名山を歴観し、聖跡を巡礼するなり」とあり、また「奝然もとは三論を学び、志は斗藪にあり」とも言っている。さらに興福寺本『僧綱補任』には「法橋奝然、三論宗、東大寺」とあり、『東大寺別当次第』には東大寺東南院の所属とも記す。奝然には、聖宝以来の東大寺東南院を拠点とする三論宗をまっすぐに受け継ぐ、という自覚があったのではなかろうか。その内実は、山岳の仏教聖地やそれらをつなぐ陸海路を修行の場として重視するもので、釈迦の苦行を追体験することが遺法の興隆に結びつく、という考えだったのかもしれない。

(二) 東大寺の位置

奝然には東大寺僧としての自覚が強い。そのことをもう少し確認しておく。同時に、この時代の東大寺は、日本国家にとって、また東アジアの仏教世界や政治世界の中で、いかなる位置にあったのか、奝然に関係する史料から考えておきたい。

天禄三年（九七二）の義蔵奝然結縁状には、「東大寺僧」として署名している。天延二年（九七四）五月十日に行われた朝廷仏事の季御読経では、「南北二京学生」の一人として、天台僧源信と論義に臨んだ（『親信卿記』）。ここでは、東大寺の学僧の一人奝然と、延暦寺の学僧の一人源信とは、南北一対の代表者としての役割を負っている。延暦寺については、九三五年に呉越国王の意を体した使節が日本の天台宗との交流を求めてきたころから（『仏祖統紀』巻第四十二）、朝廷はその国際的に重要な位置をあらためて認識していたはずである。しかし同時に、東大寺の国家的な重要性は揺るぎない。奝然と源信の対論は両寺が並び立っていることを示してもいる。そしてこの両寺は、戒壇を備えて国家の授戒制を分担すると同時に、対外的にも日本仏教界を代表する機能をもっていた。天元五年（九八二）八月の日本国延暦寺牒は、大唐天台山國清寺に宛てて「東大寺伝灯大法師位」たる奝然の身元を保証している（東寺文書）。同じく日本国東大寺牒は、同じ趣旨で大唐青龍寺に宛てている（『朝野群載』）。朝廷にとっては、日本国家の二大寺院として、両寺は対立関係にあるというより補完関係にある。

一方、東大寺に対する北宋朝廷の認識を示す奝然関係史料がある。雍熙二年（九八五）の釈迦瑞像造立記には、奝然を「日本国東大寺法濟大師」と呼んでいる。太師号は皇帝の外交政策として賜与したものだが、「日本国」や「東大寺」という公称と連立させているのである。これに対して、永延二年（九八八）に朝廷の許可を得て奝然が太宗に宛てて送った返書の上表には、「日本国東大寺大朝法濟賜紫沙門奝然」と署している（『宋史』）。「大朝」から「法濟賜紫」号を与えられたという上下関係を前提にして、「日本国東大寺」の公称が示されている。

以上から、東大寺の確たる位置については、奝然が所属する本寺としての自称、官寺の代表としての朝廷による公認、宋皇帝による下位国の寺院としての認知、ということが確認される。

しかもなお、東大寺の国際的位置に関しては、さらに解明の手がかりがある。先に触れた奝然上表には、「落日を望みて西行し…信風を顧みて東別し…」、という表現がある。また、「貝葉印字の仏詔を東海の東に伝う」、とも言っている。宋と日本の位置関係を、西と東という方位で捉えている。これに対して皇帝太宗は「これ島夷のみ」（『宋史』）と言っており、差別意識はもちろん明白であって、東西方位上での水平的な関係など思い描いていない。しかし入宋経験ある奝然には、独自の思いがあったらしい。かすかな手がかりだが、帰国後の奝然が東大寺別当への補任を朝廷に請うた永延三年（九八九）五月の奏状に、「独り城東に峙す故に東大寺と曰う」とあるのを重視したい（同年七月太政官牒、東南院文書）。ここで奝然は、平城京の東方に存在を誇る東大寺の権威を主張している。旧都であり南京であるという事実ではなく、あえて平城京との関係で東大寺の存在意義を強調するというのはどういうことであろうか。ここには、創建期の東大寺への認識が前提にあるはずである。平城京との関係だけで見れば、たしかに東大寺は外京のさらに東方に位置づいているが、それは唐都長安との関係を認識した大寺の号だと推測する説がある。[5] おそらく奝然による創建期東大寺への認識は、これに当てはまるのであろう。北宋の開封との関係が念頭にあるのである。一面では時代錯誤の願望だが、入宋経験がある奝然であってこその同時代的な願望であるとも言える。次節で述べるが、帰国後の奝然は、数年の後に影響力を急速に無くしていく。しかし東大寺別当への就任の頃は、入宋経験を踏まえて日本仏教の進むべき方向について、北宋の首都開封を中心に興隆する仏教との親縁関係を強めるよう望んでいた。その際の発言として読むならば、東大寺をこそ日本仏教の拠点として再生させ、東西軸で日本と宋の関係強化を進めるような、それなりの国際認識に基づく構想が描かれていたことに気づかされる。ここには、比叡山との南北対抗を課題としたような形跡はない。

二　入宋僧奝然

(一)　入宋と帰国

入宋中の経験は、奝然の人生を思わぬ方向に転回させた。五臺山への巡礼は実現したが、天竺に行く願いは叶えられなかった。しかし失意や挫折とはほど遠い、あらたな任務を負って勇躍日本に帰ることとなる。奝然の帰国は、東大寺やさらには仏教界だけでなく、朝廷の権力中枢を揺り動かすことにもつながる、重大事であった。入宋中の詳細については前稿[6]で考察したことから最小限を再確認するにとどめ、本稿では帰国後の動向を改めて見直したい。

在宋中の奝然は、宋側の誘導で仏蹟を巡礼した。入港地に近い天台山から開封までの途次における諸寺院、開封の諸寺、そして五臺山である。開封では、他の外国僧が遇されたのと同じように、皇帝に拝礼し、出身国日本の情報を問われて答えた。しかし奝然の場合、五臺山に行く前に一度と、五臺山から開封に戻ったあと二度、あわせて三度呼ばれている。宋にとっての近隣国や、往来者が増えている西方の諸国ではなく、交流のない日本の情報提供と政治的従属が求められたのである。おそらく二度目の拝礼においてそのことが奝然に伝えられ、三度目には「職員令」や「王年代記」といった日本情報を奝然が献上した。皇帝からは膨大な下賜品が奝然に示されており、実際に奝然はそれらを携えて日本に帰ることとなる。しかも奝然には重大な任務が託されていたはずである。恐らく、日本天皇から宋皇帝に宛てた国書の奉呈を取り次ぐよう下命されたのであろう。膨大な下賜品にはその政治的使命が込められていた。重荷だと感じたか、思わぬ光栄だと考えたか、いずれにしても奝然には自身の行動に選択の余地はなく、腹を括って帰国するほかない。天皇の国書を得て再入宋せよという皇帝の下命に応えることができるならば、天竺に行く夢はなお将来に託される。

奝然が宋商船で大宰府に帰着したのは寛和二年（九八六）七月である。奝然と従僧一行の入京は翌寛和三年二月二十一日である。それまでに奝然は大宰府ないし朝廷と充分なやりとりをした。奝然は一月十七日には山城国への入口たる河陽館に到着し、膨大な持参品の運搬への配慮要請の奏状を提出している。二十一日には荷物を残していったん入京し、すぐに摂政藤原兼家のもとに参じており、二十八日付で正式の入京手筈を指示する官宣旨が出されている[7]。入京にあたっては、朝廷による演出と周到な準備のもとで、膨大な下賜品が整然と連ねられる中で、奝然らの行列は朱雀大路を北上し、朱雀門で天皇に拝礼した。この後一行は、内裏の東側をまわってその北西方、一条の北辺に接する蓮臺寺（真言僧寛空の創建）に入った。

(二)　皇帝からの下賜品

平安京で披露されたのは、最新の北宋仏教の内容を一括して示す文物であった。『小右記』寛和三年二月十一日条によってよく知られた実態について、あらためてその性質を確認してみたい。下賜品は三種類である。

第一は「七宝合成塔」で塔中に「仏舎利」を籠めている。かつて呉越国王銭弘俶が広めた金属製小型の阿育王塔と同類の形式と理念を継承しているのであろう。装飾された小型の仏塔に、聖遺物たる釈迦の遺骨（実際は舎利に等しい『宝篋印陀羅尼経』か）が納入されている。[8]第二は「摺本一切経論」で「五百合匣」に納められている。板木は九八三年に完成したばかりで、世界初の印刷版大蔵経である。装丁をあらためた、いわば釈迦教説の正統仏書である。第三は「白檀五尺釈迦像」で「御輿」に乗せられている。インド伝来の由緒がある原像は、宋皇帝の膝下にある。その模刻像とはいえ、生身釈迦像と意味づけられている。

これら三種に共通するのは、普遍的価値を備えた生身釈迦が目前にある、という思想である。生身《なまみ》の釈迦という考えである。それら三種はおのおの、塔、書物、彫刻という容れ物に、遺骨、教説、血肉という中身が宿る、という関係にある。ただしかし、あえて冷静に客観視すれば、それら中身もすべて、宗教上の真理や人間存在の本質理由を探究する立場からすれば、やはり一種の容れ物に過ぎないのではないか。釈迦とはもはやすべての疑問の止むところ、という信仰的立場を離れた場合、釈迦を通して実感できる理想価値と、それに照らした現実批判こそが、時代社会に要請された救済宗教の実質になるであろう。

しかし実際、皇帝から下賜され、奝然が媒介し、朝廷が迎え入れた仏教文物は、即物的な圧倒性を示している。その内実は、正統仏教を掌握する皇帝による国際社会での権威中心性の主張である。仏教の内実ならぬ形式に圧倒されつつ実施した観のある入京行列だが、政治上では皇帝と天皇との上下関係を意味する下賜品を受け取ったことになる。羅城門から朱雀門までの行列は、明らかに公式行事だが、内裏には入れなかった事実に、天皇との距離が残されていたとは言える。ただその後の経緯も含めて考えると、この日の時点で、三種の下賜品を迎えた権力中枢に、明確な情勢認識と政治判断があったかどうか、疑わしい。

(三)　奝然の立場と朝廷の対応

帰国後の奝然は一躍時の人になった。入京した永延元年（九八七）三月十一日には法橋位に叙されている。「入唐帰朝によるか」（『小右記』）という。同年八月十八日、奝然は愛宕山に「五臺山大清涼寺」を建てて釈迦像を置くよう申請したらしい（『花鳥余情』所引『小右記』逸文）。この年に「清涼山寺」の額を得たとも伝える（『類聚』）。詳しい事情はわからないが、朝廷から優遇されつつ、奝然は活動的だったようである。愛宕山での寺院建設は、旧友義蔵と誓い合ったかつての計画と接合する点がないではない。しかしここでは、宋の五臺山に倣った清涼寺を建設しようとしているのであり、日宋外交に裏づけられた宋風寺院の新構想だと考えられる。ただし愛宕山での寺院建設が具体的に進んだ形跡はない。

同三年（九八九）三月九日、奝然は東寺で行われた円融法皇の伝法灌頂に持香呂の役として参加した。大阿闍梨たる大僧正寛朝につぐ持香呂は権大僧都元杲と権律師雅慶そして法橋奝然であり、抜擢というべきである。奝然は真言小野流元杲の弟子だというが、むしろ在宋中に両部灌頂を受けたことが裏づけになっているのであろう。そして同年五月二十九日、申請していた五臺山阿闍梨五人のうち一人が認められた（『中右記』）。「三密の教法を勤修」するためだとい（寛仁三年三月十五日太政官牒引用の長保元年閏三月十三日奝然奏状）、五臺山の生身文殊菩薩を本尊とする文殊法を実施する拠点づくりが、奝然の新計画であった。そして同年七月十三日、奝然は東大寺別当に補任された。これも急な抜擢だと見てよかろう。愛宕山に新拠点を建設することよりも、伝統ある国家寺院の統括者として、「破壊堂舎を修治し陵遅仏法を興復」（東南院文書）する任務が優先されたことになる。つまり朝廷は、五臺山を作るよりも東大寺の整備による対外威信の確保を選んでいる。それは、入宋以前に東大寺への帰属意識を強く抱いていた奝然にとって、栄誉ではあっただろう。ここには、すぐ後で述べるように、北宋の意向に沿う外交上の接近を避けようとする朝廷と、太宗の意向を体して北宋仏教との親縁関係を築こうとする奝然との、割り切れない折り合いがある。とはいえ、ともあれ奝然は、権力中枢に近い位置で活動したという意味で、絶頂期を過ごした。

この間に朝廷は、奝然が伝えた太宗からの要請については、比較的明快な態度をとった。一条天皇や摂政藤原兼家らと奝然との間でのやりとりについては不明だが、永延二年（九八八）二月に奝然の弟子嘉因を宋に派遣したことは、計画的である。奝然は、五臺山文殊菩薩の供養と引き替えに新訳経論を得てくる任務を、かつてともに入宋した弟子僧嘉因に託しているが（永延二年二月八日太政官符案）、本当は奝然の再入宋が皇帝から促されていたのであろう。朝廷は嘉因を選んで体裁を保ち、国書ならぬ奝然表と進物を太宗に届けて謝恩の挨拶のみを述べさせた。それは、要求に沿った国家間外交について、やんわり断ったことを意味する。朝廷に明確な見識に基づく外交方針があったわけではなさそうだが、制裁などを受けずにこの場を凌ぐ方法が選ばれ、実際に嘉因は文殊菩薩像などを下賜されて永祚二年（九九〇）に帰国している。

では奝然が表舞台で活躍したのはいつごろまでなのか。先にも述べたように、三種の下賜品は、入京した日に京北辺の蓮臺寺へ入った。その後五年間、大炊寮から毎日の仏供が支出されたといい、蓮臺寺に置かれていたのであろう。そして、入京から五年後にあたる正暦二年（九九一）、嵯峨棲霞寺に移されたという（『塵添蓋嚢抄』）。一切経は、奝然死去後の寛仁二年（一〇一八）一月に弟子らが藤原道長に献上した際には「栖霞寺一切経」と呼ばれている（『御堂関白記』）。七宝合成舎利塔も含め、三種の下賜品は、朝廷による直接の管理を離れ、愛宕山麓に近い棲霞寺内に引き継がれたのであろう。詳しい史料がないが、華々しく入京したことに比較すれば、あまり目立った扱いを受けたようにも思われない。この間、正暦元年（九九〇）七月に嘉因が宋から帰り、翌年六月三日に太宗から下賜された五臺山文殊菩薩像とともに入京したが、大きな話題になった形跡はない。文殊像は、奝然将来像として扱われたが、摂政藤原道隆邸に迎え入れられたものの、朝廷として受け取っていない（『日本紀略』『三僧記類聚』など）。そして、正暦三年（九九二）七月八日、奝然に替わって深覚（藤原師輔息）が東大寺別当に就いている。四年間勤めたことによる順当な交代と言えるが、東大寺別当としての功績は記録されておらず、むしろ末寺長谷寺を興福寺僧に奪われたというような（『東大寺別当次第』）、好ましからぬ言説がある。やはり、正暦二、三年までが奝然の活躍期だと見てよいであろう。

奝然の立場が浮沈したことには、本人の意思を超えた事情がある。

それは、太宗からの働きかけそのものに及び腰だっただけではなく、その背後にある東アジアの緊迫した政治情勢を徐々に知った朝廷の対応が、奝然路線の敬遠へと転回したことによる。詳しいことは別の拙稿に譲り[9]、ここでは略述しておきたい。

東アジア政局の焦点は、北宋と遼との軍事対立が実際に大規模な発火の可能性を孕んでいたことであり、高麗や西夏などの諸国や諸地域の情勢もこれに連動していた。日本に対して、北宋からは軍事関心による外交接近が続き、高麗からは政治的友誼の打診があったが、これらのことを通じて、十世紀末から十一世紀初めにかけての日本朝廷は、方針というより対応策を選択していく。日本朝廷は、北宋や高麗に荷担する国交を結ばず、北宋と遼との紛争地に近い北地の開封や五臺山との往来をも避けた。折しも、奝然に対抗して積極的な活動に打って出た源信ら天台僧による活動もあり、寂照（大江定基）の入宋（一〇〇三年）や宋・遼間での澶淵の盟締結（一〇〇四年）の頃には、大陸江南との個別的な通交と結びついた浄土教を重視する路線が明確になった。奝然路線はほぼ顧みられなくなったのである。

三　その後の奝然

㈠　権力中枢と宋仏教

日本の朝廷は、開封や五臺山で栄える北宋皇帝膝下の仏教に対して、距離を置くようになった。開封には優塡王由来の釈迦像が置かれ、五臺山は文殊菩薩が住む聖地として強調され、両地は生身仏の住む一対の聖地と位置づけられていた。そして、奝然が釈迦生身像を、嘉因が五臺山文殊像を、それぞれ皇帝から下賜されて日本にもたらしたのであった。宮中に釈迦生身像を、愛宕山に五臺山文殊像を、というのが奝然の思いだったのであろう。しかし奝然路線を放棄した日本の権力中枢は、両仏像を特別に重視して祀ったわけではない。

この頃から日本では、宋仏教からの影響力を受け止めつつ、異なる形式の「創造」につなげる仏教史が育ち始める。左大臣藤原道長による寛弘四年（一〇〇七）の金峯山への埋経は、その代表例である。それは国内の仏教聖地を、独自の形式と内実で作ろうとする営みであろう[10]。これと表裏の関係で、僧侶による五臺山巡礼を含む入宋を朝廷は許可しなくなった。東アジアに知られた五臺山仏教[11]は、相対視されはじめたのである。また、奝然がもたらした釈迦像は棲霞寺ないし清涼寺に置かれ、朝廷の手から離れたことは先に述べた。一方の文殊像は、藤原兼家邸たる東三条殿に新造された文殊堂に納められ、「文殊堂御香寄人」を出す庄民を領する禅定寺が長徳元年（九九五）に建立された（禅定寺由緒記断簡）。禅定寺とその庄は摂関家領である。のち、文殊像は平等院へ移されたらしい（『平等院御経蔵目録』）。朝廷を後景に退け、摂関家を新しい仏教事業の担い手とする方策は、国際関係に消極的な日本国家の体裁そのものである。

㈡　奝然と北宋仏教

奝然が下賜された仏書には、一切経のほかに「新翻訳経四十一巻」もあった（奝然入宋求法巡礼行並瑞像造立記）。「新翻訳経」は、北宋皇帝が新たにインド方面から入手し翻訳させたもので、『大乗荘厳宝王経』（九八三年、天息災訳）などの後期密教経典を主としたようである[12]。先にも述べたように、奝然の意を体して入宋した嘉因も新訳経論をもたらしている。空海以来の真言密教を伝える東大寺東南院を本拠とした奝然は、入宋中に最新密教経典が翻訳されていることを知り、日本に送る任務を自覚したことは想像に難くない。ただこれらは、一世紀後に白河上皇とその近辺で注目されるまで、ほとんど影響力をもたなかった。

奝然が持ち帰ったものの、日本では注目されなかったり、受容を拒否された北宋仏教の要素はほかにもある。やや不確かな所伝だが、『三僧記類聚』によると、奝然は「達磨宗」を伝えたという。また栄西著『興禅護国論』には、「三学宗」を立てようとして諸宗の訴えによって実現しなかったという伝がある[13]。達磨宗は禅宗であり、三学宗は禅宗を含む諸宗兼学の北宋仏教そのものを指すという[14]。戒・定・慧の三学を標榜する宗の詳細はわからないものの、実践面に比重を置く構想だったのかもしれない。東大寺東南院から出た奝然は、新翻訳経典を含め、密教・華厳を重視する北宋仏教に親和感をもつとともに、同じく北宋で興隆する禅にも関心をもったのであろう。北宋仏教の総体を輸入しようと試みた[15]、ということである。

この点で、かねてから知られている愛宕山での戒壇建立の計画に、あらためて注目される。まず奝然は、永延元年（九八七）八月十八日に、「愛太子山を以て五臺山大清涼寺と号し、一伽藍を建立し、白栴檀釈迦尊像を置く」よう申請したという（『花鳥余情』所引『小右記』）。そして、『歴代編年集成』や延慶二年（一三〇九）六月日延暦寺惣持院三塔衆会事書（ともに『大日本史料』第二編之一）によると、永延二年（九八八）のこととして、愛宕山に戒壇を立てることを許す宣下があったものの、山門の訴訟によって取り消されたという。史料によると、奝然による比叡山への対抗というよりも、比叡山側が抵抗したのである。むしろ重要なのは、奝然の計画内容の全貌である。それは大清涼寺構想[16]というべきもので、北宋仏教の実践拠点たる国内五臺山の設定だった。

永延三年、奝然は真言僧前大僧都元杲とともに「五臺山阿闍梨」五人を置くよう朝廷に申請し、東大寺僧の旧友たる義蔵一人が認められた（『小右記』永延三年五月三十日、六月四日条）。その勤めは、「五台山清涼寺」で「三密教法」を修すること（寛仁元年三月十五日太政官牒）、「愛宕山五臺峰清涼寺」の阿闍梨として愛宕山の神宮寺[17]で文殊秘法を行うこと（康和五年〈一一〇三〉八月二十二日阿闍梨法印権大僧都経範申文）、とされている。また奝然は奏状において、「愛宕山五峰を大唐五臺峰に因准」するとも述べている（経範申文引用）。奝然は阿闍梨を五人とするよう再申請しているが（後述）、ついに一人が認められるにとどまった。そして棲霞寺内の釈迦堂に寄寓しつつ、五臺山に見立てた愛宕山で真言の文殊法を修し鎮護国家を祈ることになった。はっきりとした年代は不明だが、棲霞寺から清涼寺が独立するのは、長和五年（一〇一六）三月十五日に奝然が死去して後である。以上、朝廷は奝然を冷遇した。奝然にとって、入宋経験に基づく日本での仏教興隆構想は、実現しなかった。

朝廷が顧みず、奝然がこだわった国内の五臺山清涼寺を中心とする仏教興隆構想については、奝然自身の文章がある。長保元年（九九九）の奝然奏状である（寛仁三年〈一〇一九〉三月十五日の五臺山清涼寺宛の太政官牒に引用)。

奝然は、清涼山の阿闍梨定員を五人にするよう求めつつ、まずはともに入宋した弟子の一人、僧成算がいかにふさわしい経歴の持ち主であるかを述べている。その内容のほとんどは、次のように、入宋中の経験を列挙するものである。五臺山に詣でて文殊菩薩に遭遇したこと、天台山で智顗の遺跡を巡ったこと、洛陽の白馬寺で仏法を開始した摩騰や法蘭に礼したこと、龍門で善無畏金剛三蔵の真身像などを拝したこと、開封禁中で釈迦栴檀像を拝したこと、太平興国寺で中印度那蘭陀寺の法天から悉曇・梵書を学んだこと、梵学翻経三蔵大徳賜紫令遵から両部灌頂と諸別尊法を受けたこと、そして帰国後に奝然から灌頂を得て血脈を継いだことである。要するに、北宋仏教を一身に体現しているという主張である。そのような成算を日本の五臺山阿闍梨に任命することで、「唐朝より学び来たるところの教法を弘伝せしめて国家を誓護し、将に後代入唐学法の輩を励ますべし」と結ぶ。奝然が意図したのは、どこまでも宋仏教との同化であった。ここには、朝廷が危惧するような国際政局への配慮はまったくない。東大寺僧奝然は入宋僧奝然としての風貌を強めている。しかし朝廷は、寂照のあとは長く僧侶の入宋を許可しなかったように、それなりの外交方針をすでにもっていた。

奝然の力説に接して、やはり欠如感は拭えない。あえて今日的な視点を抑えずに思えばのことである。それは、ほかでもない北宋仏教という宗教の内実との関係で、それを目前の社会に普及させることがなぜ有効なのか、鎮護国家という抽象的な一般用語以外、どこにも見出されないことである。

㈢　再評価の時代

板本一切経については、奝然死去(一〇一六年)の後に弟子らが棲霞寺内に清涼寺を建てて収蔵したという。七宝合成舎利塔と釈迦像も同時に清涼寺へ移されたのかもしれない。ただ一切経は、寛仁二年(一〇一八)一月に奝然弟子らによって藤原道長に献上され、二条殿西廊に置かれた(『御堂関白記』)。その後、上東門院土御門第へ、そして治安元年(一〇二一)に法成寺経蔵に納められた(『小右記』)。しかし法成寺は天喜六年(一〇五八)に経蔵もろとも火災に遭っており、この時湮滅した可能性がある。七宝合成舎利塔の行方はわからない。釈迦像は清涼寺に残された。奝然による入宋日記や請来仏書目録などもあったはずだが、ごくわずかな逸文以外、その行方はわからない。いかにも不明なことが多く、奝然評価の特徴を反映している。

よく知られた清涼寺式釈迦如来像という、奝然請来像の日本産模刻像は、山城国三室戸寺にある承徳二年(一〇九八)ごろに造立された像を早い例として、十二世紀以後に増え、十三世紀に盛行する[18]。このことは、奝然に対する同時代の評価とは切り離して理解する必要がある。釈迦瑞像が再び注目され、奝然事績の記憶がかろうじてつなぎとめられ、中国北地の新しい密教への関心が高まるのは、十一世紀末頃からである。それは、摂関政治を否定しようとする白河院政の政治方針が、仏教政策にも反映したのである。後期密教を含む真言宗が注目され、奝然や後続の成尋などがもたらした「新渡経」を参照した新式修法(六字経法・転法輪法など)が考案されたことも、その事例である。また、奝然が北宋で見た八角九重塔の形姿なども、平安京近辺に再現すべく注目された。そして平安末期には、後白河上皇が、「文殊は誰か迎へ来し、奝然聖こそは迎へしや」（『梁塵秘抄』）と詠っている。また後白河院は、内乱収束後の建久二年（一一九一）八月に清涼寺へ赴き、釈迦像を仰いで法華八講その他を行った（『転法輪鈔』所収表白）[19]。しかも結願文には、一条天皇が釈迦像を礼拝して以来、十一代の天皇が臨幸礼拝していないことを挙げて「日域の大恥なり、代々の極めたる恨みなり」と述べている。

この間、院政期の南都仏教は、北宋や遼の仏教に触手を伸ばしている[20]。多くは高麗版を通じた導入であることは知られるが、その場合に奝然の遺産がどれほど参照できたのか、研究課題が残る。

むすび

院政期に奝然は一部復権した。とはいえ概して後世の奝然に対する評言は、あまり芳しいものではない。いくつか挙げてみよう。

『東大寺別当次第』奝然の項では、「興福寺平伝律師のために末寺長谷寺を押し取らる」と記されている。同深覚の項によると、東大寺千手院の銀仏が盗人によって削られた事件に関して、奝然がその銀を取得したという嫌疑がかけられている。『続本朝往生伝』（十二世紀初頭）には、「異国の人」（宋人）が「日本国は人を知らず。奝然をして渡海せしめしは人なきを表すに似たり。寂照をして宋に入らしめたるは人を惜まざるに似たり」と語ったと述べ、日本を代表する凡庸な人物であるかのような扱いである。そして、こともあろうに外国で仏を盗んだ僧だと決めつける『宝物集』（十二世紀後半）の逸話まで登場する。奝然は、入宋中に下賜された新しい釈迦の模造を、実物の瑞像とすり替えて帰国した、というのである[21]。

奝然像には独特の屈折がまとわりついた。その原因は、単に本人の努力不足によるものでもなければ、存在を規定する社会の複雑さといった一般事情によるものでもない。国際情勢への事後対応的な外交判断と仏教政策による、摂関期日本国家の新路線が深く関係している。国際的契機が独自の領域であるのは[22]、摂関期日本史についてもあてはまる。かつての奝然伝が、比叡山勢力に対抗した南都東大寺僧として特徴づけたのは、国際的契機を国内史と切り離した説であったように感じられる。奝然が担った歴史的役割は、その個性ある屈折によって摂関期仏教史を特徴づけたこと、摂関期日本の政治進路に方向性を見出させる一つの問題を提起したことにある。また奝然伝の課題は、「国風文化」時代像を再考する手がかりをも示唆しているように思われる。

（かみかわ　みちお・愛知県立大学教授）

註

（1）西岡虎之助「奝然の入宋について」（一九二五年。『西岡虎之助著作集 第三巻　文化史の研究Ⅰ』一九八四年、三一書房）、塚本善隆「清涼寺釈迦像封蔵の東大寺奝然手印立誓書」（一九五四年）、同「宋初の仏教と奝然」（一九五四年）、同「嵯峨清涼寺史」（一九五五年。以上、『塚本善隆著作集第七巻　浄土宗史・美術篇』一九七五年、大東出版社）、参照。なお関係する次の拙稿がある。上川通夫「奝然入宋の歴史的意義」（同『日本中世仏教形成史論』二〇〇七年、校倉書房）、同「寂照入宋と摂関期仏教の転換」（同『日本中世仏教と東アジア世界』二〇一二年、塙書房）、同「入宋僧奝然記事のゆくえ」（原田正俊編『日本古代中世の仏教と東アジア』二〇一四年、関西大学東西学術研究所）。本稿では、論述上これらと重なる部分があるが、論じ残した部分を中心に述べる。なおこの稿の内容は、第15回ザ・グレイト・ブッダ・シンポジウム「入宋交流期の東大寺—奝然上人一千年大遠忌にちなんで—」（二〇一六年十一月二十七日）における報告「入宋僧奝然と南都仏教」であり、題名を改めた。

(2) 塚本善隆「清涼寺釈迦像封蔵の東大寺奝然手印立誓書」（前掲）、佐々木剛三『清涼寺』（一九六五年、中央公論美術出版）。

(3) 上川通夫「一切経年表—十二世紀末まで—」（同『日本中世仏教史料論』二〇〇八年、吉川弘文館）。

(4) 石井正敏「入宋巡礼僧」（荒野泰典他編『アジアのなかの日本史V　自意識と相互理解』一九九三年、東京大学出版会）、藤善眞澄「宋朝の賓礼—成尋の朝見をめぐって—」（同『参天台五臺山記の研究』二〇〇六年、関西大学出版会）、手島崇裕「東アジア再編期の日中関係における仏教の位置・役割について—特に入宋僧奝然をめぐる考察から—」（同『平安時代の対外関係と仏教』二〇一四年、校倉書房）。

(5) 岸俊男「平城京と『東大寺山堺四至図』」（同『日本古代宮都の研究』一九八八年、岩波書店）。

(6) 上川通夫「奝然入宋の歴史的意義」（前掲）。

(7) 手島崇裕「東アジア再編期の日中関係における仏教の位置・役割について」（前掲）。

(8) 詳しい実態は不明であったが、稲本泰生氏によって、鄮県阿育王寺の塔内にあった宝塔や、南京大報恩寺塔跡地宮から出土した七宝阿育王塔が、その形式に近いと指摘された。稲本泰生「奝然入宋と釈迦信仰の美術」（二〇一六年十一月二十七日、第十五回ザ・グレイトブッダ・シンポジウム報告、本論文集に収録）。

(9) 上川通夫「日本中世仏教の成立」（同『日本中世仏教と東アジア世界』前掲）、同「北宋・遼の成立と日本」（『岩波講座日本歴史　古代5』二〇一五年、岩波書店）。

(10) 上川通夫「北宋・遼の成立と日本」（前掲）。

(11) 小島裕子「五台山憧憬—追想、入宋僧奝然の聖地化構想—」（『朝枝善照博士還暦記念論文集　仏教と人間社会の研究』二〇〇四年、永田文昌堂）、同「五台山文殊を謡う歌—『梁塵秘抄』より、嵯峨清涼寺奝然の五尊文殊請来説を問う—」（『真鍋俊照博士還暦記念論集　仏教美術と歴史文化』二〇〇五年）。

(12) 上川通夫「東密六字経法の成立」（同『日本中世仏教史料論』前掲）、同「入宋僧奝然記事のゆくえ」（前掲）。

(13) 西岡虎之助「奝然と三学宗の建立」（一九二五年。『西岡虎之助著作集第三巻　文化史の研究I』前掲）。

(14) 横内裕人「自己認識としての顕密体制と「東アジア」」（同『日本中世仏教と東アジア』二〇〇八年、塙書房）、同「東アジアのなかの南都仏教—日本仏教の肥沃の大地—」（『文学』一一—一、二〇一〇年）。

(15) 横内裕人「東アジアのなかの南都仏教—日本仏教の肥沃の大地—」（前掲）。

(16) 奥健夫『日本の美術513　清涼寺釈迦如来像』（二〇〇九年、至文堂）。

(17) この神宮寺は、愛宕社神宮寺たる「愛太子白雲寺」（『小右記』天元五年六月三日条など）かという。奥健夫『日本の美術513　清涼寺釈迦如来像』（前掲）。

(18) 前田元重「清涼寺釈迦如来像現存表」（『金澤文庫研究』一一、一九七四年）、猪川和子「清涼寺式釈迦如来像と模刻像」（『田村圓澄先生古稀記念会編　東アジアと日本』考古・美術編、一九八七年、吉川弘文館）、奥健夫『日本の美術513　清涼寺釈迦如来像』（前掲）。

(19) 奥健夫『日本の美術513　清涼寺釈迦如来像』（前掲）。

(20) 横内裕人「中世南都の経蔵と新渡聖教」（説話文学会編『説話から世界をどう解き明かすのか』二〇一三年、笠間書院）。

(21) 村井章介『中世日本の内と外』（一九九九年、筑摩書房）。

(22) 石母田正『日本の古代国家』（一九七一年、岩波書店）。

全体討論会「日宋交流期の東大寺―奝然上人一千年大遠忌にちなんで―」

平成二十八年（二〇一六）十一月二十七日

進　行　横内　裕人（京都府立大学）
パネラー　村井　章介（立正大学）
稲本　泰生（京都大学）
増記　隆介（神戸大学）
柳　幹康（花園大学）
堀　裕（東北大学）
上川　通夫（愛知県立大学）

司会　昨日、基調講演をいただきました村井先生も登壇していただきまして、総合討論を始めさせていただきます。進行を京都府立大学准教授、横内裕人先生にお願いいたします。横内先生は一九六九年生まれ。一九九三年、京都大学文学部史学科を卒業され、一九九七年、京都大学大学院文学研究科博士課程単位取得満期退学。東大寺図書館の館員、東大寺史研究所研究員・副所長もされ、文化庁美術学芸課文化財調査官を経て、現在は京都府立大学准教授、東大寺史研究所嘱託研究員を兼任されています。研究のテーマは、中世前期の宗教史、とくに京都・南都の権門寺院の様相や仏教を介した海外交流で、主なご著書は『日本中世の仏教と東アジア』「東アジアの中の南都仏教」などです。それではよろしくお願いいたします。

横内　昨日からの講演、本日の研究報告を受けまして総合討論に入ります。第十五回ＧＢＳは「平安時代における東大寺」について考えてみようということで、テーマは「日宋交流期の東大寺―奝然上人一千年大遠忌にちなんで」。奝然像、それに付随する日宋の交流のありさまを浮き彫りにしたご報告がありました。討論にあたり、多様な論点がありますが、いくつか絞り込んで議論してまいります。ご質問が寄せられていますのでその回答と、補足をお願いしたいと思います。

それでは稲本泰生先生からお願いいたします。

稲本　重要なポイントでお話し残したところについてです。「七宝合成塔」という奝然上人が将来されたものとの関係で、一〇一一年の紀年がある、南京の大報恩寺址で出土した阿育王塔を紹介しましたが、地宮からは大量の文字史料が発見され、塔の表面にも内容物にもたくさんの銘文が刻されていました。資料一四から一六ページに主要な翻刻したものを添付しております。それについての補足ですが、一四ページ、阿育王塔を入れていた鉄函を覆っていた石函の一面を使った石板に刻まれていた長文の銘が「石函銘」です。「七宝造成阿育王塔」、はっきり「阿育王塔」といっており、「七宝合成塔」という文言に近い言葉が見られますので、奝然上人が将来された七宝合成塔は、あのような構成をとっていた塔ではないかという感を強くしております。

もう一つ大報恩寺の塔が見つかった場所は北宋に帰順した南唐の都だったわけですが、仏塔の表面に刻まれていた長文の刻銘に、結縁者の名前と各人がいくら寄進をして造塔がなされたかが書かれているのです。塔の上面の銘に出てくる高郵というのは揚州のそばの町、揚州は別の箇所にも出てきます。金陵とか昇州、要するに南京の近郊の人々の合力によって建てられたという体裁をとっている。結縁のあり方が、清凉寺釈迦像がつくられた時の状況とつき合わせてみると、在地の人々の合力でつくられた体裁をとっている点はよく似ているといえます。

可政というお坊さん、阿育王塔を埋納し、その上に八角九層塔を建立したお寺の復興事業の推進者だったのですが、この人物の出自が重要な意味をもちます。一五ページ、「羅帕」という布（DG1：207）、仏頂骨を包んでいた布で、ここに重要な情報を含む文言があり、可政の出自や修学のプロセスがはっきりわかります。「金陵昇元寺」、前身は瓦棺寺という梁の武帝の時代に繁栄を遂げたお寺ですが、そこで「上生経」と「百法論」、唯識の論書ですが、これを玄月というお坊さんに学んだことが書かれています。この仏塔の造営の主導者が唯識を学んでいました。可政という人は長安にあった玄奘三蔵の仏塔から玄奘三蔵の頭の骨、頂骨を持ち出して南京に運んで同じ寺の境内に一〇二七年に造塔しています。日本では貞慶上人などが法相宗の宗祖に玄奘三蔵をいただくのですが、そういう事跡を思い起こさせるようなことをしています。中国における玄奘崇拝、宗祖としての玄奘がはっきりと表に出てくる重要な史料ではないでしょうか。

さらに「七宝阿育王塔」があり、その隅飾の内側に清凉寺の釈迦が出てくるといいました。鎌倉時代の南都で貞慶上人などが唐招提寺におかれた清凉寺式釈迦を本尊として、その前に金亀舎利塔という、鑑真和上が将来した舎利の入った塔をおいて釈迦念仏会の法要を行っているわけです。そういうことと似通った状況がここでも認められるのが注目されるということです。たくさんの文字史料を含んでいて、それぞれが重要な情報を含んでいることを申し上げておきたいと思います。

横内　続きまして増記さんにお願いいたします。二つ質問がきております。山岸公基さんから「清凉寺釈迦像納入の版画弥勒菩薩像の衣文に見られる細かい表現様式は五代北宋期を遡って見られることはないのでしょうか」とありますが、いかがでしょうか。

増記　これはたぶん、空海がもってきた曼荼羅に基づいて描かれた高雄曼荼羅とか、円珍がもってきた五部心観のようなものを見ておりますと、かなり細かい線描の表現がありますので、すでに存在していたものを学んで、ただし大きな流れでいうと唐は壁画の時代で、それが呉道子という人に活躍の場を与えたと思いますが、それが徐々に絵画としては鑑賞絵画の世界に変わっていく宋の時代で巻物とか掛け軸になっていく、その動きにも沿いながら小さい画面に呉道子風に描いてしまうと画面として破綻してしまうところがあると思われるので、より古い時代からあったものを選びながら採り入れたということだろうと思います。

横内　もう一点、「中国においては自然が大きな存在である。それに対して日本は島国であり、対比がある。中国的な山水のとらえ方と日本の島国のとらえ方は同じなのか、どう違うのか」これはいかがでしょう。

増記　難しいお話で後半の話と絡むと思いますが、山水をどう見ていたか。宗教的なことも含めて中国では道教的なものがあるでしょう。日本ではいずれ「草木国土悉皆成仏」となっていくので仏教的な見方が入ってくると思いますが、こと絵画に関していうと『宣和画譜』の中で「きれいさはとっているが、必ずしも絵画の真は備えていない」と批判しているわけです。中国における山水画は、あくまでも画家が胸中に山水の景観を飲み込んで自分の中で咀嚼したものを、もう一度、人為的なもの、人間の感情的なものを含めながら描き出すことによって、それがただの景色ではなく、一種の思想を備えたものになります。逆に、見る人は、それを見ることによって自分が行けない場所、見られない風景を見て実際そこに遊んだような、絵描きに連れていってもらうような感動の中で見るということをするわけです。が、日本の山水画ですと、そこまではない。中国に批判されたように、きれいに描くところに、より重点があるのです。名所絵とかが描かれる。歌枕が絵画化される。どういう風景かというより、歌に詠めるようなきれいな景色であるかどうか、歌に詠まれる題材が描かれているかどうかが重要な要素になってくるわけです。思想性のあるなし、というところが一つあるかなと思います。一番大きな違いは、中国では山水画は基本的には、この後、水墨画の画題になっていくのですが、日本はそれを受けつけなくて、ずっと着彩で描いていく時代が続いていくわけです。鎌倉になってからようやく水墨の山水画が出てくる。そこのギャップもあると思います。お話を絵画のことにまとめてしまいましたが。

横内　ご報告の補足などはありましたらどうぞ。

増記　一点だけ。奝然上人が十六羅漢像をもってきたかどうかは議論のあるところです。奝然が十六羅漢をもってきたと認識されるのが早いのは『梁塵秘抄』だと思いますが、正確に記録に出てくるのは『扶桑略記』、鎌倉末期に編纂された書物の中に出てきます。同時代に『小右記』のようなものには「梅檀釈迦瑞像」と「七宝合成塔」と「お経」をもってきたということだけが出てきます。奝然自体が十六羅漢像をもってきたかどうかわからないのですが、奝然が亡くなった後、一〇一九年、藤原道長が十六羅漢供という十六羅漢の供養をしている。その時、藤原実資は物忌みと称して参らなかったとされます。実資は奝然の側についていた人で奝然が亡くなった後、一切経が、摂関家によって接収されたり、文殊菩薩像が接収されたり、最後に十六羅漢像も接収されたという意識があって実資はそこが気に入らなくて「俺は行かない」となったのだと思います。この時、使った十六羅漢像は奝然周辺によってもたらされた可能性がある故に実資が行かなかったと考えれば、奝然か、その後あたりで十六羅漢像が日本に入ってきたのであろう、ということはいえるのではないかと、今のところ考えております。

横内　次に柳先生に質問が一件、「呉越北宋期の禅僧の水月観音信仰に関する事跡、記事がありましたら教えてください」とあります。

柳　水月観音信仰に関する禅僧の事跡・記事につきましては、よく分からないというのが正直なところでございます。不勉強で恐縮ですが、いま思いつくかぎりで水月観音信仰に関することを申し上げますと、奝然の約百五十年前に唐に渡った常暁の将来目録に「水月観世音菩薩像一軀」とあり、そこには水月観音が人々の苦しみを除き楽を与えること、当時中国で水月観音に対する信仰が流行していたこと、日本ではその信仰が広まっていなかったため水月観音の像を請来したことが記されています。また発表にあたり線刻鏡の研究を参照させていただいた瀧朝子先生は、水月観音に関するご論文も複数発表されていらっしゃいますので、そちらもご覧いただければと思います。

また全体討論会に先立ちご来場の方より直接いただいたご質問に、「呉越国から北宋の仏教の主流は禅だったという印象を受けましたが、それについてどう思われますか」とございました。この場を借りてお答えさせていただきます。私も「呉越国から北宋の仏教の主流は禅だった」と理解しております。宋代に禅が中国仏教界を席巻することは中国仏教史に関する書籍でもよく取り上げられていますので、ここでは呉越国のみに焦点をしぼり、些か詳しく申し述べます。

まず当時の呉越国領内の仏教は非常に多様でした。この点について頼建成先生の『呉越仏教之発展』という詳細な研究があり、呉越国には禅のみならず律・天台・華厳・密教・浄土など諸派の僧侶が集っていたことを明らかにされています。その背景には、呉越国が当時、中国仏教の避難地になっていたことがあります。唐末から五代にかけて中国では戦乱が続き、それに加えて二度の廃仏が断行されたため、当時の中国仏教は甚大な被害を受けていました。そのような時代にあって呉越国は長期にわたり小康状態を保ち、かつ仏教を篤く庇護したため、僧侶が難を避け呉越国に多数流入したのです。

そのなかで主導的な位置にあったのが禅でした。呉越国の第五代国王の銭弘俶が国師として迎えたのが、永明延寿の師である天台徳韶という禅僧で、彼は銭弘俶に政治的な助言を与え、それに従った銭弘俶が後に王位を継承するに至ったという経緯があります。また永明延寿が銭弘俶の「最も欽尚《うやま》う所」であったことは発表で申し上げた通りです。こういったことから呉越国の中枢において禅が尊ばれていたことは間違いありません。

加えて一件申し添えておきたいのが、当時の呉越国に集った諸派の僧侶は、対立関係ではなく協調関係にあったということです。そのことを示す好箇の例が、散佚仏典の将来です。当時天台僧の義寂という人物が国内では散佚してしまった仏典を海外から取り寄せることを願い、それを聞いた天台徳韶が国王の銭弘俶に伝えたところ、朝鮮・日本からの文献将来が実現しました。また延寿のもとで出家した靖と紹という名の二人の人物は、後に天台徳韶の勧めで義寂のもとに学び、天台の学匠となっています。こういった事例から、徳韶―延寿の禅宗と義寂の天台の間には密接な交流があったこと、そして呉越国の仏教にはいわゆる「宗派」の垣根を越えた協調関係があったであろうことが窺われます。

横内　ありがとうございました。堀さんからも補足がありましたら、お願いいたします。

堀　五台山・天台山と天皇との関わり方の相違について述べました。それに関連して、二点述べたいと思います。一つは、上川さんが、浄土教を道長が政治的に選択したと指摘しておられることについてです。それが比喩的な意味でない場合、浄土教を日本において誰が主導できるのかといえば、少なくとも天皇でないことは間違いありません。天皇自身が来世安穏を願うためには、退位しないとできないためです。もう一つは、宗教的に天皇が関与できたのは五台山であって、天台山でない。それは宗派の問題もあると思っています。天皇が八宗全体の上に立っているため、外交関係において一宗だけを押した例はないのではないでしょうか。天台山への結縁においても、天皇ではなく、皇太子などが行っています。五台山と天台山が天皇の側から見て、大きな違いをもっていたと思います。

横内　ありがとうございました。次に上川さんに二点、質問がきております。一つ目は「五台山仏教をどう考えるか、離脱という問題をどう考えるか。清凉寺の阿闍梨設置の理念を見ると、奝然の五台山仏教の移籍構想は、ある程度実現しているように思われますが、いかがでしょう」。

上川　清凉寺の阿闍梨一人は確かに認められていますので、その部分に関しては限定的には実現したとおもいます。奝然が考えたのは一人か五人かだけではなく、日本の朝廷が主導する仏教が宋の仏教の如くであるべきだということではないか、その点では全然実現していないと判断した方がいいと思います。

横内　もう一つ「奝然の時期は遣唐使の派遣が廃止され、国風文化の時代になる。その時代にあって奝然等の動きをみると、日本の文化を輸出する方向に転換すると考えられないか？」という質問ですが、いかがでしょう。

上川　輸入時代から輸出時代へとは単純にはいかないと思います。相互関係だろうとは思うのですが、仏教の受容史に限定していうと、直接的な模倣からアレンジ色が出てくる、というのが国風文化時代の特色かなと思っています。

横内　補足の点は何かありますか？

上川　特にございません。

横内　今、いただいたお答えをもとに二日間にわたって展開してきた議論をまとめておきたいと思います。今回の「日宋交流期の東大寺」、村井先生の基調講演の中では奝然の活動というものを史料に即して採り上げ、日本及び中国でどのように認識されてきたかを後世の時代まで含めて考察していただきました。その中で日宋交流における公と私の微妙なバランスの問題、政治に使われてしまう仏教の問題、そういう課題を出していただいたと思います。その視点をもとに今日の五名の先生方のご議論を絡めながら問題を整理したいと思います。

稲本先生は江南仏教における王権との関係についてモノのレベルからきっちりと描き出していただいたと思っています。奝然の前史を考えた貴重なご報告だったと思います。増記先生のご報告では日本の絵画と北宋、それ以前の絵画の関係の問題、具体的なものが残ってない中でも関係があったと想定された点で大きな問題提起だったと思います。柳先生は奝然の伝来した釈迦如来立像の中にこめられた鏡を糸口にして、鏡のもつ思想的な点、『宗鏡録』が比喩的に使った鏡の問題から、この時代の延寿が考えた仏教思想が何であるのかを具体的に明らかにしていただきました。堀先生は奝然のさまざまな史料があるわけですが、それをじっくりと、先行研究を踏まえながらもう一回解釈する、という実証的なご研究だったと思います。これによって奝然の意図を、もう一度考えてみたいというわけです。特に真言宗との関係が改めて強調されたと思います。最後の上川先生は、奝然その人の行動を浮き彫りにしようという意図をもち、史料を再度、構成され、その上でもう一度、日宋の関係史の中で天台と南都との関係に特化するのではなく、もっと大きく奝然をとらえるべきだという報告をしていただきました。

この総合討論においては、まず何といっても「奝然がもたらした仏教は何であったのか」が眼目であると思います。「北宋仏教インパクト」「奝然インパクト」は何だったのを明らかにしていく報告をいただいたと思います。対外的契機を日本仏教の展開の中で考えようという視点が最近では出てきていますが、どちらかというと南宋仏教の影に隠れて北宋の影響はあまりないのではないかという考え方がまだまだ残っているように思いますが、それが果たしてそうだったのか、意図的なものであるという可能性もあると今回、わかってきたと思います。「奝然インパクト」を二つの課題で設定してみていきたいと思います。

まずはそもそも「奝然がもたらした北宋仏教はどんな仏教だったのか」。本日の中国仏教のご報告の中で唐滅亡後、分裂した中国大陸の状況、それをもう一度統合していった北宋という王朝のあり方が背景にあることがわかりましたが、分裂から統合を遂げた仏教がどんな特徴を備えていたものかを考えたいと思います。本日の柳先生のお話、稲本先生のお話の中で江南仏教という二つの隋と唐に象徴されるような江南ならではの仏教の聖遺物、それと結びついた王権との関係性があるというお話をいただきましたが、江南の様相はこれでかなり明確になってきたと思います。ただ一方で堀先生のお話で北宋はそれなりの版図をもっていて五台山を領有し続けている時代でありました。五台山の北地の仏教をどのように考えるべきなのかについては今回の議論では十分ではなかったかなと思いますのでこのへんについて補足をいただければと思います。北の仏教ということで五台山に限らずでも、稲本さんからお願いいたします。

稲本　南北の関係ということを補足したいのですが、南唐と呉越、とくに呉越国王の銭弘俶は明らかに自分の姿を阿育王に重ね合わせて、仏教の世界における理想的な君主であることを自ら国を挙げて演出するという傾向があります。梁の武帝などの前例があり、強く継承するところがあったと思います。また南京で見つかった大きな阿育王塔には南唐の教団の中で人事権のトップを占めていた僧が結縁をしているということがあり、北宋に帰順した王朝である南唐の教団の復興、金陵仏教の復興の意味をもっていることがいえるかと思います。北宋の側に立ってみますと最近、塚本さんが刺激的な研究を出されていますが、北宋の太祖から太宗の時に呉越も南唐も帰順をする。太宗は「仏教に溺れない」と、はっきりいっています。唐の時代、仏教に対する熱烈な、半ば狂信的な状況が生み出された則天武后の時代があったり、武宗の時の大規模な廃仏があったり、弾圧と熱狂の両極の間を揺れ動いた時代があったわけですが、「いずれにも偏しない立場をとらないといけない」ということを宋の太宗の言葉として収録した文献がある。仏教に対して、ある種の距離をとらないといけないという立場の人たちが編纂した書物に書かれているものですから少し割り引かないといけないのですが、梁の武帝が、儀礼的ではありますが、国家の財産を浪費するような捨身などを行った。これは本来の仏教のあり方からかけ離れている、そういうことをやっていると後世の物笑いのタネになる、と。そういう言葉が太宗自身のものとして収録されている。「宋の時代から近世が始まる」といわれますが、宗教政策の上でも王権と教団の関係がそれ以前の時代から大きく変貌を遂げています。その体系の中に栴檀瑞像も阿育王塔も組み込まれている。奝然上人が開封を訪れた時には、そのような状況があったといえるかと思います。

横内　政治権力と宗教権力を超越したという立場に自ら置いたということですか。政治権力が宗教権力よりも、それと融合というよりは超越して切り離したところに自分を置いたということでしょうか。

稲本　「無偏無党」という言葉を使っています。理想的な君主はかくあるべきだ、梁の武帝のような、阿育王に自らを重ねるというあり方では、中華皇帝の本来の姿は実現されないということがいわれるようになっていて、仏教を尊重するが、妄信してはいけないという立場をはっきり出すようになっています。これは私が考えたことではなく、近年の書物からですが。

横内　江南仏教のあり方とはまた違うということになりますかね。増記さん、五台山と仏教の研究をされておられますが。

増記　絵画の立場からいいますと、この時代、日本に入ってくる絵画は圧倒的に仏教絵画になってきます。逆に北宋の本流から外れたものを与えられているというか、北宋という国は水墨の山水画の時代でして、それが本来、主流である場所です。国交をもっていた、臣従していた高麗に対しては郭熙という人の山水図を与えたりしています。これは完全に皇帝直属の画院画家が描いたものを与えている。日本に対してはそういうものは一切与えない。仏教上の交流だけということになるので「日本とは仏教上だけでつきあっていればいい」というところが、入ってくるものから見えるところがあります。仏教絵画を主に担ったのが南唐や呉越の様式ということで、北宋の絵画の流れでいうと最初に北宋の絵画の中心は蜀、後蜀の画家たちで四川です。蜀というのは唐の最後に僖宗という人が逃げ込んだりするのですが、今もなかなか行きにくい場所です。盆地で周りを囲まれているところで、それ故に皇帝が逃げて自らの身を護るのですが、そういう人たちが行くので、古くは玄宗なども行きますので、わりと古い絵画様式が残っている。それが開封に最初に入ってきて、その後、南唐、呉越という、文化的にも仏教的にも進んだ国が帰順してきて、その様式を蜀の画家たちに皇帝が「学べ」という形で学ばせる。そこで新しい様式ができてくるということなのですが、それ以前にすでに呉越国と五台山の仏教の関係があって、五台山の僧が江南地域に五台山図を見せながら「五台山の仏教はこういうものだ、聖地だ」と説いて回ったということがあります。また呉越国の使者が五台山に九五三年に行っております。山東省の青州にある大雲寺というお寺の跡の岩場に五台山にいく呉越国の使者が途中、お寺に寄ってお金を喜捨して仏像を修理したという記念の石刻が残っていまして、呉越からも使者が行っている。呉越が結構、海洋国家で海を通じて五台山までいくという交流はあったようです。すでに北地的なものを呉越国や南唐がもちつつ、もう一回、開封でいろんなものと融合していくということで、かなり複雑ではないかなと思っております。

横内　堀さんと上川さんのご報告の中で「五台山仏教に象徴される北の仏教を避けるという方向にその当時の政権側が判断した」という議論もありましたが、日本史から見て、お二人のご見解についてご意見とかいかがでしょうか？

堀　上川さんは、奝然の五台山巡礼が、皇帝の誘導だと指摘されました。このような問題を天皇からみるという視点も必要ではないかと考えて報告しました。まず、奝然の後の寂照や成尋も、公的には五台山にいくことを目標にしています。日本では、公的な許可をもらったとみられる寂照の入宋にともなって詠まれた五台山の漢詩に対し、道長だけでなく、一条天皇も唱和しています。公的な渡航であったため、天皇も五台山へ結縁をしていると考えられます。このように、奝然の後もしばらく存続していることは、天皇等の意識の問題として興味深いと思っています。また、天皇の中国での結縁は、五台山巡礼のみに関わることができたため、確かに政治外交的な問題へと発展し得る可能性があったのではないでしょうか。

上川　北宋仏教は江南仏教と、西域・インド仏教の二つを吸収しようとしています。南だけでなく、インドからもどんどん採り入れていますから江南仏教と西域・インド仏教からの吸収を皇帝がかなり進めていた。ただ中心地は汴京と五台山、この二拠点で北宋仏教を形作っているのではないかと思います。日本にとっては北宋仏教がどう機能するかという場合には皇帝権力そのものという側面が強いと思います。日本側は大枠としてはそこから離脱しようと判断した。十一世紀以後、五台山を省みる人が全くいないというわけではなく、『梁塵秘抄』等でも五台山のことは慕われているわけですが、基本的には朝廷の判断としては離脱にいったのではないかという推測です。

横内　今のお話は大きな問題で「日本が五台山をどう考えてきたのか」という、その大きな転換点に奝然がもたらしたものがあるのだということだと思いますが、この点に関してご意見がありますでしょうか。それは違うという意見もあるかと思いますが、村井先生、いかがでしょうか。

村井　違うという意見ではないのですが、従来の常識的な理解では、五台山を含む大陸北部が遼の領土になり、伝統的に江南とのつながりが深かった日本から見た五台山への親近感が薄れてしまったこと。しかも現実に五台山を訪れること自体が難しくなってしまっているという客観状勢の変化が結構大きいのではないかと思っております。なぜ遼の仏教を積極的に取り入れようとしないのかという問題はまだ残っていて、仏教の特色が違うというよりは、中国の北方に対するイメージが大きいのかと思います。京都の貴族が太宰府の長官とタイアップして遼に通交しようとして処罰されたという事例がありますが、朝廷で大きな問題になって、なんでそんなに拒絶反応があるのかと思います。それくらい遼という存在が日本にとって遠いという印象を受けます。

横内　北宋から南宋への転換の時期を含めて大きな議論になっていこうかと思います。日本での五台山文殊菩薩は鎌倉以降に流行していくという印象もありますが、そういう現象がなぜ生じるのかも含めて今後の深められていくべきテーマだと思います。柳先生、禅という点から見て北地はどう見えるか。確か十一世紀頃までは禅がまだ入ってきていないという史料があったと思いますが、奝然の時期において禅の南北の違いをどう考えたらいいのでしょうか。

柳　中国仏教全体の流れから奝然が渡った宋の時代の仏教と禅について見ると、次のようになるかと思います。

東洋史では「唐宋変革」――唐から宋にかけて中国社会が一変した――と言われますが、中国仏教も唐から宋にかけて大きく変わります。唐代以前は天台や法相・華厳・禅宗など諸派が並存する多元的な仏教だったのに対し、宋代以降は禅宗と蓮宗を二大潮流として、諸宗が融合する一元化の道を辿るようになります。また唐代以前の仏教は国家からの独立を比較的保持していたのに対し、宋代以降は国家体制に仏教が取りこまれていくようになります。中国における国家と仏教の関係については、塚本善隆先生が「シナにおける仏法と王法」というご論文のなかで次のような議論をされています。

すなわち、唐代以前の貴族の力が強い時代にあっては、仏教を奉じる貴族が一定数存在し王権や儒教主義官僚を牽制していたため、仏教は王権の外で独立を保っていました。ところが唐末から五代にかけて貴族が没落して軍閥の力が伸び、やがて軍閥の力を押さえて強大な皇帝権力が確立する宋代になると、出家者は自ら「臣僧」と称して国家に臣従するのが常態となります。

このほかにも宋代には皇帝が各寺院へ「勅額」を下賜することで仏教を国の監督下に収めていったほか、住職の任命権を国家に移す「十方住持制」が広がっていきます。この時期それに寄り添う形で勢力を急速に延ばしていったのが禅宗でした。諸派のなかでもいち早く「十方住持制」に従ったのが禅宗であることはよく知られています。

さて、奝然が宋に渡ってから約百年の後、大陸南北の仏教の相違を鮮やかに示す事件が起こりました。当時の大陸は南方を宋が、北方を契丹族の遼がそれぞれ治めており、両者は時をほぼ同じくして仏教の一大聖典集たる大蔵経を出版します。宋では中国仏教界を席巻していた禅僧が出版事業に積極的に関わり、皇帝の勅許を得て禅籍を次々と大蔵経の一部として出版していきました。つまり宋代の禅僧は皇帝の威光のもと禅籍を仏教の正統説として世に広めていったのです。それに対し北方の遼では、大蔵経を刊行する際に禅籍を「偽妄」の書として焼き捨てたと伝えられています。遼が版図に収めた幽州は、かつて唐末に会昌の破仏が断行された際に、当時の節度使により仏教が保護され、多くの学僧が避難した土地でした。つまり北方の遼の仏教は唐代仏教の教理的な古い流れを汲んでおり、新興勢力の禅宗の典籍を拒絶したわけです。禅籍が仏教の正統説と公認された南方の宋とは、まさに対照的な反応です。

ちなみに今回の発表で取り上げた『宗鏡録』も、この時期に禅僧の手によって勅許を得て大蔵経に収められています。やがて中国では南宋の時代、日本では鎌倉時代に禅が中国から日本に伝わりますが、その際に栄西や円爾といった禅僧が禅を挙揚する際に用いた書物が『宗鏡録』でした。栄西の著『興禅護国論』には『宗鏡録』が引用されていますし、円爾は『宗鏡録』を時の天皇や公卿・高僧らに講じています。円爾が時の権力者九条道家に招かれ開山となった東福寺の山号「慧日山」が、かつて延寿が住持し『宗鏡録』を編んだ慧日永明寺に由来するのも象徴的なことです。また円爾に学んだ無住は「東福寺の法門、大体宗鏡の義勢也」、「開山の風情、宗鏡録の意也」と述べています。

北方の遼が禅籍を焼き捨てたこと、南方の宋では禅宗が勢力を伸ばすとともに勅許を得て『宗鏡録』など各種禅籍を大蔵経に収めたこと、日本では遼ではなく宋の仏教を受け容れたこと、そして日本において禅を移植するにあたり栄西や円爾が『宗鏡録』を用いたこと――これらのことは密接に連関するのだろうと、先ほどの話を拝聴しながら興味深く思った次第です。

横内　南北の違いというのが、宋の中でもあるわけですが、国そのものが分断されている状況で、より明確になってきている状況もはっきりしたと思います。グローバルな視点でいくと、宋だけ見ていてもだめだと…。「北宋と日本がどのような形で関係をもっていったのか」ということに論題を移していきたいと思います。北宋仏教は多様化しており、それぞれが王権に集約されてきているものを日本がどのように受け取っていくかが大事な問題になります。対外的な関係、政治的な関係に左右されるはずですが、そのあたりについて堀さんは「王権の問題で日宋交流のありさまが規定されている、宗派の問題ではなく、天皇という立場故に浄土教には主導的に参画するわけがない」というお考えだと思いますが、今の理解でよろしいでしょうか。

堀　繰り返しになりますが、一つは、天皇が浄土教を主導していくことはありえないということ。そして、天皇が一宗だけと交流することもとりえなかったのではないかということ。この二つの点から天台宗や天台山には結縁し得ないだろうと考えました。

横内　中国仏教から見るとどう見えますでしょうか。柳さん、王権との関係からお願いします。

柳　一宗一派に与しないというのは、中国でもそうだと思います。たとえば先ほど稲本先生がご紹介くださいましたように、宋の第二代皇帝で奝然が謁見した太宗は「無偏無党」――偏《かたより》無く党《ひいき》無し――を君主のあるべき姿として提示しておりますし、宋代の禅宗も狭義の「禅」のみに限定されない、総合性の非常に高い一派でした。たとえば『大蔵経綱目指要録』や『大蔵聖教法宝標目』など禅の立場から仏典全体を総括した要文集が編まれていますし、戒律でも『四分律』に説かれる声聞戒と『梵網経』に説かれる菩薩戒の兼受が制度化されます。宋代の禅は教と律を兼ね備えた存在だったのです。

最近では見直しが進んでおりますが、かつて日本禅宗史研究では移植当初の禅を「兼修禅」――禅以外の要素も兼ね修める禅――、その後根付いた禅を純粋な「純粋禅」とし、前者を雑多な劣ったもの、後者を純粋な優れたものと看る傾向にありました。ですが今申し上げた通り中国宋代の禅は、いわば「兼修禅」的なあり方、すなわち狭義の「禅」のみに限定せず仏教全体を広く学ぶ総合的なものでした。かつて日本禅宗史研究で「兼修禅」と称された栄西や円爾が総合的な禅を挙揚したのは、おそらく彼らが自ら宋に渡り学んだ中国の総合的な禅をそのまま移植しようとしたからではないかと思います。もちろん密教など彼らが留学前に日本で学んだ要素もそこには含まれていますが。

また後代のものになりますが、室町時代の日本の禅僧夢窓疎石も時の為政者の足利直義に対して、治めるべき民の機根は各種各様である以上、為政者は特定の宗派のみを採り余他を切り捨てるのではなく、様々な教えを併せ弘めるべきだと述べています。

皇帝権力に近づいた中国宋代の禅、権力に近づこうとした栄西の禅、九条道家という時の権力者の外護を得た円爾の禅、そして時の為政者の足利直義に教えを説いた夢窓疎石の禅――これらの禅がみな総合的なものであったことに鑑みると、一宗一派に与することなく総合性を志向するというのは、あるいは政治権力の近くにいる者に広く見られる半ば普遍的な方向性なのかもしれません。

横内　なるほど。そのへんは日本の王権と仏教のあり方と比較できるように思うのですが、村井先生いかがでしょう。

村井　奝然のことを考える場合、宋の二代の太宗が直接の相手だったわけで、太宗という皇帝の特殊性を踏まえないといけないだろうという気がします。彼は初代の太祖に代わって皇帝についた時、よくない噂があったこともあり、自らの皇帝権の正統性について不安があったのだろう。しかもまだ宋朝ができてまもない時代に奝然がやってきた。奝然の到来を、あえて、日本を代表するものとして解釈し、日本からやってきたことを見せつけることで、逆に宋の基礎を固めようとする。そうとでも考えなければ、あれほどの優遇を日本からきた一介の僧侶に与えることは考えられないだろうという気がします。そのことが奝然の生涯にとっても大きなターニングポイントになってしまった。天竺にいこうとしたのはウソではないだろう、そう願っていたことまで否定するのは彼にとって酷ではないかと思います。新たな状況が彼にとってあまりにも巨大すぎて、皇帝の意向に逆らうことは到底できない、むしろ意向にしたがって帰国して、できるならば日本が宋に正式な形で国交を結ぶという方向に動かざるを得なくなったのではないかという気がいたします。

明の永楽帝と足利義満の関係も似たようなところがあります。永楽帝は、洪武帝の孫の建文帝に対する反逆が成功することになりましたが、その直後の微妙な時期に義満が送った使者に対して、ものすごい優遇措置をしております。調べてみると、日本史の前後にないような、こんなことがと思うようなことが出てまいります。たとえば、日本の山を明が冊封する。『明実録』に書かれているし、実際にあったに違いない。それを義満は受け入れています。日本史料では出てこない。義満は国内で広める気は一切なかったのですが、永楽帝は義満の倭寇に対する功績を高く評価し、そうした優遇措置をあえて行っています。いずれも王朝がまだしっかりとしていない時期に生じた特殊な状況があって、それが逆に日本の仏教史に意外な影響を与えているという感じがいたします。

横内　宋朝の基本的政策ということよりは太宗の個性が大事だろうということでした。このへんについては堀さん、上川さんは意見が違うところがあるかと思いますが。話を変えて、この時代、江南仏教がさまざまな聖遺物とともに日本に伝えられてくるわけですが、その中身については思想も含めて、今日の報告でいくと江南禅も含まれているだろうと思うわけです。これが根付かなかったことは大きな意味があると思いますが、上川さん、それはなぜなのかも含めて教えていただきたいと思います。南宋の時代とどう違うのでしょう。

上川　奝然がもらった『大蔵経』には十世紀後半、北宋の統一まもない頃から翻訳した、インド方面から手に入れた新しい密教の経典も追加されていると思いますが、奝然の記事から、それがある程度わかると思うのです。しかしそれをまともに扱った形跡がない。「こういうものがあったのか」と気がついて修法をするのは白河院政の頃であって状況がだいぶ変わっている段階だろうと思います。印刷版『大蔵経』一括そのものには意味があっても、内容上にまで分け入って探ったりはしていないのではないか。それは外交的に朝廷がどういう関係をもとうとしたかということと絡んでいるように推測しています。

横内 なるほど。遼で禅籍が忌避されたということでしたが、日本でも、そう見るのか、あえてまだその段階ではなかったのですか。

柳 不勉強で申し訳ありませんが、その点に関してはよく分かりません。

横内 北宋仏教を日本で受け入れた側面と、そのまま受け入れるのではなくてアレンジする、あるいは見なかったことにする部分もあったかと思います。最初のフロアからの質問に「五台山仏教や江南仏教といっても、それがすべて受け入れたわけではないというところをどのように評価したらいいか」が、課題として残っていると思います。中国から見てどう見えるか。宋と周辺国との関係を視角に入れながら日本はどう見えるか。そのあたりを教えていただきたいのですが。

稲本 北宋の仏教を見て、見なかったことにしたと。北宋の仏教が君主のもとに文物の意味が再編される動きと関係していることが最近、注目されていますが、その中である種の瑞物として瑞像とか聖遺物に新たな意味づけがなされる。それと奝然が持ち帰った時のパレードの熱狂の様子が対比的に語られることがあります。仏教美術、仏像、仏塔に関する感覚が、宋の帝室の内部の状況と、持ち帰った後の状況で、ものすごい温度差があるということが一つポイントになると思いますが、そのあとでこの熱狂がパタッと水をさされたように消えてしまう印象をもちました。北宋の場合、仏教そのものから皇帝権力が距離をおこうとする傾向が見られますが、日本の場合、仏教自体と王権の距離が離れたというわけではなさそうだなと。むしろ新しく来た仏教のまとっていた北宋風を受け入れることは、アジアの盟主としての北宋の傘下に入ることにつながる、それは好ましくない、と思う状況が、奝然の持ち帰った遺物に対する熱狂に水がさされる事態が生まれた一つの原因なのかなと改めて感じました。

横内 その点は最近の手嶋崇裕さんのご研究とも密接に関連するような見解だと思います。「北宋仏教をどのように考えるか」という大きな問題が最終的に残るわけですが、彫刻や美術における和様化の問題が、直接的な影響と、それに対する反動が関係しあって、どちらかのみではないと思いますが、そういう形で生まれてくることと関係があるのかなと、それが基調にあるのかなと思って伺いました。

今回の「日宋交流期の東大寺」で「北宋インパクト」をどのように考えていくかを論じてきましたが、一筋縄ではいかない問題だということがよくわかりました。中国仏教といっても簡単に多元化といっても、そんなものではなく、時代によっても皇帝の個性を考慮しなければならないわけですが、ただそれでもその時代、北宋の与えた契機は無視することでも意味があるのだということが、今回わかったように思います。最後に今回のテーマである「日宋交流期の東大寺」、十世紀における東大寺について、二日間の議論を踏まえて各先生方から一言、「東大寺はこういうお寺だ」ということをいただけたらと思います。稲本さんからお願いいたします。

稲本 奝然上人のような方を輩出する部分と、奝然上人をある種、歴史の中に埋没させてしまった両面があるところに、ある意味でのスケールの大きさを東大寺に感じた次第です。上川先生がいわれたように「なぜ五台山を京都につくろうとして南都につくろうとしなかったのか」というところが非常に不思議に思われまして、そのあたりも含めて「南都と平安京の関係」を改めて考えるきっかけをたくさん与えていただきました。

横内 では、増記先生。

増記 一つ、文化、美術の面からいえるのは、奝然がいろんなものをもってきて、その時にいろんな反応があるわけですか、時代をおいて藤原道長が正倉院の宝物をご覧になる。このことが息子の代に平等院の宝蔵や定朝の阿弥陀が造られた前提になります。嵯峨天皇以来のことで、天皇以外でご覧になるのは珍しい。そこで自分の中のアインディンティを美術の上で再確認する。日本の中にある唐を再認識する。南宋の時代のものが入ってきた時は後白河が再興された大仏開眼の時に菩提僊那の筆を使って天平の開眼の時の幡を下げてというセレモニーをするわけです。新しく外から何かが入ってきた時に、それに対してどういう評価を与えるのかという基準を再確認するような場所、それは南都全体がそういう機能を負っているのだと思いますが、ことに唐からの文化の正統性の継承というものを東大寺という場を通じて、この人たちは確認したのではないかなという気がいたしました。

柳 私の専門は中国の禅で、奝然上人については殆ど何も存じ上げなかったのですが、今回のシンポジウムに参加させていただくにあたり諸先生方のご研究を拝読し、奝然上人が自ら宋に渡りあれだけ多くの文物を将来したこと、またそのような奝然上人を生んだ東大寺という場所に、たいへん興味を覚えました。禅との関係では、時代が大分下りますが、一二世紀南都焼討により焼失した東大寺の伽藍を再建すべく重源が大勧進職となった後、栄西や円爾など禅僧がその後任として東大寺に入っています。今回、東大寺と天台との関係をどう捉えるべきかという問題が上川先生により提起されましたが、東大寺と新興勢力である禅宗との関係が当時どのようになっていたのか、興味を引かれました。また東大寺の二大院家のひとつである東南院の経蔵聖教目録に禅宗史書の『景徳伝灯録』と『広灯録』ならびに延寿の著作である『註心賦』や『万善同帰集』が見えることを、シンポジウムの開催に先立ち横内先生よりご教示いただき、非常に興味深く思った次第です。素人の感想だけで申し訳ありませんが、貴重な勉強の機会をいただき、たいへん有難く思っております。

横内 今後の課題を出していただきありがとうございます。

堀 二点あります。奝然は醍醐寺の僧侶とのつながりもあります。醍醐寺僧の系譜は、その後、「王権」を支えていく人物も出てきます。東大寺僧としての奝然と同時に、醍醐寺に極めて近いところにある僧侶としての位置づけも必要でないかと思うのが一つ目です。もう一つは、なぜ東大寺僧が五台山なのか、ということです。奝然は、汴京と五台山がセットであるように、平安京と愛宕山をセットとしてつくろうと考えたのではないでしょうか。しかし、東大寺はそれとは、質が違うと考えています。「奝然繋念人交名帳」の冒頭に引用された『梵網経』のように、奝然は、盧遮那仏を中心とした世界観があります。奝然が構想していたのは、東大寺こそが盧遮那仏がおかれた中心部分であって、そこから生み出されている一釈迦が栴檀瑞像であり、また華厳の聖地である文殊信仰とも関連すると考えていたのではないかと想定しています。東大寺僧としての意識があるとすれば、盧遮那仏を意識した構想をもっていた可能性もあるのではないでしょうか。

上川　奝然は東大寺への帰属意識が強く、東大寺僧としての自覚が強い、それは一貫しているのではないか。史料を読めば読むほどそんなふうに思います。三論と華厳ということだと思います。それほど東大寺に帰属意識が強く、東大寺僧としての自覚の強い奝然が入宋後に東大寺を拠点にしようという発想は史料を見る限りは微塵も出てこない、その理由は、ここは堀さんと同じで北宋の仏教でいうと汴京と五台山、平安京と山寺を優先したのではないかと思います。では東大寺を改めてどう位置づけるかは、奝然がどう考えたかもわからないですし、東大寺側がどういう構想をもったか、今のところは見えないですが、とても苦しかったのではないかなと思います。

横内　ありがとうございました。各先生方のご報告をいただきまして「日宋交流期の東大寺」というテーマで議論を深めてまいりました。それぞれのお立場から奝然のインパクトをどう考えるかという手がかりをいただきました。最後に村井先生から総括の言葉をいただきたいと思います。

村井　「待ってました」といいたいところですが、シンポジウムにお誘いいただいた時、躊躇ったのは、それぞれのご報告は、奝然なり東大寺なりの最新の仏教史の話になるに違いないわけで、最後に締めくくるようなことをさせられると大変だなと尻込みしていたところです。伺ってみて、ますますそういう気持ちでいるわけですが。昨日の私の話は、ずいぶん昔に奝然という方に興味をもって書いたものと、現在の研究水準の間の大きな隔たりを、一生懸命勉強して少しでも埋めたいと思いながら、埋めきれなかったわけですが、少なくともがんばった結果を、学生のレポートみたいにお話したにすぎないものでした。みなさんのお話から私が何を勉強したかということで、まとめとさせていただこうと思います。

稲本さんのお話では「中国における様式の釈迦像の受容、その後の展開」という観点があったと思います。日本史から見ると清凉寺の釈迦像が日本にきた。それだけで中国との関係は頭の中から消えてまって、その後、日本でコピーがつくられたという形でしか見ていなかったところを、中国でどのような展開があったのか。特に南京の大報恩寺で新たに発見された、すばらしい塔の一部に清凉寺の釈迦像にそっくりな瑞像がある。これは驚くべき事実でした。それ以外にも中国における展開があるということを、これから勉強していかなければならないなと思いました。

増記さんのご報告については、ある意味では我が意を得たりという気持ちです。国風文化という問題がしばしば日本史の中で論じられ、遣唐使が廃止されると中国からの影響が遮断され、その結果、日本的なものに回帰するとか、日本的な基層が現れるとかという説明がしばしばなされる。日本的なものとは何だということについては一向に答えが出ていないままに、中国からの影響が消えると日本的なものが露呈するということが何か呪文のように唱えられていて、わかったような気分になっている状況に不満をもっておりました。その中で絵画を題材として日本的だといわれてきたような様式、描き方の中に実は中国との相互交流がみられるということを述べられた点は面白かったと思います。政治的な関係の中では日本は拒否する、確かにその通りだと思いますが、それが文化的なレベルにおいても関係が断ち切られることでは全然ないという、文化を受け入れ、発信するレベルでの相互関係は別の論理で考えなければならない。

公と私を分けるというやり方がいいかどうかはわかりませんが、平安時代以降の日中間の微妙な関係を総合的に見直す視点となるのではないかと思いました。

柳さんのお話は大変専門的で、ご自身は狭いとおっしゃいますが、一つの鏡という胎内におさめられていたものにこだわって、そこにどういう意識、思想がこめられていたのかを『宗鏡録』を題材にしながら執拗に探ろうとした点に大変感銘を受けました。胎内の納入物は他にもあって、それぞれにまたそういう思いがこめられた品々だったのだろうと感じましたし、まだまだ研究する余地、広大な領域が広がっているのではないかと思いました。

堀さんのお話は私の領域に近い文献史学の方法ですが、奝然の入宋中の行動を示す二つの根本史料を厳密に史料批判して、両方を適当に混ぜ合わせて奝然の事跡を復元するのではだめだとおっしゃったと思います。史料についての一般的価値判断からいえば、胎内に納められている記録が優先されることは間違いないわけですが、あの「造立記」が語っていることが事実で、もう一つの「歴記」が、ねじ曲げたものであるということで済ませていいのではないだろうと思いました。前者が奝然の個人的功績に重点がおかれている、そのことへのバイアスが必ずあるはずであったとしても、後者については果たして成尋の時代の文章なのかということ自体が、あの残り方からすると、検討の余地があるのではないかと感じております。

上川さんのお話では、釈迦像への熱烈な社会的な広がりをもつ信仰が、もたらされた直後には結縁を求めて人々が群がったのですが、それがずっと続いたのではなく、はるか隔たった十二世紀後半になって、広い参詣もある、模像の制作の流行もあるという、そのことは大きな謎だと思っておりました。それに日本の政治権力の対外姿勢の観点から、ある説明を試みられたということは大変大きな成果ではなかったかと思います。ただ政治権力の姿勢だけでその問題を解き切ることができるかということは、まだ残された課題だろうと思います。

人物に関する興味から私は奝然に接近したわけですが、今回のシンポジウム全体の中で奝然という方の歴史的な意味合いが、いかに大きいものであるか、名前が知られていないわりには大変大きいものだということは、ますます明らかになってきたのではなかろうかと思います。個人的なことですが、私の親しかった友人の石井正敏さんが昨年、亡くなられたのですが、石井さんは奝然に関しても重要な指摘をされていることは、みなさんのご報告の中にあった通りです。私も石井さんの説に共感するところが多くありました。石井さんは奝然と成尋の伝記を吉川弘文館の「人物叢書」シリーズに執筆されることになっておりました。もともとは石井さんの先生であった森克己さんがお引き受けになったものだそうです。それを引き継がれて、成尋の方を先行して準備されていたようですが、奝然についても史料を集め、構成を練っておられたのです。残念ながらそれがかなわぬことになってしまいました。しかし奝然の伝記が出ないのは大きな損失です。シリーズの中で採り上げることは決まっているわけですから、書き手が現れれば実現する話ですので、ぜひこのシンポジウムを機会に、奝然の伝記を世に出すことができれば、大きな成果と言えるのではないかと思います。ということは、本日お話をされた先生方の中からどなたか、と期待するところです。

横内　村井先生、どうもありがとうございました。本日のシンポジウムが奝然研究の第一歩になったことがよく理解できたことと思います。進行の不手際で時間が超過してしまいました。今後の課題等もたくさんでていたのですが、それは、これからも継続していくGBSの中で議論を深めていきたいと思います。

本日は総合討論にお付き合いくださいまして、ありがとうございました。

司会 長時間にわたって、熱心な討論をいただきまして、ありがとうございました。

最後に閉会のご挨拶を兼ねまして、マイクを取らせていただきます。最初にも申し上げましたように「日宋交流期の東大寺」という題がついたのは、奝然上人の一千年忌ということが先にあったわけですが、奝然だけでは、話がなかなか難しいのでは、と思いました。それで、日宋とすると、九〇〇年、一〇〇〇年…そのころの時代の人も取り上げることができるであろう、先生方にご負担なく来て頂けるかと思ったのです。が、蓋を開けてみると、全員が奝然上人のことで、一体どのようなことになるかと思っておりましたが、本当に深いいろいろなことが勉強できました。私どもには、なかなか難しい話でありましたが。また、この釈迦如来、本当に生きておられるお釈迦さまに、清涼寺に会いに行きたいと思いました。この同じ空間の中で、このすぐ近くの東南院に奝然上人がいらっしゃったのだと思うと、時代は違いますが、ここに生きていた奝然上人のことについてこれだけ話すことができたのです。その人のことを話している間は、その人は死なないのだということがありますが、ここで、生きておられる奝然上人も一緒におられたのではと思うのです。今、伝記の話も出ましたが、この中の先生方が書いてくださることを、楽しみにしております。

皆さま、ありがとうございました。いかがでしたでしょうか。難しいとは思いますけれども、このGBSというのは、学会レベル、という約束がありますが、そうでありながら、かつ、一般の人にも開放して一緒に時間を過ごすことになっております。なかなか大変ではありますが、その約束でこの十五回をやってまいりました。何度かもう無理なのではということもあったのですが、続けたいという先輩方、長老方の声もあり、今まで続けることができ、今回もこのように成果を上げることができたと思います。今後もGBSは続いていくことと思いますが、皆様どうぞご声援をお願いいたします。

本日は長時間にわたりまして、ありがとうございました。先生方ありがとうございました。聴衆の皆さま、ありがとうございました。

編集註

「五台山」「五臺山」の表記について

「台」と「臺」は本来別字であり、「臺」の代替字として「台」が使用されていますが、表記にどちらの字を使用するか各学界で統一されておりません。本論集においては個別論文については執筆の先生方の判断によって表記が違っています。討論会部分につきましては、二通りの表記を用いますと混乱を生じかねません。研究者も含め、より多くの方々に当日の討論の様子をご理解いただくために「五台山」の表記を使用いたしました。

The Role of Tōdai-ji in the Cultural Exchange of Song China and Japan:
In Commemoration of Priest Chōnen
Papers from the Great Buddha Symposium No.15

The Role of Chōnen in the Mutual Understanding between China and Japan

Shōsuke Murai

Chōnen traveled to China in 983 and returned three years later to Japan with a Song-dynasty set of the Buddhist canon and a sandalwood Shakyamuni statue, which is now enshrined in Seiryō-ji Temple in Kyoto. This journey marked a transition period, which in Japan led to the rapid progress and proliferation of understanding and belief in Buddhism and which in China became the impetus in recognizing and establishing diplomatic relations with Japan. Chōnen's journey to China began as a personal pilgrimage, and the regents in Japan who supported the voyage had also not intended or expected more. The Song court, however, received Chōnen with unforeseen hospitality—the emperor met with him on three occasions and presented him with a complete set of Buddhist scriptures and a jeweled pagoda. As a result, Chōnen changed his initial plan to go to India and instead made the introduction of Song-style Buddhism to Japan his objective. Though the Japanese ruling class persistently avoided formal diplomatic relations with the Song court, they took the stance of acquiring Chinese culture goods through Japanese pilgrim monks and Chinese merchants. The Japanese pilgrim monks recognized their contact with Chinese intellectuals as opportunities to compete in their knowledge of classical Chinese. To avoid embarrassment, the Japanese devoted themselves to their studies as they embarked on their voyage to China. Thereafter, while interest in India and China grew through the sandalwood Shakyamuni image in Japan, the worldview that the Japan was equal to the Song court and superior to the Goryeo court continued to be deeply ingrained among members of the ruling class.

Chōnen's Voyage to China and Art in the Worship of Shakyamuni Buddha: Referencing Artifacts Excavated from Dabaoen Temple in Nanjing

Yasuo Inamoto

The Seiryō-ji Shakya Nyorai image and the seven jeweled stupa (no longer extant) that Chōnen brought back to Japan from China are considered to respectively have been modeled after the sandalwood Shakyamuni image purportedly commissioned by King Udayana and the Ayuwang pagoda in Maoxian (now Ningbo), which King Ashoka legendarily commissioned. Both these objects were found in Kaifeng, the capital of the Northern Song court. The former was the Udayana statue from the Southern Tang, while the latter was a sacred relic of the Wuyue kingdom, both representing the Buddhism of Jiangnan and both transferred to Kaifeng in 979, when the two courts surrendered to the Northern Song during its unification of China.

Discovered among the cultural artifacts that contained information closely tied to these early kingdoms was an Ashoka stupa, which was excavated from the ruins of Dabaoen si (former Changgan si) temple in Nanjing in 2008. This miniature stupa, stored inside with Buddhist relics, was made and buried as part of a project for the restoration of Changgan si in 1011. On the surface of this stupa, which emulates the form of the Maoxian Ayuwang pagoda, is a Buddha statue that resembles the sandalwood Shakyamuni image. This paper attempts to gain a deeper understanding of the background of the period in which Chōnen traveled to Song China and its historic significance by exploring these artifacts and circumstances in which they were created in the Southern court and the Southern Tang capital of Nanjing.

Precedents for Late Heian-period Paintings: The Tang and Song-dynasty Paintings that Chōnen Saw

Ryusuke Masuki

The Tōdai-ji priest Chōnen (938–1016) traveled to China in eighth month of 983, in the first reign year of Emperor Hanayama and the eighth year of the Taiping Xingguo era of Emperor Taizong of the Northern Song dynasty, not long after the Song court was established. Chōnen stayed in China for approximately three years and returned to Japan with a set of the imperially commissioned Kaibao canon, shortly after its publication, and a reproduction of a sandalwood Shakyamuni image (now at Seiryō-ji Temple in Kyoto).

During his time in China, Chōnen witnessed the beginning of the Northern Song-style paintings in the capital Bianjing. He must have also had the opportunity to see the afterglow of the paintings from the Five Dynasties, which could be found at the time throughout Northern China and Jiangnan and which eventually converged into Northern Song painting. What aspects did these paintings exhibit and how did Chōnen's personal experience influence movements in the history of painting in tenth-century Japan?

In this paper, through an exploration of Chinese landscape paintings, which was central to the historical development of Northern Song paintings and Chinese Buddhist paintings that were the axis of Tang-dynasty paintings, I examine the role of Chōnen's journey to Song-dynasty China. Further, I focus on the fact that Kain, who traveled to China a second time in 988, after Chōnen's return to Japan, presented Emperor Taizong with a *yamato-e* folding screen, and take into consideration the significance it had on the history of Japanese and Chinese painting.

The Axiom Mirror in *Zongjing lu*: A Hypothesis on the Incised Mirrors in Chōnen's Standing Shakyamuni Image

Mikiyasu Yanagi

This paper investigates Yanshou's (904-976) *Zongjing lu* (Record of the Axiom Mirror) as one possible reason for the incised mirrors stored in the standing Shakyamuni statue that Chōnen brought from China to Japan. The "axiom mirror" (*zongjing*), the core concept of *Zongjing lu*, is a metaphor for the one mind of patriarchal transmission that reflects all things and possesses the following aspects: (1) the mirror in which all things are reflected; (2) the mirror that reflects all things; and (3) the mirror as the Buddha. A comparison of the "axiom mirror" to the two incised mirrors stored in the head and in the chest of the image reveals the following: (1) the incised mirror stored in the head of the image likely symbolizes "the mirror in which all things are reflected"; (2) the incised mirror stored in the chest likely symbolizes "the mirror that reflects all things"; and (3) the incision of a bodhisattva image on both mirrors likely symbolizes "the mirror as the Buddha."

These possibilities are no more than my hypothesis and I have no literary evidence to directly connect the incised mirrors to the "axiom mirror." However, Yanshou having conducted a large-scale ceremony to confer the precepts a mere eleven years earlier in Taizhou, where the sandalwood statue of Shakyamuni was carved and the incised mirrors were placed into the image, may have had some influence. Moreover, Qingsong, who placed one of the two incised mirrors into the statue, was closely connected to Yanshou and most likely knew of *Zhongjing lu*. Taking these factors into consideration, at the very least, when Qingsong placed the incised mirror into the Shakyamuni image, he must have had in mind the concept of the "axiom mirror."

The Japanese Emperor and Sino-Japanese Buddhist Culture

Yutaka Hori

From the two documents stored in the sandalwood Shakyamuni statue, we know that Chōnen, who had traveled to China, was highly conscious of the Chinese Song emperor as well as the Japanese emperor, who were both his patrons. After returning to Japan, Chōnen had the opportunity to have audience with the emperor of Japan through the mediation of his aristocratic acquaintances. It appears that the significance of the connection between the emperor and a monk who made a pilgrimage to Mount Wutai was not merely a formality. Taking this into consideration, I compared the importance of a pilgrimage to Mount Wutai to that of a pilgrimage to Mount Tiantai from the perspective of the Japanese emperor at the time. The Chinese knew that the Japanese viewed Mount Wutai as the only place that the Japanese emperor could make a karmic tie. The wall painting of Mount Wutai in Mogao at Dunhuang depicts emissaries from neighboring countries of Tang China. This relationship between Mount Wutai and the various kings of East Asia is significant in understanding the special connection between the Japanese emperor and Mount Wutai.

By comparison, the nature of a pilgrimage to Mount Tiantai differed to that of Mount Wutai. For the Japanese, imperial princes paid religious homage to Mount Tiantai, due in part to the association of Prince Shōtoku with Mount Tiantai, however, there are no examples of Japanese emperors having a direct connection to this sacred mountain. The reason for this may perhaps have been that the emperor, who may have diplomatic involvement with China, could not be seen as solely affiliated with the Tiantai or Tendai school.

Chōnen as a Tōdai-ji Priest and as a Monk who Traveled to China

Michio Kamikawa

Though Chōnen has mostly been forgotten by history, his biography reveals a fascinating historic figure, who was prominent in his time and whose many achievements influenced later generations. While Chōnen played a central role for about five years after his return from China and move to the capital of Kyoto in 987, he rapidly receded into the background of history soon thereafter. Nevertheless, his accomplishments shaped the political trajectory of Japan under the regents as well as the history of Japanese Buddhism. After returning to Japan, Chōnen served in the capacity of an envoy seeking the political subjugation of the Japanese emperor as instructed by the Northern Song emperor, who presented Chōnen with many of the latest and novel Buddhist and cultural artifacts from China in an attempt for the Buddhism of the Northern Song to take root in Japan. However, the Japanese center of political power sensed the military danger of the international political situation and therefore did not accept Chōnen's plan. This then became the impetus for the regency government to strength its tendency to oppose embracing Northern Song culture and establishing political ties with the Chinese court. At the same time, interest in Japan towards Pure Land Buddhism, which flourished in regions distant from the Northern Song capital, rose. In this way, Chōnen's image waned as a "Japanese-style culture" developed in Japan.

第15回　ザ・グレイトブッダ・シンポジウム

平成28年11月26日（土）

開会挨拶：狹川　普文（華厳宗管長・東大寺別当）
基調講演：村井　章介（立正大学）「日中相互認識のなかの奝然」
特別講話：北河原公敬（東大寺長老）「現代における東大寺の国際交流」

11月27日（日）

《研究報告》

稲本　泰生（京都大学人文科学研究所）「奝然入宋と釈迦信仰の美術」
増記　隆介（神戸大学）「奝然が見た唐宋絵画―平安後期絵画史の前提として―」
柳　　幹康（花園大学国際禅学研究所）「『宗鏡録』に説かれる根本の鏡
―奝然請来木造釈迦如来立像より発見された線刻鏡を糸口に―」
堀　　　裕（東北大学）「天皇と日本・宋の仏教信仰」
上川　通夫（愛知県立大学）「入宋僧奝然と南都仏教」

全体討論会「日宋交流期の東大寺―奝然上人一千年大遠忌にちなんで―」
横内　裕人（京都府立大学）
村井　章介（立正大学）
稲本　泰生（京都大学人文科学研究所）
増記　隆介（神戸大学）
柳　　幹康（花園大学国際禅学研究所）
堀　　　裕（東北大学）
上川　通夫（愛知県立大学）

ザ・グレイトブッダ・シンポジウム論集第十五号
論集 日宋交流期の東大寺
―奝然上人一千年大遠忌にちなんで―

二〇一七年十一月二十五日 初版第一刷発行

編 集 GBS実行委員会

発 行 東大寺
〒六三〇―八五八七
奈良市雑司町四〇六―一
電 話 〇七四二―二二―五五一一
FAX 〇七四二―二二―〇八〇八

制作・発売 株式会社 法藏館
〒六〇〇―八一五三
京都市下京区正面通烏丸東入
電 話 〇七五―三四三―五六五六
FAX 〇七五―三七一―〇四五八

ISBN978-4-8318-0715-1 C3321

ザ・グレイトブッダ・シンポジウム論集

創刊号	東大寺の歴史と教学	品切
第二号	東大寺創建前後	品切
第三号	カミとほとけ―宗教文化とその歴史的基盤―	二、〇〇〇円
第四号	近世の奈良・東大寺	二、〇〇〇円
第五号	鎌倉期の東大寺復興	二、〇〇〇円
第六号	日本仏教史における東大寺戒壇院	二、〇〇〇円
第七号	東大寺法華堂の創建と教学	二、〇〇〇円
第八号	東大寺二月堂―修二会の伝統とその思想―	二、〇〇〇円
第九号	光明皇后―奈良時代の福祉と文化―	二、〇〇〇円
第十号	華厳文化の潮流	二、〇〇〇円
第十一号	平安時代の東大寺―密教興隆と末法到来のなかで―	二、〇〇〇円
第十二号	中世東大寺の華厳世界―戒律・禅・浄土―	二、〇〇〇円
第十三号	仏教文化遺産の継承―自然・文化・東大寺―	二、〇〇〇円
第十四号	古代東大寺の世界―『東大寺要録』を読み直す―	二、〇〇〇円

価格税別

法藏館